Theresa Lechner

Zwischen – Eine relationale Anthropologie pädagogischer Beziehungen

Theresa Lechner

Zwischen – Eine relationale Anthropologie pädagogischer Beziehungen

BELTZ JUVENTA

Die Autorin

Dr.[in] phil. Theresa Lechner, geb. 1992, hat sich mit dieser Studie am Fachbereich Erziehungs-wissenschaft an der Paris-Lodron Universität Salzburg (Arbeitsgruppe Allgemeine Erziehungswissenschaft) promoviert. Sie beschäftigt sind mit allgemeinpädagogischen Grundproblemen sowie mit feministisch-materialistischen Subjekt- und Gesellschaftstheorien.

Diese Publikation wurde durch den Publikationsfond der Universitätsbibliothek der Paris-Lodron-Universität Salzburg gefördert.

Darüber hinaus bedankt sich die Autorin bei Anna Stockinger für das umsichtige Lektorat, bei Sabine Seichter für den dialogischen Austausch in all den Jahren des Promovierens und bei den Menschen, die sich in Momenten des Zwischen auch in dieses Buch ‚eingeschrieben' haben.

Dieses Buch ist erhältlich als:
ISBN 978-3-7799-7662-2 Print
ISBN 978-3-7799-7663-9 E-Book (PDF)

1. Auflage 2024

in der Verlagsgruppe Beltz · Weinheim Basel
Werderstraße 10, 69469 Weinheim

Herstellung: Myriam Frericks
Satz: xerif, le-tex
Druck und Bindung: Beltz Grafische Betriebe, Bad Langensalza
Beltz Grafische Betriebe ist ein klimaneutrales Unternehmen (ID 15985-2104-100)
Printed in Germany

Weitere Informationen zu unseren Autor_innen und Titeln finden Sie unter: www.beltz.de

Inhalt

1 Einleitung

> „Das Erziehen des Kindes sollte nicht nach dem Modell der Bearbeitung, Formung, Veränderung eines Materials gedacht werden, sondern als Unterstützung sich entwickelnder Kraft, als dialogische Beziehung, als Ruf und Antwort, oder wie immer diese Sichtweise im Verlauf unserer Geschichte in Metaphern gekleidet wurde."
> (Klaus Mollenhauer 1991, S. 90)

Der Impuls für die vorliegende Studie vom sog. Zwischen kommt von der Annahme, dass pädagogisches Handeln in Beziehungen stattfindet. Mit diesem Begriff wurde in existenzphilosophischen Ansätzen am Beginn des 20. Jahrhunderts eine besondere Art der Beziehungsweise umschrieben, die sich durch eine reziproke, d. h. wechselseitige Qualität auszeichnet. Eine theoretische Annäherung an diese Qualität ist Gegenstand dieses Buches und wird zur Herleitung eines relationalen Menschenbildes herangezogen. Der Entwurf dieser relationalen Anthropologie hat, so wird zu zeigen sein, sowohl Auswirkungen auf die Methoden als auch auf die Zielbestimmungen pädagogischen Denkens und Handelns.

Zur Entfaltung dieser Relationen zwischen Anthropologie, Methodologie und Teleologie wird der Blick auf die Beziehungsweisen zwischen Menschen gerichtet. Diese relational-anthropologischen Betrachtungen werden u. a. im Anschluss an Klaus Mollenhauer unternommen, der in den 1980er Jahren an „Vergessene Zusammenhänge" (1983/1991) der Erziehung mit den historisch-kulturellen Bedingungen erinnert hat. Damit wurde eine kulturwissenschaftliche Wende der geisteswissenschaftlichen Pädagogik[1] angestoßen, die in der Tradition von Friedrich Daniel Ernst Schleiermacher steht und die sich als kritische Kulturwissenschaft fassen lässt (Brumlik 2006). Diese pädagogische Theorietradition aufgreifend wird in der vorliegenden Studie eine relationale Weiterentwicklung ihrer dialektischen Grundlagen unternommen. Dadurch wird pädagogische Praxis fokussiert, „aber keine, in der Intersubjektivität erst im zweiten Schritt berücksichtigt wird, sondern eine, die von Beginn an sozial ist, insofern ihr zentraler Begriff jener der Beziehung selbst ist" (Adamczak 2017, S. 238).[2] Dementsprechend wird „von den Beziehungen her auf das Bezogene hin" (Elias 1970, S. 126) gedacht und

1 Die ideengeschichtlichen Vorläufer (siehe Kap. 2) sowie aktuelle Ausprägungen der geisteswissenschaftlichen Pädagogik werden hier und im Folgenden kleingeschrieben. Wenn das Paradigma der Geisteswissenschaftlichen Pädagogik (bzw. der Kritischen und der Empirischen Erziehungswissenschaft) im engeren Sinne gemeint ist, wird das Adjektiv als Eigenname gebraucht und großgeschrieben (siehe v. a. Kap. 2.2).

2 Die hier zitierte solidaritätstheoretische Studie „Beziehungsweise Revolution" (2017) von der politischen Theoretikerin, Autorin und Künstlerin Bini Adamczak durchzieht die vorliegende

eine relational-anthropologische Grundlage für pädagogisches Denken und Handeln im intersubjektiven Sinne entfaltet.

Für dieses Vorhaben werden Fragmente des Zwischen in der Dialogphilosophie nach Martin Buber sowie in der Theorie politischen Handelns nach Hannah Arendt aufgespürt und neu zusammengesetzt. Diese zu entwickelnde Konstellation stellt eine begriffliche Annäherung an existenzielle Momente dar, in denen sich Menschen direkt „aneinander richten und sich gegenseitig ansprechen" (Arendt 2016, S. 225; vgl. Buber 1962b, S. 285). Das ‚Ereignis' solcher Momente setzt voraus, dass die Sich-Begegnenden offen aufeinander zugehen und sich als Personen ansprechen. Diese Ansprache ist nicht nur im wörtlichen Sinne zu verstehen. Vielmehr zeichnet sich das Zwischen dadurch aus, dass die interagierenden Personen nicht von Dingen oder Sorgen abgelenkt werden, sondern sich *einander* zuwenden. Ihre Aufmerksamkeit liegt bei denjenigen, mit denen sie unmittelbar zu tun haben. Die konstitutiven Anderen werden in solchen reziproken Beziehungsmomenten (noch) nicht bewertet, sondern in ihrem gegenwärtigen Sein wahr- und angenommen. Das heißt nicht, dass alles, was eine Person von sich gibt, akzeptiert werden müsste, sondern nur, dass sie auch etwaige Ambivalenzen oder Unsicherheiten zeigen kann, ohne unmittelbar Repressionen befürchten zu müssen.

Der reziproken Qualität ist eigen, dass sie zwar von den interagierenden Personen *erfahren* wird, die Wieder- und Weitergabe dieser Erfahrung jedoch niemals mit der tatsächlichen Beziehungserfahrung übereinstimmt. Daraus resultiert eine Unverfügbarkeit des Zwischen, weshalb die hier unternommene Studie nur Annäherungen und keine abgeschlossene Darstellung[3] liefern kann. Die konstitutive Unverfügbarkeit legt eine Forschungsweise nahe, mit der ein spezifisch ‚praktisches Wissen' (Kraus et al. 2017a, S. 12) in den Mittelpunkt gerückt werden kann: Konkret wird eine in der geisteswissenschaftlichen Theorietradition entstandene Forschungsmethode aufgegriffen, die sich – inspiriert durch Schleiermachers dialektische Grundlegung der Pädagogik – als (allgemein-)pädagogisches Verfahren (Matthes 2011, S. 41–43) etabliert hat. Bevor diese historisch-systematische Forschungsmethode nachgezeichnet (siehe Kap. 1.3) und relationstheoretisch weitergesponnen wird (siehe Kap. 2 und folgende), sollen diese einleitenden Bemerkungen einen groben Überblick über die relationstheoretische Annäherung an den Gegenstand dieser Studie vermitteln. In Abgrenzung zu Selbst- und Weltverhältnissen kann nämlich festgehalten wer-

---

Untersuchung insofern, als sie wichtige Anregungen für die gesellschaftstheoretischen Interpretationen des Zwischen geliefert hat.

3 Dementsprechend sind die Ausführungen als *eine* spezifische Annäherung unter verschiedenen potentiellen Möglichkeiten zu lesen, die aus einer anderen Perspektive anders aussehen würde – gleichwohl der Anspruch verfolgt wird, ein möglichst breites Spektrum an Perspektiven aufzugreifen und in ihren Verflechtungen zu skizzieren (siehe bspw. Kap. 1.1 und 1.2).

den, dass unter dem Begriff Zwischen eine reziproke Beziehungsweise gefasst wird, die sich in zwischenmenschlichen Beziehungen ereignet, weshalb Beziehungsweisen zu Dingen und zum eigenen Selbst nicht im Fokus dieser Studie stehen. Zur theoretischen Annäherung an diese zwischenmenschliche Ebene werden – wie bereits erwähnt – existenzphilosophische Quellen herangezogen, die den Gegenstand mit verschiedenen sprachlichen Mitteln – teilweise implizit – beschreiben: So wird der Begriff Zwischen im Konzept politischen Handelns nach Hannah Arendt (1958/2016, S. 213–317) nur am Rande für eine bestimmte Dimension menschlichen Seins gebraucht, bei Martin Buber (1923/1962c) stellt das Zwischen hingegen die zentrale Schlüsselfigur seiner Dialogphilosophie dar. Zur Einführung des Zwischen in seinem dialogphilosophischen Hauptwerk „Ich und Du" (1923/1962c) verwendet er Begrifflichkeiten wie bspw. „Begegnung"[4] (ebd., S. 85), „unmittelbare Beziehung" (ebd., S. 87) oder „Dazwischen" (ebd., S. 160), weshalb er – ebenso wenig wie Arendt – keine klare begriffliche Definition vorzeichnet.

Auch in pädagogischen Kontexten findet sich keine etablierte Verwendungsweise des Begriffs, denn pädagogische Beziehungen werden in divergierenden Konzepten beschrieben, wie bspw. im ‚pädagogischen Bezug' nach Herman Nohl (1935/1963), in der ‚pädagogischen Atmosphäre' nach Otto Friedrich Bollnow (1961/2001) oder im Konzept des ‚erzieherischen Verhältnisses' (bspw. Kron 1971). Im historischen Rückblick dieser Studie (siehe Kap. 1.1) soll anhand der genannten drei Konzepte herausgestellt werden, dass die Überlegungen zu pädagogischen Beziehungen zu den konstitutiven Grundlagen einer geisteswissenschaftlichen Tradition pädagogischen Denkens und Handelns gezählt werden können. Schon Schleiermacher leitet die pädagogische Systematik von Beziehung – konkret zwischen den Generationen – her. Das generationale Verhältnis ist, wie alle Beziehungen, von Machtstrukturen durchzogen – diese sind aber beweglich; Machtpositionen können sich verändern. Diese Beweglichkeit ist Gegenstand der vorliegenden Studie. Sie wird u. a. im Kontext der Frage nach der ‚Form' von pädagogischen Beziehungen (Seichter 2014) evident, wobei eine kritische Reflexion der Machtdimension in deskriptiv ausgerichteten pädagogischen Untersuchungen häufig ausbleibt und so die normative Dimension von pädagogischen Zielsetzungen nicht reflektiert wird.

> „Wünschenswert, weil allein aufschlussreich, wäre es jedoch, wenn die Beziehungsformen in einem integrativen Forschungssetting gleichzeitig auf normativer und auf deskriptiver Ebene analysiert und diskutiert würden. Nur so könnte ein Verständnis davon entstehen, welche tatsächlich vorfindbaren Formen einer pädagogischen Be-

---

4 Der Begegnungsbegriff ist – anders als das Zwischen – in den 1960er Jahren zu einem Grundbegriff der Geisteswissenschaftlichen Pädagogik geworden (Loch 1969, S. 13; zur Geisteswissenschaftlichen Pädagogik siehe Kap. 2.2).

ziehung modellhaft vorkommen und inwieweit der Praktiker darüber hinaus einer regulativen Idee bedarf, um daran sein Handeln orientieren und prüfen zu können." (ebd., S. 233)

In der vorliegenden Studie liegt der Fokus auf einer spezifischen Form von Beziehungen – auf der reziproken Beziehungsweise des Zwischen. Es wird die Frage gestellt, unter welchen Bedingungen diese Beziehungsform in pädagogischen Kontexten möglich ist (siehe Kap. 4). Die leitende These ist, dass trotz der konstitutiven Asymmetrie von pädagogischen Beziehungen (Wulf/Zirfas 2014a, S. 249) reziproke Beziehungserfahrungen gemacht werden. Daran schließt die Hypothese an, dass in diesen asymmetrischen Verhältnissen die gesellschaftlich dominanten Strukturen verstetigt werden, diese aber durch bestimmte Beziehungsweisen verschoben, ausgesetzt oder gebrochen werden könnten. Dabei darf „Abhängigkeit nicht geleugnet und verdinglicht" (Adamczak 2017, S. 285), sondern muss als „konfliktuöse anerkannt" (ebd.) werden. Nur so kann ihre Beweglichkeit sichtbar werden, wodurch es möglich wird, „auf Grundlage differenter Positionalitäten das Verhältnis von Abhängigkeit und Freiheit egalitär zu gestalten. Statt Einheit des Zwangs und bindungslose Differenz kann das Gemeinsame dann als das erscheinen, was die Vielen miteinander teilen. Als Gleiche und Freie in Solidarität" (ebd.). Dieser Utopie eines Miteinanders des Verschiedenen folgend, zielen pädagogische Beziehungen auf eine Beendigung ihrer selbst, insofern die Asymmetrie überwunden werden soll und pädagogische Beziehungen damit enden oder in Freund:innenschaften übergehen (vgl. bspw. Buber 1962c, S. 167). Pädagogische Beziehungen werden also nicht als „Beziehungen auf Augenhöhe"[5] konzeptualisiert, sondern im Sinne von durchaus konflikthaften Prozessen der „Angleichung" (Arendt 2019b, S. 51; siehe Kap. 5) betrachtet: In pädagogischen Beziehungen treffen unterschiedliche Perspektiven aufeinander, die wiederum aus vielfältigen interpersonalen Beziehungserfahrungen hervorgegangen sind: Wenn Menschen einander ihre jeweiligen Perspektiven auf die Welt oder auf eine Sache mitteilen, werden dadurch nicht nur ihre Selbstverhältnisse offengelegt, von anderen irritiert und Bildungsprozesse angeregt (Subjektebene), sondern auch (nachhaltige) Verbindungen gestiftet (Beziehungsebene) und die bestehenden gesellschaftlichen Verhältnisse affiziert (gesellschaftliche Ebene). Im Zuge der Annäherungen an das Zwischen soll die Beziehungsebene hervorgehoben und die Beziehungsform des Zwischen als tatsächlich in pädagogischen Settings vorkommende herausgestellt werden, ohne diese machtvolle Eingebundenheit auf gesellschaftlicher Ebene außer Acht zu lassen.

5 Zur Hinführung an die Thematik der Studie siehe auch den Video-Podcast „Kann es pädagogische Beziehungen auf Augenhöhe geben? Über das „Zwischen" in der Pädagogik" (Lechner/Stützle 2023).

Der Verweis auf die gesellschaftliche Ebene macht bereits deutlich, dass Pädagogik hier nicht auf das dyadische Verhältnis von pädagogischen Fachkräften und ihre jeweiligen Adressat:innen reduziert wird, sondern hinsichtlich relationaler Verflechtungen und Verstrickungen mit gesellschaftlichen Strukturen in den Blick genommen werden soll. Daher wird von der Beziehungsebene ausgegangen und pädagogische Beziehungen nicht an „die Zweisamkeit von Ich und Du [gebunden], in der die meisten Ethiken und Moraltheorien" und – so könnte man ergänzen – pädagogischen Theorien „beheimatet sind" (Adamczak 2021, S. 83), sondern in ihrer multidimensionalen Eingebundenheit reflektiert. Pädagogische Praxis soll als „Dreisamkeit, Viersamkeit, Vielsamkeit eines ausschweifenden Zusammenhangs" (ebd.) gefasst werden.

Um diesem Anspruch zumindest ansatzweise gerecht zu werden, wird ein Entwurf einer relationalen Anthropologie pädagogischer Beziehungen entfaltet, der an das bereits erwähnte geisteswissenschaftlich geprägte Verständnis von Pädagogik und dessen kulturwissenschaftliche Weiterentwickelung anschließt. Der eingangs zitierte Erziehungswissenschaftler Klaus Mollenhauer, paradigmatischer Vertreter dieser sich als kritisch verstehenden erziehungswissenschaftlichen Theorieströmung, weist u. a. darauf hin, „daß jedes pädagogische Ereignis in irgendeiner Weise an das gesellschaftliche System gebunden ist und einen, wenn auch verborgenen, politischen Gehalt hat" (Mollenhauer 1991, S. 19). Diese Betonung von politischen Aspekten hebt die gesellschaftstheoretische Ebene von pädagogischem Denken und Handeln hervor: Pädagogik verstanden sowohl als „Einführung in die Gemeinschaft wie als Verbesserung des Mangelhaften im Zusammenleben" (Brachmann 2002, S. 115) soll daher nicht beim *Status quo* verharren, sondern verweist auf die utopische Dimension des Pädagogischen (Steffel 2022). In den Worten von Matthias Steffel kann pädagogisches Denken und Handeln also dazu beitragen, inhumane Zustände zu „übersteigen und auf eine wie auch immer geartete Veränderung bzw. (Ver-)Besserung verweisen" (ebd., S. 13).

Ziel dieser Studie ist es, die normative Dimension dieser Veränderungen auszuloten. Dafür wird die Beziehungsweise des Zwischen in ihrer historisch-kulturellen Eingebundenheit betrachtet. Die konkret realisierten Beziehungsweisen können je nach Kontext von asymmetrischen Verhältnissen – die von Alter, Macht, Gewalt, Konkurrenz oder Leistung bestimmt werden – bis hin zu Prozessen des sozialen Miteinanders reichen, die sich durch eine Symmetrie auszeichnen. Der Schwerpunkt liegt nicht auf ersterer (wenngleich diese verschiedentlich analysiert wird), sondern auf einer beispielhaften Konstruktion von symmetrischen Beziehungskonstellationen; einige Aspekte der reziproken Beziehungsweise des Zwischen wurden bereits angedeutet. In reziproken Beziehungserfahrungen ist es möglich, verdinglichende, verletzende, unterdrückende Beziehungsweisen in pädagogischen Beziehungen zu vereiteln oder zu unterbrechen und an dessen

Stelle punktuell eine Praxis zu realisieren, in der (strukturelle) Verdinglichungen und Verletzungen überwunden werden.

***

Im Zuge der theoretischen Konstruktion des Zwischen wird aus Perspektive einer kulturwissenschaftlich ausgerichteten Erziehungswissenschaft danach gefragt, welche Konsequenzen reziproke Erfahrungen in pädagogischen Beziehungen nach sich ziehen können. Zur Beantwortung dieser Frage wird mit Hannah Arendt ein „Netz der Beziehungen" (Arendt 2019a, S. 263) skizziert, in dem auch Momente des Zwischen ihre ‚Fäden' einflechten: Es wird zu zeigen sein, dass das Muster dieses Netzes durch konkrete Beziehungserfahrungen hervorgebracht wird. Dieses Muster steht in Wechselwirkung zu den einzelnen Subjekten und zur Gesellschaft: Menschen bringen in Erfahrungen des Zwischen ihre personale Identität hervor (subjektive Ebene) und darüber hinaus haben ihre Taten und Worte Auswirkungen auf die gesellschaftlichen Umstände (gesellschaftlich-politische Ebene).

Um dieses Zusammenspiel von subjektiver und gesellschaftlicher Ebene zu begreifen, soll hier eine relationstheoretische Perspektivierung vorgenommen werden. Diese rückt die transformative Dimension von pädagogischer Praxis in den Mittelpunkt, die nun zur Verortung der Studie in einem größeren Gesamtzusammenhang skizziert wird.

Reziproke Beziehungserfahrungen als Ensemble von Mikrorevolutionen

Reziproke Beziehungserfahrungen werden einleitend als „Ensemble von Mikrorevolutionen" beschrieben, die auf eine Vision für eine menschlich(er)e Zukunft abzielen (vgl. Adamczak 2014b, insb. S. 95). Diese transformative Dimension wird mithilfe der dritten „These[] über Feuerbach" (Marx 1978, S. 5–6; MEW 3) von Karl Marx aus dem Jahr 1845 eingeführt und in ihrer pädagogischen Relevanz ausgelotet. Sie war aber auch bereits ein Bestandteil der wissenschaftlichen Systematisierung der Pädagogik durch Schleiermacher am Beginn des 19. Jahrhunderts (siehe Kap. 2.1).

In dieser dritten von elf Thesen formuliert Marx die Idee „revolutionärer Praxis" (ebd.; MEW 3) als gleichzeitige Veränderung von menschlichen Selbst- und Weltverhältnissen. Der erste Aspekt der menschlichen Selbstveränderung wurden jedoch bereits fast 400 Jahre früher in der italienischen Renaissance thematisiert. So fasst etwa Giovanni Pico della Mirandola (1463–1494) in seiner *posthum* veröffentlichten *Oratio* „Über die Würde des Menschen" (1486/1990)[6] diesen weder „himmlisch noch irdisch, weder sterblich noch unsterblich" (Lucilius, zitiert

---

6 Diese Schrift wird von Jörg Zirfas als das anthropologische Manifest der Moderne und als eines der ersten Werke der Pädagogik bezeichnet, weil darin die konstitutive Unbestimmtheit mit

nach: ebd., S. 7). Vielmehr sei ‚der Mensch' mit der Fähigkeit begabt, sich selbst schöpferisch und d. h. nach eigenen Vorstellungen zu gestalten: „Du kannst zum Niedrigeren, zum Tierischen entarten; du kannst aber auch zum Höheren, zum Göttlichen wiedergeboren werden" (ebd.), so Pico della Mirandola mit den Worten des römischen Satirikers Lucilius (ca. 180–102 v. Chr.; ebd., S. 69). Diese Fähigkeit zur Selbstgestaltung – in pädagogischen Kontexten spricht man von Bildung – kann als Potenz mit ungewissem Ausgang gefasst werden, die wiederum mit der Veränderung der gesellschaftlichen Verhältnisse verbunden ist.

Es war Karl Marx, der diesen Aspekt der Selbstgestaltung in der Mitte des 19. Jahrhunderts aus gesellschafts- bzw. ökonomietheoretischer Perspektive aufgegriffen und im Sinne von *revolutionärer Praxis*[7] weitergedacht hat. Damit beschreibt er in den Vorarbeiten zu seiner Kritik der politischen Ökonomie – in den ‚Grundrissen' aus den Jahren 1857/58 – die Dialektik von Bildung und gesellschaftlicher Transformation und bietet eine komplexe Antwort auf die Frage nach einer möglichen Überwindung der kapitalistischen Verhältnisse: *Revolutionäre Praxis* kann nicht auf die individuelle Ebene der Selbstveränderung durch Bildung reduziert werden, sondern umfasst eine *gleichzeitige* Transformation der gesellschaftlichen Umstände, wie Marx in der besagten Feuerbach-These formuliert:

> „Die materialistische Lehre von der Veränderung der Umstände und der Erziehung vergißt, daß die Umstände von den Menschen verändert und der Erzieher selbst erzogen werden muß. Sie muß daher die Gesellschaft in zwei Teile – von denen der eine über ihr erhaben ist – sondieren. Das Zusammenfallen des Ändern[s] der Umstände und der menschlichen Tätigkeit oder Selbstveränderung kann nur als *revolutionäre Praxis* gefaßt und rationell verstanden werden." (ebd.; MEW 3)[8]

Die Dialektik von Selbst- und Weltveränderung stellt nach Marx einen Prozess dar, der durch menschliches Tätigsein hervorgebracht und somit auch durch menschliches Tun verändert wird. Die Art und Weise dieser Veränderung – ihr Gelingen oder Scheitern – hänge jedoch im Wesentlichen von der „Summe der

der Möglichkeit zur Selbstbestimmung des Menschen zusammengebracht und überliefert wird (Zirfas 2022, S. 78; siehe Kap. 2.2.2).

7 Wenn bereits zitierte Begriffe erneut verwendet werden, wird das durch eine Kursivsetzung gekennzeichnet.

8 Aufschlussreich für diese Dialektik von der Veränderung der Umstände und der Selbstveränderung der Menschen ist auch die redigierte These über Feuerbach von Friedrich Engels: „Die materialistische Lehre, daß die Menschen Produkte der Umstände und der Erziehung, veränderte Menschen also Produkte anderer Umstände und geänderter Erziehung sind, vergißt, daß die Umstände eben von den Menschen verändert werden und daß der Erzieher selbst erzogen werden muß. Sie kommt daher mit Notwendigkeit dahin, die Gesellschaft in zwei Teile zu sondern, von denen der eine über der Gesellschaft erhaben ist. [...] Das Zusammenfallen des Änderns der Umstände und der menschlichen Tätigkeit kann nur als *umwälzende Praxis* gefaßt und rationell verstanden werden" (Marx 1978, S. 522–534; MEW 3; vgl. auch MEGA 1/Bd. 30).

Beziehungen“ (ebd., S. 189; MEW 42) ab, die das „Ensemble der gesellschaftlichen Verhältnisse“[9] (ebd., S. 534; MEW 3) jeweils dominiert. In der vorliegenden Studie wird im Kontext der Annäherungen an das Zwischen gewissermaßen eine „Beziehungsweise Revolution“ (Adamczak 2017) beschrieben: Angetrieben „von den Erfahrungen und den Sorgen der gegenwärtigen Situation“ (Arendt 2016, S. 13) werden Beziehungsweisen problematisiert und indem der Fokus auf die gesellschaftliche Funktion von pädagogischem Denken und Handeln gelenkt wird, können diese Beziehungsweisen hinsichtlich ihrer transformativen Potentiale ausgelotet werden. Daraus sollen im Ausblick (siehe Kap. 5) ethische Implikationen abgeleitet werden, die an die hier aufgeworfene *revolutionäre Praxis* anknüpfen.

An dieser Stelle soll das Konzept von *revolutionärer Praxis* im Anschluss an Walter Benjamin als „Stillstellung“ (Benjamin 1991a, S. 702) einer durch Gewalt und Unterdrückung geprägten Geschichte eingeführt werden, um einen breiteren gesellschaftlichen Horizont aufzuspannen. In diesem Sinne läuft die reziproke Beziehungsweise des Zwischen nicht auf einen gewaltvollen Bruch mit allen bisherigen Verhältnissen hinaus, sondern verweist auf ein Innehalten – auch im zwischenmenschlichen Geschehen: „Marx sagt, die Revolutionen sind die Lokomotiven der Weltgeschichte. Aber vielleicht ist dem gänzlich anders. Vielleicht sind die Revolutionen der Griff des in diesem Zuge reisenden Menschengeschlechts nach der Notbremse.“ (Benjamin 1991b, S. 1232) *Revolutionäre Praxis* als aktiven *Griff nach der Notbremse* zu fassen bedeutet nach Benjamin weder, auf einen gewaltvollen Umsturz der kapitalistischen Verhältnisse durch das Proletariat zu setzen (wie es bspw. Marx erhofft hatte), noch auf Erlösung zu warten (wie es u. a. der Messianismus glauben machen möchte). Vielmehr ist damit eine radikale Unterbrechung des geschichtlichen Fortschreitens gefordert, wie den oben zitierten Vorarbeiten Benjamins (siehe dazu ebd.) zu seinen berühmten Thesen „Über den Begriff der Geschichte“ (Benjamin 1991a, S. 692–704) zu entnehmen ist. Dieser Bruch wird im Folgenden als Unterbrechung von verdinglichenden Beziehungsweisen konkretisiert.

Das Motiv der *Stillstellung* von profit- und leistungsorientierten Verhältnissen, die auch in pädagogischen Kontexten Einzug genommen haben (vgl. bspw. Radtke 2016), lässt sich mithilfe der spezifischen „Unmittelbarkeit“ (Buber 1962c, S. 85) des Zwischen präzisieren. Damit wird in der Dialogphilosophie eine interpersonale Begegnung beschrieben, in der sich Personen ganz gegenwärtig sind und so gewissermaßen die Zeit still steht bzw. „dauerlos [ist], denn sie kommt auch ungerufen und entschwindet auch festgehalten; sie ist unübersehbar: willst

9 Diese Formel kann als Grundlage der Marxschen Gesellschaftsanalyse betrachtet werden und bildet nach Roger Häußling sogar das Fundament einer sog. Relationalen Soziologie, die als Vorläufer für relationale Ansätze in der Erziehungswissenschaft betrachtet werden kann (Prengel 2019, S. 38–39).

du sie übersehbar machen, verlierst du sie" (ebd., S. 100). Diese *Unmittelbarkeit* kann nicht intentional hergestellt werden. Sie entsteht, wenn ein Mensch sich, in einer gemeinsamen Situation mit anderen stehend, ihrem Anteil daran ungeschützt aussetzt. In Bubers Worten kann „diese meine Grundhaltung [...] unerwidert bleiben und die Dialogik kann im Keim ersterben. Gerät die Gegenseitigkeit aber, dann blüht das Zwischenmenschliche im echten Gespräch auf" (Buber 1962b, S. 280). Neben dieser horizontalen Ebene zwischen Personen nehmen, wie gesagt, auch vertikale Verhältnisse Einfluss darauf, ob und wie eine Situation unmittelbare Beziehungserfahrungen eröffnet. Denn auch in reziproken Momenten können die beteiligten Personen ihre „gesellschaftliche[n] Existenzen nicht auslöschen" (Mollenhauer 1991, S. 20), sich „nicht tot oder neutral stellen" (ebd.). Diese Eingebundenheit sei „zwar eine Trivialität", so Mollenhauer, „aber die gleichsam erste und ernsteste pädagogische Tatsache" (ebd., S. 20).

In pädagogischen Kontexten resultieren diese vertikalen Einflussfaktoren u. a. aus den Beziehungen zur jeweiligen Einrichtung sowie zur Leitung dieser Einrichtung, zu den kulturellen Deutungsmustern, den institutionellen und gesellschaftlichen Strukturen, den herrschenden Werten und Normen. „Erziehung ist deshalb zuallererst Überlieferung, Mitteilung dessen, was uns wichtig ist" (ebd.). Nach welchem Maßstab diese „Überlieferungswürdigkeit und Zukunftsfähigkeit" (ebd., S. 18) von kulturellen Beständen beurteilt werden soll, lässt Mollenhauer jedoch offen. Mit Adamczak lässt sich dieser Gedanke weiterdenken, insofern es mehr als einen „Abzug" vom „Negativ" gibt (Adamczak 2014a, S. 92). Die reziproke Beziehungsweise ist nur *ein möglicher Abzug* und somit eines von vielen Bildern, das den Wunsch nach einer „herrschaftsfreien" (Adamczak 2017, S. 225) Gesellschaft wecken bzw. wachhalten kann.

Somit wird auch *revolutionäre Praxis* „nicht als Ereignis der Machterringung, sondern als sozialer Transformationsprozess[10] der Enthierarchisierung" (Burghardt 2021, S. 84; Adamczak 2017, S. 225) gefasst. Das Zwischen eignet sich jedoch in doppelter Weise dafür, ein regulatives Ideal für pädagogische Praxis vorzuschlagen: Es ist eine Figur, mit der weder die subjektive noch die gesellschaftliche Ebene ausgeklammert oder überbetont wird; vielmehr können mit der Konstellation des Zwischen beide Theoriestränge in ihrer wechselseitigen Bedingtheit deutlich gemacht werden. Im Anschluss daran soll der vorliegende Entwurf einer relationalen Anthropologie pädagogischer Beziehungen im Sinne Adamczaks als „Ensemble von Mikrorevolutionen" (Adamczak 2017, S. 238) gefasst werden.

***

10 Im Begriff der Transformation werden hier „Prozesse des Wandels und langfristige Veränderungen und radikale, revolutionäre Brüche" (Demirovic 2014, zitiert nach: Burghardt 2021, S. 83) miteinander verbunden.

Durch die relationale Herleitung der existenzphilosophischen Sphäre des Zwischen wird die horizontale Beziehungsebene zwischen Personen mit der vertikalen Ebene der herrschenden Umstände verschränkt. Diese relationstheoretische Herangehensweise lenkt den Blick auf die Verflechtungen der pädagogischen Praxis mit der gesellschaftlichen Gesamtpraxis und verweist auf die Mitverantwortung der Pädagogik hinsichtlich einer geforderten Veränderung des Bestehenden. Die Beziehungsebene des Zwischen stellt – neben dem Ausgangspunkt für ein relationales Menschenbild – auch ein regulatives Ideal für diese gesellschaftliche Transformation zur Verfügung, das sie gleichzeitig *in actu* darstellt. Denn in Momenten des Zwischen wird ein „Faden in ein Netz der Beziehungen“ (Arendt 2019a, S. 263) geschlagen, der das bestehende Muster verändert. Ob, wie und welche neuen Fäden ins bestehende *Netz der Beziehungen* geschlagen werden, ist eine Frage, die mit einem relational-anthropologischen Entwurf für die Pädagogik problematisiert werden soll: „Was daraus wird, wissen wir nie.“ (ebd.)

Aufbau der Studie

Im Anschluss an diese einleitenden Hinführungen, mit denen die Bedeutung und der theoretische Kontext der Studie umrissen wurde, folgt nun eine grobe Skizze des Argumentationsverlaufs.

Im Anschluss an die Einleitung werden in den drei Abschnitten des *ersten Kapitels* der Forschungsstand und die Methode skizziert. Im historischen Rückblick (Kap. 1.1) werden drei Konzepte beleuchtet (siehe oben), die jeweils ein Schlaglicht auf theoretische Thematisierungen von pädagogischen Beziehungen in der Geisteswissenschaftlichen Pädagogik[11] werfen. Anschließend werden Einblicke in jene Forschungsfelder gegeben, in denen sich diese Studie verorten lässt (Kap. 1.2). Dafür werden Publikationen aus der (deutschsprachigen) erziehungswissenschaftlichen Fachliteratur aufgegriffen, die sich (1.) mit einem „Zwischen“, (2.) mit relationstheoretischen Betrachtungen von pädagogischen Beziehungen, (3.) mit relationalen Konzepten aus der Pädagogischen Anthropologie oder (4.) mit der reziproken Qualität von pädagogischen Beziehungen auseinandersetzen. Zum einen soll durch diese Gliederung deutlich gemacht werden, dass die vorliegende Studie unterschiedliche Bezüge zu einer lebendigen erziehungswissenschaftlichen Forschungslandschaft aufweist. Zum anderen soll durch die Darstellung dieser vier unterschiedlichen Bereiche der Fokus der vorliegenden Untersuchung enger gesetzt werden. Abgeschlossen wird das Kapitel mit der methodologischen Einordnung dieser Studie in die geisteswissenschaftliche Methode des historisch-systematischen Forschens (Kap. 1.3). Dieses bildungstheoretische Vorgehen wird als eine relationstheoretische Forschungsmethode

---

11 Hier wird das Paradigma der Geisteswissenschaftlichen Pädagogik angesprochen, das neben der Kritischen und der Empirischen Erziehungswissenschaft als eine der drei großen Strömungen innerhalb der Erziehungswissenschaft betrachtet werden kann (mehr dazu siehe Kap. 2.2).

(siehe auch Kap. 2.2.1) konkretisiert und weiterentwickelt (siehe auch Kap. 3.4: Abschnitt „Methode: *Perlentauchen*").

Nach dieser disziplinären Verortung und der grundlegenden Darstellung des Vorgehens folgt im *zweiten Kapitel* die wissenschaftstheoretische Kontextualisierung. Es wird die bereits erwähnte geisteswissenschaftliche Systematik der Pädagogik in ihrer kulturwissenschaftlich-anthropologischen Weiterentwicklung entfaltet. Die dialektische Grundlegung der Pädagogik als Wissenschaft durch Schleiermacher wird anhand von subjekt- und gesellschaftstheoretischen Aspekten und hinsichtlich ihrer empirischen sowie spekulativen Einsichten nachgezeichnet (Kap. 2.1). Da diese wissenschaftstheoretische Grundlegung der Pädagogik aus Subjekt- und Gesellschaftstheorie tendenziell einseitig zugunsten der subjektiven Seite rezipiert wird, liegt die Betonung auf der konstitutiven Dialektik dieser Theorietradition, denn es ist diese Dialektik, die eine Pädagogik – verstanden als „praktische Wissenschaft" (Schmied-Kowarzik 2018, S. 44) – auszeichnet. Durch die Bearbeitung der Dialektik von Theorie und Praxis, die von Anfang an Teil der disziplinären Selbstvergewisserung der Pädagogik als Wissenschaft gewesen ist, wird eine relationstheoretische Relektüre der geisteswissenschaftlichen Grundlagen vorgenommen. Es soll deutlich werden, dass die bestehenden Verhältnisse durch Erziehung und Bildung nicht bloß reproduziert, sondern in Abhängigkeit eines regulativen Ideals gleichzeitig *transformiert* werden können. Die transformative Seite wird allerdings – vermutlich als Resultat der vereinseitigenden Rezeption – vom pädagogischen Ziel der Entfaltung von scheinbar wesenhaften Potentialen der Einzelnen überschattet. Die Stärkung der individuellen Eigentümlichkeit wurde zum *Telos* der geisteswissenschaftlichen Pädagogik, ohne die individuelle Dimension hinsichtlich ihrer gesellschaftlichen Eingebundenheit angemessen zu reflektieren; was sich diese Studie zur Aufgabe nimmt.

Ein Versuch der gesellschaftlich-politischen Kontextualisierung und damit der Erinnerung an die dialektische Grundstruktur geht auf Klaus Mollenhauer zurück (Kap. 2.2), der in den ‚vergessenen Zusammenhängen zwischen Erziehung und Kultur' (Mollenhauer 1991) die bereits erwähnte kulturwissenschaftliche Wende in der Pädagogik eingeleitet hat (Kap. 2.2.1). Im Sinne dieser kulturkritischen Neuausrichtung soll das Verhältnis zwischen pädagogischer Reproduktion und Transformation im Sinne *revolutionärer Praxis* ausgelotet werden. Diese Blickverschiebung zeichnet den Entwurf einer relationalen Anthropologie pädagogischer Beziehungen aus. Um die Bedeutung dieser anthropologischen Überlegungen im pädagogischen Theoriespektrum einzuordnen, wird im letzten Teil des zweiten Kapitels (Kap. 2.2.2) das erziehungswissenschaftliche Forschungsfeld der Pädagogischen Anthropologie vorgestellt. Konkret werden einige Grundzüge einer Historisch-Pädagogischen Anthropologie (Wulf/Zirfas 2014b) dargelegt, die in der zweiten Hälfte des 20. Jahrhunderts aus der Kritik an anthropologischen ‚Wesensbestimmungen des Menschen' entstanden ist. In dieser ‚anthropologiekritischen' Phase wurde die Reflexion der historisch-kulturellen Kontexte zum Ausgangspunkt für eine ideologiekritische Bestimmung von Menschen genommen, an die der Entwurf einer relationalen Anthropologie (siehe Kap. 4) anschließen wird.

Ausgehend von dieser geisteswissenschaftlichen Herleitung einer kulturwissenschaftlich ausgerichteten kritischen Erziehungswissenschaft werden im *dritten Kapitel* die Fragmente freigelegt, die für das Verständnis der Beziehungsweise des Zwischen konstitutiv sind. Dafür werden in Ansätzen aus Soziologie (Norbert Elias), Pädagogik (personalistische Ansätze), Philosophie (Martin Buber) und Politischer Theorie (Hannah Arendt) die Möglichkeiten einer relational-anthropologischen Betrachtungsweise aufgespürt, die an die wissenschaftstheoretischen Grundlagen (siehe Kap. 2) rückgekoppelt werden.

Beginnend mit Norbert Elias wird aus seiner soziologischen Studie „Über den Prozeß der Zivilisation" (Elias 1997) ein „Denken in Relationen" (Kap. 3.1) abgeleitet, das den ersten Schritt der „Rahmung des Zwischen" (Kap. 3) darstellt. Dabei wird die dialektische Verbindung von subjekt- und gesellschaftstheoretischer Ebene vertieft. Die mit Elias entwickelten „Figurationen" (ebd., S. 12) lenken den Blick „von den Beziehungen her auf das Bezogene hin" (Elias 1970, S. 126), womit die Verflechtungen von Individuen mit ihren jeweiligen Bedingungen inhaltlich ausdifferenziert werden können. Damit soll die subjekttheoretische Engführung in der geisteswissenschaftlichen Theorietradition relational geweitet werden. Diese Erweiterung rückt die transformative Dimension von pädagogischer Praxis in den Blick.

Um vorher die subjektive Ebene der transformativen Möglichkeiten zu vertiefen, wird im nächsten Abschnitt (Kap. 3.2) in existenzphilosophische Überlegungen zur Person eingeführt. Die personalen bzw. personalistischen Betrachtungsweisen ‚des Menschen' werden aus einem anthropologisch-philosophischen Denken abgeleitet, das im ausgehenden 20. Jahrhundert entstanden ist. Diese werden hinsichtlich pädagogischer Weiterentwicklungen rekonstruiert. Die Rekonstruktion macht deutlich, dass in der sog. personalistischen Pädagogik die Person als ‚Maß' für pädagogisches Denken und Handeln vorgeschlagen wird. Damit rückt jedoch die individuelle Selbstentfaltung der Einzelnen in den Mittelpunkt, womit die einseitige Rezeption der dialektischen Grundlagen tendenziell verstetigt wird[12] (Mounier 1936; Flores d'Arcais 2017; Böhm 2011). Um neben dieser Reproduktion die Möglichkeit der Transformation der gesellschaftlichen Verhältnisse ins Bild zu holen, wird die personalistische ‚Aktuierung der Person' in ihrem Vollzug relational weitergedacht. Durch diese Verschiebung des Blicks von den Personen auf ihre Beziehungen würde das Zwischen in die Überlegungen einfließen.

12 Diese verkürzte Lesart lässt sich mit der gesamtgesellschaftlichen Tendenz zur Individualisierung erklären, die (ungewollt auch) soziale Ungleichheit und Hierarchisierungen reproduziert (Elias 1997).

Diese Figur kommt im Personalismus jedoch nicht explizit vor; der Fokus auf die Person überschattet den relationalen Prozess der Personwerdung. Um diese relationale Grundlage dennoch im personalen Denken aufzuspüren, wird die Dimension des ‚sozialen Raumes' aus der „Philosophie der Person" (Sturma 2008b) nach Dieter Sturma hinzugezogen.

Im Anschluss daran wird zur Philosophie des Dialogs nach Martin Buber übergeleitet (Kap. 3.3), in der die soziale Dimension – anders als in der personalistischen Pädagogik – im Zentrum steht. Damit wird von der Ebene der Person zum Zwischen übergegangen. Am Beispiel des dialogphilosophischen Zwischen wird die relationale Dynamik der Personwerdung vertieft. Sie wird mit Buber aus der „zwiefältigen Haltung" des Menschen hergeleitet, die sich aus den „Wortpaaren" ‚Ich-Du' und ‚Ich-Es' zusammensetzt (Buber 1986, S. 7). Ausgehend von diesem relationalen Menschenbild der Person wird die dialogphilosophische Hauptthese, wonach das Zwischen der personalen Identitätsbildung vorausgeht, im Kontext der „Reden über Erziehung" (Buber 1962d) auf eine ‚gemäßigtere' Grundthese reduziert (Theunissen 1977; siehe dazu Kap. 3.3). Diese Reduktion macht es möglich, die reziproke Beziehungsweise des Zwischen konzeptionell mit der Asymmetrie in pädagogischen Beziehungen zu verbinden.[13]

Das dialogphilosophische Zwischen lässt erahnen, was es heißen kann, Menschen *relational* zu denken, es ist jedoch in religiösen Glaubenssätzen verankert, weshalb mit Hannah Arendt (Kap. 3.4) über Buber hinausgegangen wird, insofern im Anschluss an ihre Überlegungen auch die gesellschaftstheoretischen Bedingungen zum Zwischen herausgearbeitet werden können – wenngleich auch Arendts Konzeption des Zwischen vor forschungspraktische Herausforderungen stellt. Das Zwischen ist in Arendts Werk kein zentrales Konzept, sondern an die genuin politische Tätigkeit des Handelns gebunden. Dennoch soll gezeigt werden, warum es aus pädagogisch-anthropologischer Perspektive erkenntnisreich ist, sich mit Arendts (unscheinbar in der „Vita activa" eingeflochtenem) Zwischen auseinanderzusetzen: Sie grenzt eine politische Sphäre vom Gesellschaftlichen ab und unterscheidet damit Fragen sozialer Art von (politischen) Veränderungsprozessen (siehe Kap. 3.4.3). Diese Abgrenzung lässt eine (allgemein-)pädagogische Lesart kontraintuitiv erscheinen, geht es doch auch darum, den politischen Gehalt in der Pädagogik aufzuspüren, wie einleitend bereits angekündigt wurde. Doch es wird sich zeigen, dass die thematische Anschlussfähigkeit gerade *wegen* ihrer epistemischen Unterscheidung von Politischem und Sozialem (was Arendt auch das Gesellschaftliche nennt) gegeben ist. Arendts Beschreibungen der Bedingungen für politisches Handeln werden daher als Ergänzung zu Bubers theologisch fundierten Ausführungen über das Zwischen betrachtet. Durch die theoretische Präzisierung der Bedingungen für Momente des Zwischen kann pädago-

---

13 Siehe dazu meine unveröffentlichte Masterarbeit „Dimensionen von Macht in den ‚Reden über Erziehung' von Martin Buber aus pädagogischer Sicht" (Lechner 2018).

gische Praxis hinsichtlich der darin herrschenden Machtverhältnisse reflektiert werden. Arendt liefert keine kausalen Antworten auf aktuelle (pädagogische) Herausforderungen, sondern regt zu einem *Denken in Relationen* an, das dazu befähigt, Verantwortung für die Beziehungs*weisen* in pädagogischen Kontexten zu übernehmen.

Aus den unterschiedlichen Zugängen zur relationalen Dimension des Zwischen (Kap. 3) – angefangen von Elias über den personalistischen Philosophen Mounier, die *Philosophie der Person* nach Sturma bis hin zur Ausgestaltung einer personalistischen Pädagogik bei Flores d'Arcais und Böhm – wird ein relationstheoretischer Zugang zur Sphäre zwischen Personen nachgezeichnet, die sich durch eine reziproke Qualität auszeichnet. Das implizit angelegte (aber von den genannten personalistischen Denker:innen nicht expliziert aufgegriffene) Zwischen wird, wie bereits gesagt, mithilfe von Denkbruchstücken aus Bubers Dialogphilosophie und Arendts Theorie des politischen Handelns konkretisiert. Dabei wird die Verschränkung der personalen mit einer gesellschaftlich-politischen Ebene virulent.

Mit der Rahmung des Zwischen wird eine theoretische Grundlage geschaffen, auf der im *vierten Kapitel* die Frage nach dem Menschen relational beantwortet werden kann. Dafür werden Bedingungen ausgelotet, die reziproke Beziehungserfahrungen möglich machen, und eine relationale Systematik nachgezeichnet, in der das Zwischen im *Zwischenraum der Welt* und damit in der Interaktion von Personen über eine Sache hinweg entstehen kann. Diese Systematik umfasst die horizontale Ebene (zwischen Personen) und die vertikale Ebene (von Personen im Bezugsgewebe) und es wird deutlich, dass Menschen zwischen strukturellen Gegebenheiten und individuellen Voraussetzungen eingespannt sind. Die reziproke Beziehungsweise des Zwischen wird als Spielraum relational-anthropologischer (Selbst-)Bestimmung von Personen konkretisiert, der die Möglichkeiten zur Überschreitung des Bestehenden eröffnen kann.

Im *fünften Kapitel* wird diese relationale Anthropologie hinsichtlich dieser Überschreitung konkretisiert und das Konzept einer pädagogischen Ermöglichungspraxis angedacht. Das Zwischen stellt dafür nicht nur den theoretischen Ausgangspunkt dar, sondern auch ein regulatives Ideal für eine gerichtete aber im Voraus unbestimmbare pädagogische Praxis zur Verfügung. Die bildungstheoretischen Erkundungen vermitteln somit ein Verständnis für die reziproke Beziehungsweise des Zwischen, ohne abschließend festzuhalten, wie diese gestaltet werden soll. Sie machen die Notwendigkeit einer kritischen Auseinandersetzung mit den bestehenden Strukturen als Bedingung für eine ethische Transformation pädagogischer Praxis sichtbar.

1.1 Historischer Rückblick auf pädagogische Beziehungen

Die vorliegende relationstheoretische Studie zum Zwischen entspringt dem Interesse am geisteswissenschaftlich geprägten Topos der ‚pädagogischen Beziehung', dem sich die ebenso zahlreichen wie vielfältigen Forschungsarbeiten subsumieren lassen, welche das Verhältnis zwischen pädagogischen Fachkräften und ihren jeweiligen Adressat:innen thematisieren. Der folgende historische Rückblick dient der Rekonstruktion einiger Betrachtungsweisen der ‚pädagogischen Beziehung', die programmatisch für das geisteswissenschaftliche Paradigma der Erziehungswissenschaft stehen. Anhand der Theorien von Herman Nohl, Otto Friedrich Bollnow und Friedrich W. Kron soll der wissenschaftlichen Problematisierung des pädagogischen Verhältnisses nachgegangen sowie gezeigt werden, dass die Frage nach der Art und Weise von pädagogischen Beziehungen immer schon Teil der (allgemein)pädagogischen Theorieentwicklung war. Den Anknüpfungspunkt für die historisch-systematischen Annäherungen an das Zwischen (siehe Kap. 3) bildet die Beobachtung einer zunehmend kritischen Auseinandersetzung mit bestehenden Macht- und Herrschaftsverhältnissen. Reflektiert wird die *Wechselseitigkeit* von pädagogischen Beziehungen vor allem im Zuge eines diskursgeschichtlichen Wandels, welcher mittels der ausgewählten Theorieansätze veranschaulicht werden soll.

***

Ein Grundbegriff im Geisteswissenschaftlichen Paradigma der Pädagogik (siehe dazu Kap. 2), der bis heute in allgemeinpädagogischen Einführungen prominent rezipiert wird, ist der „pädagogische Bezug" (Nohl 1963, S. 132). Verknüpft ist dieser allen voran mit Herman Nohl (1879–1960). Der Geisteswissenschaftliche Pädagoge (erster Generation) widmet dem Konzept ein Kapitel in seinem – aus gesellschaftspolitischer Perspektive kritikwürdigen[14] – Werk „Die pädagogische Bewegung in Deutschland und ihre Theorie" (1935/1963). Die geisteswissenschaftliche Grundlegung der Pädagogik nach Schleiermacher aufgreifend, beschreibt Nohl darin die dyadische „Bildungsgemeinschaft" (ebd., S. 130) als genuin pädagogisches Phänomen, wobei eine reifere Person das Ziel verfolgt, die jüngeren sog. „Zöglinge" zu ihrer „Form" zu bringen: „Die Grundlage der Erziehung ist also das leidenschaftliche Verhältnis eines reifen Menschen zu einem werdenden Menschen, und zwar um seiner selbst willen, daß er zu seinem Leben und seiner Form komme." (ebd., S. 134) Hier sticht das Generationenverhältnis ins Auge. Nohls Forschungsinteresse gilt der dyadischen Beziehung zwischen einem älte-

14 Der tendenziell romantisierenden Rezeption des *pädagogischen Bezugs* wird durch die gesellschaftstheoretische Einbettung von reziproken Beziehungen in der pädagogischen Praxis entgegengewirkt.

ren und einem jüngeren Menschen (Krüger 2019, S. 60–61). Der *pädagogische Bezug* ereignet sich entsprechend zwischen Menschen verschiedenen Alters. Dabei wird der ‚reifere Mensch' als aktiver Part gesehen, der jüngere als tendenziell passiver.[15] Ersterer habe die Hingabe an eine Sache vorzuleben, „auch wenn der Inhalt seiner Lehre längst überholt" sei (Nohl 1963, S. 133). Demnach fasst Nohl Erziehung als eine intentionale Form des Handelns – er spricht auch von „Führung" (ebd., S. 130) – in einem asymmetrischen Verhältnis zwischen Menschen auf; wobei von Seiten der pädagogischen Fachkraft ein zuvor gefasstes Ziel verfolgt wird. Diese „selbständige geistige Funktion" (ebd.) einer so verstandenen pädagogischen Fachkraft vergleicht Nohl mit dem Ideal des „Heldentums" (ebd., S. 133) bzw. des „Heiligen" (ebd.). Erziehen können nur diejenigen, deren „höhere[s] Selbst" (ebd., S. 132) durch Erziehung und – im Anschluss daran – durch Ethik im Erwachsenenalter bereits „geweckt, gereinigt und gefestigt" worden ist (ebd.).

Was Nohls Auffassung vom relationalen Zugang zu Menschen im Anschluss an das Zwischen im Wesentlichen unterscheidet, ist, dass es ihm nicht um die Beziehung an sich geht, sondern auf das damit verfolgte (pädagogische) Ziel[16] – sprich „die Erweckung eines einheitlichen geistigen Lebens" (ebd.) – ankommt. Nohls Aussage, wonach sich dies nur aus der Beziehung zu einem „wirklichen Menschen mit einem festen Willen" (ebd.) entwickeln könne, spiegelt die heroisierende Vorstellung vom (männlichen) Erzieher wider. Denn: Nur „große Menschen [...] lehren, was der Mensch vermag und wie er das Leben trägt und überwindet" (ebd., S. 134). Die Inszenierung einer männlichen Heldenfigur in Nohls Konzeption des *pädagogischen Bezugs* legt den Einwand nahe, dass es sich hier um eine „Mythisierung der Rolle des Erziehers [bzw. der Erzieherin; Anm. TL] und de[r] Antinomien, in denen er [bzw. sie] steckt" (Andresen 2001, S. 291), handelt. Zudem entwirft Nohl den *pädagogischen Bezug* auf der Grundlage eines essentialistischen Bildes vom Kind: „Es soll ihm [dem Kind] nichts Fremdes eingebildet werden, sondern die Lebensform, zu der sie [die Erziehung] führen will, muß die Lösung *seines* Lebens sein." (Nohl 1963, S. 136, Herv. i. Orig.)

Diese anthropologische Konstruktion zeugt von der impliziten Annahme eines Wesenskerns, die in der Geisteswissenschaftlichen Pädagogik weit verbreitet ist. Obwohl die Frage nach einer Wesensanthropologie als überwunden betrachtet werden kann (siehe Kap. 2.2.2), ist Nohls geisteswissenschaftliches Verständnis des *pädagogischen Bezugs* immer noch Bezugspunkt in allgemeinpädago-

15 Dieser Logik folgt auch das *Theorem* der pädagogischen Beziehung bei Prengel, die dezidiert von der Gestaltung der Beziehung von Seiten der Pädagog:innen ausgeht (Prengel 2019, S. 19).

16 Der *pädagogische Bezug* bildet damit eine Grundlage für pädagogische Sollensvorstellungen, nicht aber für eine Beschreibung der Menschen, die im Anschluss an das Zwischen in der relationalen Dimension gesehen wird. Bei Nohl verschwimmt der Bezug mit ethischen Sollensforderungen, weshalb seine Theorie keine geeignete Grundlage für eine relationale Anthropologie darstellt, die ihre ethischen Vorstellungen nicht aus sich selbst heraus begründen kann, sondern diese erst aus einer expliziten Verpflichtung auf emanzipatorische Ziele gewinnt (Weiß 2001).

gischen Theorien – wie bspw. in der von Sabine Andresen rezensierten Habilitationsschrift von Dorle Klika (2000) über Nohls *pädagogischen Bezug*. Klika tradiert Nohls Konzept, in dem eine „romantisierte, paternalistische Erzieher-Zögling-Beziehung" (Andresen 2001, S. 291) konstruiert wird, ohne die implizite Verknüpfung der anthropologischen mit den ethischen Überlegungen zu hinterfragen. Aufgrund dieses blinden Flecks wird die „Romantisierung des pädagogischen Bezugs" (ebd.) weiter fortgesetzt.

Nohls Konzept sowie dessen Rezeption tragen nicht zum besseren Verständnis des Zwischen bei. Im Gegenteil: es verstärkt tendenziell instrumentelle Beziehungsvorstellungen. Daher wird im nächsten Abschnitt „Die pädagogische Atmosphäre" (2001) von Otto Friedrich Bollnow aus dem Jahr 1964 aufgegriffen, die den pädagogischen Bezug für eine relationale Weiterentwicklung anschlussfähig macht. Bollnow versteht unter „pädagogischer Atmosphäre" (ebd., S. 11) ein Phänomen, das dem *pädagogischen Bezug* vorausgeht und umfassender als dieser zu verstehen ist. „Die pädagogische Atmosphäre", in der sich dann „der konkrete und aktiver ergriffene pädagogische Bezug entwickeln kann" (ebd., S. 13), führt näher an die Thematik der vorliegenden Studie heran. In seinen „Untersuchungen über die gefühlsmäßigen und zwischenmenschlichen Voraussetzungen der Erziehung", wie es im Untertitel heißt, sieht Bollnow nämlich eine Pionierarbeit auf dem Gebiet der Pädagogischen Anthropologie. Durch seine philosophisch-anthropologische Betrachtungsweise vermeidet er eine Psychologisierung oder ‚Ethisierung' pädagogischen Denkens und Handelns (ebd., S. 107–108).

Mit dem Konstrukt der *Atmosphäre* sucht der geisteswissenschaftliche Pädagoge (zweiter Generation) „das Ganze der gefühlsmäßigen Bedingungen und menschlichen Haltungen" zu begreifen, „die zwischen dem Erzieher und dem Kind bestehen und die den Hintergrund für jedes einzelne erzieherische Verhalten abgeben" (Bollnow 2001, S. 11). Damit betrete er „pädagogisches Neuland" (ebd., S. 7), denn die „gefühls- und stimmungsmäßigen Untergründe" (ebd.) der pädagogischen Praxis seien in wissenschaftlichen Publikationen bisher vernachlässigt worden. Eben diese Gefühle und Haltungen nennt Bollnow *Atmosphäre*. Er kündigt zwar an, diese in ihrer Vermittlung mit den „wahren Verhältnisse[n]" (ebd., S. 11) zu betrachten, doch im Laufe der Lektüre hat sich gezeigt, dass Bollnow versucht, genau diesen „flüchtigen Hauch über die soliden Grundverhältnisse" (ebd.) „behutsam fernzuhalten" (ebd.), was daran liegen mag, dass er es verabsäumt, die Beziehungen *zwischen* Pädagog:innen und ihrem Klientel innerhalb der historisch-gesellschaftlichen Verhältnisse zu verorten.

Trotz der fehlenden gesellschaftstheoretischen Kontextualisierung, die gemäß Schleiermachers Zugang zur Pädagogik (siehe Kap. 2.1) vorzunehmen wäre, wirft Bollnow interessante Aspekte für die Annäherung an das Zwischen auf. Zum einen indem er eine ganz grundlegende Kritik an poietischen Erziehungskonzeptionen (siehe dazu Kap. 2.1.1) entfaltet – jenen Machbarkeitsphantasien, die die Pädagogik als eine Technologie verstehen – und zum anderen indem er die pädagogische Beziehung *relational* zu fassen versucht. In seinen Ausführungen werden Erzieher:innen und Zu-Erziehende als die zwei Seiten *eines* „Mediums" (ebd., S. 12) der „pädagogischen Atmosphäre" erkennbar. Das Erziehungsverständnis stelle nämlich ein „echtes Wechselwirkungsverhältnis" (ebd., S. 110) zwischen Erzieher:in und Zu-Erziehenden dar. Eine so verstandene Erziehung definiert sich nicht als *Führung* oder als das äußerlich bleibende ‚Wachsenlassen' eines Kindes in Verbindung mit der Herstellung einer gesellschaftlich verträglichen Lebensform, sondern erweist sich als ein *doppelseitiges* Geschehen.

Im Gegensatz zu Nohls *pädagogischem Bezug*, liegt Bollnows Fokus – ganz im Sinne der vorliegenden Untersuchung – auf der Beziehung, in der Erzieher:in und Kind „gar nicht zunächst getrennt [sind], um dann aufeinander zu wirken, sondern [...] in ursprünglicher Einheit, eben in der umgreifenden Atmosphäre" (ebd.) im Verhältnis zueinander stehen. Bollnows Konzept lässt sich gewissermaßen als eine relationale Erweiterung des *pädagogischen Bezugs* interpretieren, insofern hier auch die Gefühle reflektiert werden, welche in pädagogischen Situationen wirksam sind. Aus seiner Gegenstandsbestimmung lässt sich eine Reflexion der Haltung ableiten, die professionelles pädagogisches Handeln überhaupt erst ermöglicht.

Kritisch festzuhalten ist die fehlende historische Einordnung: Bollnow verortet seine Ausführungen weder in der erziehungswissenschaftlichen Theorieentwicklung noch innerhalb der gesellschaftlichen Verhältnisse. Vor dem Hintergrund der zwei Jahre später von Theodor W. Adorno geäußerten Forderung, „daß Ausschwitz nicht noch einmal sei" (Adorno 1969a, S. 85), erscheint die gesellschaftstheoretische Kontextualisierung von Konzepten über die pädagogische Beziehung unverzichtbar.[17] Denn nur die kritische Einordnung von Erziehungsidealen und ihren zugrundeliegenden Menschenbildern im Kontext gesamtgesellschaftlicher Praxis kann verhindern, so Adorno, dass man „der idealistischen Phrase ver[fällt]" (Adorno 1969a, S. 85). So gesehen kann Bollnows proklamierte ‚ursprüngliche Einheit' von Erzieher:in und Kind nicht affirmativ fortgeschrieben werden. Denn: Pädagogische Beziehungen finden innerhalb von gesellschaftlichen (Macht- und Herrschafts-)Verhältnissen statt; die in den pädagogischen Kontexten wiederum zum Ausdruck kommen.

---

17 Diese fehlende Kontextualisierung könnte auch ein Grund dafür sein, dass Bollnow seine geisteswissenschaftlichen Bemühungen – ähnlich zu Herman Nohl – unter nationalsozialistischen Vorzeichen nahtlos weiterführen konnte. Dies wird in der vielbeachteten Habilitation von Benjamin Ortmeyer belegt, in der er die explizite Unterstützung des NS-Regimes durch die geisteswissenschaftlichen und Reform-Pädagogen Herman Nohl, Erich Weniger, Eduard Spranger und Peter Petersen nachzeichnet (Ortmeyer 2010, S. 445). Bei einigen Vertretern, so z. B. bei Otto Friedrich Bollnow und Wilhelm Flitner, fällt die Analyse der nationalsozialistischen Vergangenheit eindeutiger aus als bei anderen. So wird die Kontinuität der NS-Positionen von Erich Weniger (siehe Kap. 2.1.1) nach wie vor kontrovers diskutiert (ebd., S. 18).

Ziel der historisch-systematischen Rekonstruktion der geisteswissenschaftlichen Theorietradition in dieser Studie (siehe Kap. 2.1) ist daher die Darstellung einer wissenschaftstheoretischen Grundlage, auf der die Beziehungsebene in ihrer Verflechtung von Subjekt- und Gesellschaftstheorie entfaltet werden kann. Doch bevor diese Grundlage skizziert wird, soll noch auf eine dritte historische Theorie zur Thematik der pädagogischen Beziehungen ein kurzes Schlaglicht geworfen werden.

Mit seiner phänomenologischen „Theorie des erzieherischen Verhältnisses" (1971) füllt der Erziehungswissenschaftler Friedrich W. Kron (1933–2016) eben jene relationale Leerstelle der disziplinären Verortung, die Bollnows heuristische Theorie der *pädagogischen Atmosphäre* aufweist. Unter dem Stichwort des „Verhältnisses" liefert Kron Einblicke in die Theorieentwicklung zu pädagogischen Beziehungen, die erhellende Grundlagen für die Untersuchung des Zwischen bereitstellen. Der Begriff des erzieherischen Verhältnisses wird im Anschluss an Wilhelm Dilthey (1833–1911) als Erweiterung des „pädagogischen Bezugs" (ebd., S. 66) eingeführt. In der Tradition Schleiermachers, der – wie Kron schreibt – als erster versuchte, „das erzieherische Verhältnis zur Grundlage der Erziehung zu machen" (ebd., S. 89), betrachtet Kron dieses Verhältnis als ein *relationales*. Wobei Erzieher:in und Zu-Erziehende sich gleichwertig und „nicht antithetisch [...] oder in einer Oben-Unten-Relation" (ebd., S. 79) gegenüberstehen. In Abgrenzung zum *pädagogischen Bezug* begreift Kron das erzieherische Verhältnis als zwischenmenschliches Phänomen mit pädagogischer Bedeutung (ebd., S. 7). Ihm zufolge handele es sich um ein pädagogisches Grundphänomen, das in verschiedenen Lebensbereichen (Familie, Schule, etc.) zu beobachten sei und zwischen Menschen aus verschiedenen Generationen stattfinde, wobei diese Personen prinzipiell gleichrangig seien (ebd., S. 112). Davon grenze er, wie schon angedeutet, den „pädagogischen Bezug" (Kron 1971, S. 55) ab, der sich vor allem durch eine „Wert- und Zielgerichtetheit" (ebd., S. 56), also durch Intentionalität, Idealität und Normativität auszeichne.

Individualität und Persönlichkeit[18] würden als *Telos* der Erziehung konstruiert, während die Beziehungsweisen selbst in Nohls anthropologischen Überlegungen aufgrund dieser normativen Aufladung aus dem Blick gerieten. Die Unterordnung der Pädagogik unter dieses *Telos* kritisiert Kron als humanistische „Ideologie der Selbstverwirklichung" (ebd., S. 115). Was sich darin unter anderem zeige, sei, dass in der Theorie des *pädagogischen Bezugs* keine Gleichwertigkeit der Personen gelebt werde. Tatsächlich erscheint die pädagogische Fachkraft als Trägerin der Werte, was durchaus im wörtlichen Sinne verstanden werden kann.

---

18 Zur Unterscheidung der Kategorien Individualität und Persönlichkeit: „Individualität ist der Mensch, wenn bei ihm alle Kräfte, die ihm eigen sind, zur Entfaltung gebracht sind. Persönlichkeit ist der Mensch, der gelernt hat, alle seine Kräfte unter dem Anspruch der Sittlichkeit zur Wirkung zu bringen." (Kron 1971, S. 114)

Sie ist im *pädagogischen Bezug* ‚wertiger' als das Kind, das im *pädagogischen Bezug* als Mängelwesen betrachtet wird (ebd., S. 57). Der instrumentelle Charakter, den Kron in Nohls Konzeption aufspürt, ist dem „Zweck der Kultur- und Selbsterhöhung" (ebd., S. 58) geschuldet. Er birgt jedoch auch die „Gefahr des Führertums und der persönlichen Vorbildhaftigkeit" sowie „entsprechende[] Forderungen der Gefolgschaft und der Nachfolge" (ebd.), wie Kron richtig bemerkt. Den entscheidenden Unterschied zum erzieherischen Verhältnis sieht er in der Herstellbarkeit des *pädagogischen Bezugs*, den Nohl „zur primären und entscheidenden Aufgabe der Erziehung" (ebd., S. 64) mache. In dieser Aufgabe, so Kron, „gründet sich sein ganzes Ethos, aber auch das elitäre Bewußtsein, das gleichermaßen den pädagogischen Bezug durchweht" (ebd., S. 65).

Im Anschluss an Rousseau, Herbart und Schleiermacher weist Kron demgegenüber nach, dass Selbstverwirklichung – im Kontext von zwischenmenschlichen und gesellschaftlichen Verhältnissen betrachtet – in Beziehungen geschieht, in denen die individuellen Faktoren mit zwischenmenschlichen Erfahrungen und gesellschaftlichen Prägungen verschwimmen. In der anthropologischen Frage nach ‚dem Menschen' sei ein „unaufhebbarer Rest" (ebd., S. 9) enthalten, der zwar nicht auf den Begriff gebracht, jedoch „erfahren werden" (ebd.) könne. Um diese Erfahrung der Unverfügbarkeit der „Menschlichkeit" geht es Kron, wenn er das erzieherische Verhältnis phänomenologisch entfaltet. Mit seiner „Theorie des erzieherischen Verhältnisses" deckt er Zusammenhänge auf, in denen eine pädagogische Dimension sichtbar wird, die potentiell in allen zwischenmenschlichen Beziehungen Einzug halten kann. Insofern sein hermeneutischer Zugang auf ein Verständnis für diese Beziehungen abzielt, weist die im vierten Kapitel dieses Buches formulierte relationale Anthropologie eine Parallele zu Krons Untersuchung auf; zudem beziehen sich die Analysen zum Teil auf dieselben Theoretiker:innen (z. B. Schleiermacher, Buber, Arendt). Da es „keine Sonderform der Begegnung im Sinne einer ‚pädagogischen Begegnung' geben könne", weil Begegnung „schlechthin menschliche Begegnung" sei (ebd., S. 17), verortet Kron das Erzieherische prinzipiell in Begegnungen – und damit gewissermaßen im Zwischen. Auch wenn Begegnungen nicht in anwendbare Erziehungskonzepte übertragbar seien, kann mit ihnen trotzdem insofern gerechnet werden, als zwischen dem „‚Verhältnis' oder ‚Bezug' usw. als einer Dauerform mit Stetigkeitsstruktur und dem ‚zeitlosen Vorgang' der Begegnung als unstetiger Form der Erziehung mithin ein innerer Zusammenhang [besteht]" (ebd., S. 18). Begegnungen seien zwar nicht kalkulierbar, aber sie seien in erzieherischen Situationen auch nicht ausgeschlossen. Kron unternimmt den Versuch einer phänomenologischen Beschreibung dieser Erfahrungen in erzieherischen Situationen. Er erkennt diese dort, wo die Erwachsenen in einer „Umgangsrelation" (Langeveld 1965, S. 34, zitiert nach: Kron 1971, S. 30) mit einem Kind auf diese ‚Kindlichkeit' antworten, was in der Regel dann geschähe, wenn Erwachsene eine Hilflosigkeit entdeckt zu haben meinen und auf diese reagieren. Diese

Art der zwischenmenschlichen Beziehungsgestaltung richtet sich gegen eine latent schwelende Autorität in pädagogischen Verhältnissen, die immer wieder durchbreche und auch in Gewalt umschlagen könne (ebd., S. 12). Um der Gefahr autoritärer Verhärtungen entgegenzuwirken, schlägt Kron daher vor, „an der Persönlichkeit der Erzieher selbst, an ihrem Charakter, an ihrer Vernunft, an ihrem sozialen Gewissen anzusetzen“ (ebd., S. 13). Pädagogische Fachkräfte können zur Reflexion ihrer internalisierten Erziehungserfahrungen angeregt werden, damit sie nicht nur autoritäre Verhältnisse reproduzieren, sondern die verschiedenen Qualitäten von Beziehungen erkennen können. Dabei fokussiert Kron ebenjene Beziehungen, in denen „der ältere Mensch mit dem jüngeren gerade nicht unter dem Auftrag einer pädagogischen Intentionalität verkehrt, sondern wo er ihm von Mensch zu Mensch begegnet“ (ebd., S. 9). Dieser Begegnung gehe der Umgang im ‚natürlichen Milieu‘ der Familie voraus, wie Kron mit Bezug auf Langeveld schreibt (ebd., S. 37), das sich durch „Unmittelbarkeit, Gegenwärtigkeit und Verbindlichkeit“ (ebd., S. 32) auszeichne. Diese Kriterien – die auf eine Idealisierung des familialen Raumes verweisen – stellen nach Kron die Möglichkeitsbedingungen dar, durch die jederzeit „ein erzieherisches Verhältnis entstehen kann“ (ebd., S. 37), das der Beziehungsweise der Begegnung entspricht. Am Ende seiner Studie steht jedoch die selbstkritische Einsicht, dass „die Realisierung des erzieherischen Verhältnisses in dieser Sichtweise nur elitären Gruppen innerhalb unserer Gesellschaft vorbehalten ist“ (ebd., S. 149); womit soziale Ungleichheiten offensichtlich werden. Die dafür verantwortlichen gesellschaftlichen (Herrschafts-)Verhältnisse bleiben bei Kron dennoch unkommentiert.

Der Hinweis auf diese Ausblendung ist ein Verweis auf die Relevanz der vorliegenden Untersuchung. Aus den programmatischen Konzeptionen zur pädagogischen Beziehung (aus dem Paradigma der Geisteswissenschaftlichen Pädagogik) ergibt sich daher für die relationale Betrachtungsweise folgende Konstellation: Reziproke Beziehungsweisen können – wie hier angenommen – innerhalb eines hierarchischen Systems niemals dominant werden, denn das Zwischen als eine Begegnung zwischen Personen stellt vor dem Hintergrund von macht- und herrschaftsvollen Verhältnissen eine Seltenheit dar. Gelingt es pädagogisch Denkenden und Handelnden aber dennoch, ihren Fokus auf die Qualität von Beziehungen zu richten, so die hier vertretene These, dann baut sich damit nicht nur der Möglichkeitsraum für reziproke Beziehungsweisen aus, in dem sich herrschaftsfreie Strukturen realisieren können; sondern die bestehenden Umstände selbst können dadurch nachhaltig ‚enthierarchisiert‘ werden.

1.2 Einblicke in den erziehungswissenschaftlichen Forschungsstand

Auf den historischen Rückblick entlang dreier Schlaglichter auf die theoretische Annäherung an das Thema der *Beziehungsweisen* in der Geisteswissenschaftlichen Pädagogik folgt nun die Einordnung der vorliegenden Arbeit in den aktuellen Stand allgemeinpädagogischer Forschung.

Der folgende Durchgang durch den Forschungsstand stellt keine systematische Übersicht von relationstheoretischen Entwürfen innerhalb der Erziehungswissenschaft dar (vgl. bspw. Scherrer 2022). Stattdessen werden – wie im historischen Rückblick – vier Schlaglichter auf die erziehungswissenschaftliche Forschungslandschaft geworfen. Ausgehend von (1.) Beiträgen mit dem Begriff „Zwischen" im Titel werden (2.) relationstheoretische Entwürfe in der Erziehungswissenschaft und (3.) Ansätze aus der Pädagogischen Anthropologie vorgestellt, um schließlich (4.) anhand einer exemplarischen Untersuchung auf die Frage nach der *reziproken* Qualität von pädagogischen Beziehungen zu sprechen zu kommen. Somit behandelt jeder Abschnitt ein Element, das in der vorliegenden Untersuchung aufgegriffen und weiterentwickelt wird.

Studien über ein „Zwischen"

Die Durchsicht von Forschungsarbeiten zur reziproken pädagogischen Beziehungsgestaltung beginnt mit der Suche nach erziehungswissenschaftlichen Arbeiten mit dem Begriff „Zwischen" im Titel. Das Ergebnis ist recht überschaubar: Eine ältere Dissertation mit dem Titel „Das Zwischen als dialogischer Logos" (1980) widmet sich der „Bedeutung der Anthropologie Martin Bubers für die Pädagogik", wie es im Untertitel heißt. Die auf den ersten Blick vielversprechende *philosophische* Studie setzt sich zwar mit der anthropologischen Grundfigur des Zwischen in Martin Bubers Dialogphilosophie und also mit der titelgebenden Figur der vorliegenden Untersuchung auseinander; gibt jedoch – ähnlich wie die erst kürzlich erschienene quantitativ-empirisch ausgerichtete Studie mit dem Titel „Das Zwischen im Dialog" (Lück 2019)[19] – leider keine relevanten Aufschlüsse über den Forschungsstand.

Anders verhält es sich mit dem allgemeinpädagogisch ausgerichteten Beitrag über das „Lernen im Zwischen" (2008) von Tobias Künkler. Der Text ist Teil eines Sammelbandes, der sich dem „oft übersehenen ‚Wie' des Vollzugs im Lernen" (Mit-

19 Senta Lücks Forschungsinteresse gilt, wie der Untertitel bereits vermuten lässt („Eine theoretische, empirische und praktische Annäherung anhand einer Untersuchung der frühen Mutter-Kind-Kommunikation"), dem Zusammenhang „von den quantitativen und qualitativen Merkmalen des mütterlichen Interaktionsverhaltens" (Lück 2019, S. 4). Womit sie eine additive Methodologie verfolgt, welche der hier unternommenen relationstheoretischen Untersuchung des Zwischen geradezu entgegenläuft.

gutsch et al. 2008, S. 11) widmet. Den Herausgeber:innen geht es darin um ein allgemeinpädagogisches Verständnis von Lernen. Künkler beantwortet die in der Einleitung aufgeworfene „Frage nach dem *pädagogischen* Moment im Lernvollzug" (ebd., S. 12) mit einem „Zwischen", das er am Ende seiner Analyse unterschiedlicher Subjektkonzeptionen darstellt. Im Zuge dieser Analyse konstatiert Künkler, dass man dem Vollzug des Lernens weder auf Basis der Vorstellung eines autonomen (Lern-)Subjekts, noch vor dem Hintergrund einer Kritik an diesem souveränen Subjekt theoretisch näherkomme; weshalb er den Ausgangspunkt dieser Frage neu fasst. Das heißt, Künkler vollzieht einen „*turn* (im Sinne einer Wendung oder Drehung)" (ebd., S. 13): Seine Perspektive auf ein „Lernen im Zwischen" geht demnach weder von der „Ersten-Person-Perspektive" (Künkler 2008, S. 44) und damit einem im Subjekt stattfindenden Prozess, noch von der „Dritten-Person-Perspektive" (ebd.), also einem von außen an das Subjekt herangetragenen Vorgang aus. Vielmehr plädiert er für eine „Zweite-Person-Perspektive" (ebd., S. 45), die eingeübt werden könne, indem man Relationen in den Blick zu nehmen lerne. Wie er mit Norbert Elias in einer Fußnote erläutert (ebd., S. 48; siehe Kap. 3.1: Elias), wird so „die Beziehung zwischen Elementen nicht als etwas Nachträgliches […], sondern vielmehr von den Beziehungen auf das Bezogene" (ebd.) gedacht. Dieses relationale Denken sei geeignet, „das gewohnte Denken" (ebd., S. 47) zu irritieren. Dadurch könne Lernen *zwischen* den Relationen von „Selbst-, Welt- und Anderenverhältnissen" (ebd., S. 44) verortet werden. Künklers lerntheoretische Überlegungen enden bei der Feststellung, dass es sich beim „Zwischen" um ein „nicht direkt beeinfluss- und steuerbares" (ebd.) Geschehen handelt, dem implizit eine ‚Unhintergehbarkeit' anhaftet. Hier kann die vorliegende Studie gewissermaßen ansetzen. Indem sie die Frage nach der Konstitution bzw. nach den Bedingungen für die Entstehung eines Zwischen, nicht nur aufwirft, sondern vertiefend behandelt, hofft sie das von Künkler aufgeworfene Forschungsdesiderat ein Stück weit schließen zu können: „Nicht eine Perspektive, sondern Relationen müssten in den Blick kommen; in den Relationsgefügen von Selbst-, Welt- und Anderenverhältnissen müssen jedoch besonders die Anderenverhältnisse akzentuiert und in den Vordergrund gerückt werden" (ebd., S. 45). Schließlich – und hier wird der Wortlaut Künklers im Sinne der allgemeinpädagogischen Ausrichtung geändert – sind es insbesondere diese Anderenverhältnisse, die die Vollzüge pädagogischer Praxis dominieren und Erziehung und Bildung zu einem unkontrollierbaren sozialen Prozess machen.

Relationstheoretische Betrachtungen von pädagogischen Beziehungen

Als ein Entwurf,[20] in dem das Zwischen allgemeinpädagogisch *und* relationstheoretisch thematisiert wird, bilden Künklers Überlegungen zum „Lernen im Zwi-

---

20 Im Bereich der schulpädagogischen Beziehungsforschung sind seit 2010 viele weitere Arbeiten entstanden (vgl. bspw. Schaller 2012, Felten 2020).

schen"[21] den ersten Baustein zur Verortung dieser Studie im gegenwärtigen Forschungsstand.

Um das Bild vom Zwischen im existenzphilosophischen Sinn zu schärfen, erscheint eine relationstheoretische Perspektivierung angemessen. Im Anschluss an Künklers Text heißt das mit anderen Worten: Erst eine Betrachtung der ‚Anderen-Relationen' macht eine Annäherung an das Zwischen möglich. Da es sich eben um eine Beziehungsweise handelt, die an sich relational und, noch konkreter, reziprok verfasst ist, verlangt der Gegenstand des Zwischen auch eine relationale Lesart. Eine systematische Herleitung einer solchen relationalen Lesart leistet die Berliner Forschungsgruppe um Ortfried Schäffter aus dem Bereich der Erwachsenenbildung, deren Arbeiten sich durch eine inhaltliche Ausrichtung an den relationsphilosophischen Grundbestimmungen von Julius Schaaf (1910–1994) und Dieter Leisegang (1942–1973) auszeichnen.[22]

Ein exemplarischer Sammelband ihrer relationstheoretischen Grundlagenforschung trägt den Titel „Denken in wechselseitiger Beziehung" (2021) und verfolgt die Absicht, unterschiedliche, einander mitunter auch widersprechende relationale Ansätze zu kontrastieren, um ein „Denken in wechselseitiger Beziehung" voranzutreiben. Für die vorliegende Studie besteht der Mehrwert dieser Denkweise in der Verbindung unterschiedlicher Wissensdimensionen, die eine Reflexion der wissenschaftstheoretischen Voraussetzungen für einen relationalen Zugang zu pädagogischem Denken und Handeln eröffnet (Prengel 2019, S. 15). Der Band ist Teil einer Reihe erziehungswissenschaftlicher Publikationen, die sich etwa seit der Jahrtausendwende explizit mit Relationalität auseinandersetzen (Ebner von Eschenbach 2019, S. 26–27; vgl. auch Ebner von Eschenbach / Schäffter 2021, S. 20). Wie in der Einleitung zu „Denken in wechselseitiger Beziehung" zu lesen ist, kann ab den 2010er Jahren von einem *„relational turn*" (Ebner von Eschenbach / Schäffter 2021, S. 10) in den Sozial- und Geisteswissenschaften gesprochen werden; demnach finde eine Wendung hin zu Beziehungen und Zusammenhängen statt, die immer öfter zum Ausgangspunkt von erziehungswissenschaftlicher Forschung genommen würden.[23]

In relationstheoretischen Arbeiten werde pädagogisches Denken und Handeln zunehmend von feststehenden Strukturen abgelöst und stattdessen hinsichtlich einer inhärenten Prozesshaftigkeit reflektiert. Die Beiträge des Bandes

21 Diese lerntheoretischen Betrachtungen sind Teil von Künklers Promotionsprojekt und wurden unter dem Titel „Lernen in Beziehung. Zum Verhältnis von Subjektivität und Relationalität in Lernprozessen" (2011) monographisch veröffentlicht.

22 Deren „Philosophie der Beziehung" (Leisegang 1969) hat jedoch – wenn auch kaum beachtete – Vorläufer, die sich mindestens bis zu den Vorsokratikern zurückverfolgen lassen (Ebner von Eschenbach / Schäffter 2021, S. 10).

23 Diese Verschiebung wird zwar auch in der vorliegenden Dissertation aufgegriffen und fortgeführt (siehe Kap. 3.1: Elias), doch um etwaige Missverständnisse auszuräumen: Auch ältere pädagogische Theorien lassen sich relational lesen und verstehen (siehe Kap. 2).

stellen unterschiedliche Ausgestaltungen und Anwendungsfelder dieser Blickverschiebung vor: Iris Clemens versteht Erziehungs- als Kulturwissenschaft und vertritt einen netzwerktheoretischen Zugang. In ihrem Beitrag beschäftigt sie sich mit einem relationalen Wissensbegriff, mit dem sie ‚den Menschen' als *homo connectus* denkt (Clemens 2021). Kerstin Meißner befasst sich in ihrem Beitrag mit dem Prozess sozialer Zugehörigkeit als einem ‚Werden mit anderen' (2021) – was sie in ihrem Buch „Relational Becoming" (2019) ausführlicher behandelt. Der Text von Heiko Löwenstein[24] widmet sich einem relationalen Verständnis von Identität (2021). Annedore Prengel, die mit ihrer Studie „Pädagogische Beziehungen zwischen Anerkennung, Verletzung und Ambivalenz" (2012/2019) ein wichtiges Referenzwerk für pädagogische Beziehungen veröffentlicht hat, spricht sich in ihrem Beitrag für eine relationale Ethik der Pädagogik aus (2021). Neben diesen aktuelleren Forschungsprogrammen wird auch ein Essay von Christoph von Wolzogen[25] aus dem Jahr 2001 wieder abgedruckt (2021).[26] Schäffter vertritt in seinem Essay eine „undogmatische Position" (Prengel 2019, S. 59) hinsichtlich der Frage nach der Vorrangigkeit von Relata oder Relation und beschreibt vor diesem Hintergrund deren Zusammenhang als „Denkfiguren des ‚Zwischen'" (Ebner von Eschenbach/Schäffter 2021, S. 20). Malte Ebner von Eschenbach beschreibt im seinem Beitrag die „Plastizität" (ebd., S. 21) dieses Verhältnisses, genauer die Veränderbarkeit der Relata innerhalb von Relationen. In seiner Promotion, die unter dem Titel „Relational Reframe" (2019) veröffentlicht wurde, wendet er das gleichnamige und von Schäffter initiierte Verfahren auf migrationstheoretische Fragestellungen in der Erwachsenenbildung an. Mit dem von Ebner von Eschenbach skizzierten relationslogischen Verfahren soll „die Pluralität und Dynamik sozialer Wirklichkeit epistemologisch angemessener" (ebd., S. 27) erfasst werden, als dies durch „substanzialistische Perspektiven" (ebd.) möglich wäre. Das sog. „Relational Reframe", also die „Entwicklung eines Verfahrens zur relationslogischen Rekonzeptualisierung von Forschungsgegenständen" (ebd., S. 25), wird dabei systematisch hergeleitet. Ebner von Eschenbach geht es um eine Entschärfung des herrschenden Substanzdenkens; die dialektischen Grundlagen (der Pädagogik) allerdings fehlen in den theoretischen und methodologischen

24 Der Autor gilt gemeinsam mit Mustafa Emirbayer international als renommiertester Vertreter einer relationalen Sozialwissenschaft. Gemeinsam haben sie den Band „Netzwerke, Kultur und Agency" (2017) herausgegeben, in dem u. a. die deutsche Übersetzung des „Manifest für eine relationale Soziologie" (Emirbayer 2017, S. 30–73) inklusive einer kritischen Auseinandersetzung damit nachzulesen ist.

25 Der deutsche Philosoph Christoph von Wolzogen war Schüler der Relationsphilosophen Jakob Schaaf und Dieter Leisegang (Ebner von Eschenbach/Schäffter 2021, S. 20).

26 Aus dieser Reihe an Referenzen zur erziehungswissenschaftlichen Relationsforschung wird auf die Studie von Annedore Prengel im Abschnitt zur reziproken Qualität von pädagogischen Beziehungsweisen gesondert eingegangen.

Überlegungen.[27] Man kann diese Dialektik jedoch im Analyseverfahrens aufspüren, wodurch gleichzeitig auch die von ihm fokussierte Bedeutung des Begriffs „Zwischen" deutlich gemacht werden kann. Den dritten Schritt des „Relational Reframe" nennt Ebner von Eschenbach nämlich „Zwischen" im Sinne eines komplementären Vollzugs zweier Perspektiven: einer Kontingenzperspektive, welche die Komplexität des Gegenstands freisetzen soll (Ebner von Eschenbach 2019, S. 180–181) sowie einer weiteren, welche die Hinwendung zur Beziehungsstruktur ermöglichen soll, indem sie von außen auf die Relata schaut (ebd., S. 181–183). Daraus wird deutlich, dass dieses *Zwischen* Teil eines Verfahrens ist, das den Anspruch hat, die Wirklichkeit angemessener zu erfassen als substanzialistische Analyseverfahren. Man kann die Komplementarität der beiden Perspektiven, also das *Zwischen* im *Relational Reframe,* auch als dialektische Figur lesen, wodurch die Verflechtungen von Relationen und Substanz in den Blick rücken (ebd., S. 14). Damit lässt sich eine Brücke zur vorliegenden Studie schlagen; in der die relationstheoretische Beschreibung der reziproken Beziehungsweise des Zwischen aus Perspektive einer praktischen Wissenschaft der Pädagogik entfaltet wird, die sich durch eine dialektische Struktur auszeichnet (siehe Kap. 2.1.1). Erst anhand dieser dialektischen Systematik, so die zugrundeliegende Prämisse, kann die Problematik eines identitätslogischen Denkens angemessen reflektiert werden. Demgemäß wird die pädagogische Grundproblematik nicht in einem Substanzdenken, sondern in der Vereinseitigung von dialektischen Spannungsfeldern gesehen (ebd., S. 13–14; vgl. Adorno 1969b). Was Ebner von Eschenbachs Konzeption einer relationalen Perspektive von der im Folgenden unternommenen Annäherung an das Zwischen unterscheidet, ist das Ausblenden ebendieser Spannungsfelder.

Ein zweiter Sammelband, der hier exemplarisch für relationstheoretische Forschung innerhalb der Erziehungswissenschaft genannt wird, ist „Beziehungsweisen und Bezogenheiten" (2017) von Jochen Krautz. Die titelgebenden „Beziehungsweisen" sollen auf die aktive Seite, die „Bezogenheiten" auf die passive Seite von „Relationalitäten in der Pädagogik, Kunst und Kunstpädagogik" hindeuten:

> „Relationalität bezeichnet sowohl die aktivischen Beziehungen, die wir zu Mitmenschen und Mitwelt aufnehmen, pflegen, gestalten oder auch ab- und unterbrechen, als auch die passivische, also pathische und responsive Dimension dieser Bezüge, die

27 Hinzuzufügen ist, dass die relationstheoretische Lesart der Pädagogik als dialektische Wissenschaft im vorliegenden Fall nicht auf einer vorab getroffenen „Entscheidung" (Ebner von Eschenbach 2019, S. 24) beruht, relationstheoretisch arbeiten zu *wollen*. Vielmehr stellt relationales Denken das Vehikel einer kulturwissenschaftlichen Weiterentwicklung der dialektischen Grundlagen der Pädagogik dar, um den Gegenstand der Pädagogik – das soziale Geschehen im Kontext der herrschenden Umstände – adäquat fassen zu können.

wir eben nicht selbst gestalten, sondern die uns vorausgehen, uns tragen, prägen und widerfahren." (ebd., S. 16)

Inhaltliche Überschneidungen mit der vorliegenden Dissertation weisen vor allem die anthropologischen Überlegungen im ersten Teil des Bandes auf. Sie vermitteln wesentliche Grundlagen für ein allgemeinpädagogisches Verständnis von Relationalität, das auch für die hier unternommene Rahmung des Zwischen wegweisend ist und nun zum dritten Bereich des Forschungsstandes überleitet.

Pädagogische Anthropologie

Wie in „Beziehungsweisen und Bezogenheiten" wird hier eine anthropologische Perspektive eingenommen, die sich auf einen philosophischen Personbegriff bezieht und ‚den Menschen' „als selbstständiges Aktzentrum verantwortlichen Handelns" (Krautz 2017, S. 18) fasst. In beiden Fällen wird damit für ein relationales Personverständnis optiert, wobei die vorliegende Studie von einer Kritik an der Vernachlässigung von gesellschaftspolitischen Aspekten in personalistischen Ansätzen ausgeht (siehe Kap. 3.2), die in den (kunst-)pädagogischen Reflexionen im Sammelband von Krautz lediglich gestreift wird. Bezugnehmend auf die phänomenologisch[28] arbeitende Erziehungswissenschaftlerin Käte Meyer-Drawe soll zudem ein relationales Subjektverständnis entfaltet werden, vor dessen Hintergrund Autonomie als intersubjektives Phänomen immer schon relational erscheint (vgl. Meyer-Drawe 2000, 2001) – „also als Resultat der Beziehung und Bezogenheit auf eine vorgängige Welt und die von uns unabhängige Existenz von Mitmenschen, der wir nicht entkommen können" (Krautz 2017, S. 14).

Ein anderes Beispiel für einen relational-anthropologischen Zugang findet sich bei Guiseppe Flores d'Arcais, der in dem bildungsphilosophischen Essay „Menschenbild und Menschenbildung" (1982) eine wissenschaftstheoretische Grundlegung für eine „relationistische Anthropologie" (Flores d'Arcais 1982, S. 122) skizziert:

„Als relationistische Anthropologie können wir hier jene Anthropologien begreifen, die ihr Verständnis vom Menschen herleiten von seinen Beziehungen zu Anderen, ganz gleichgültig, ob es sich um das Verhältnis von Individuum zu anderen Individuen handelt oder um das Verhältnis von Individuum und Gesellschaft bzw. Kollektiv, oder sei es, daß man noch ausdrücklicher das Subjekt nur in seiner Beziehung zu den

28 Im wissenschaftlichen Paradigma der Phänomenologie finden sich nicht nur bei Käte Meyer-Drawe überaus aufschlussreiche Arbeiten zur „Inter-Subjektivität" (Meyer-Drawe 2000, 2001), sondern bspw. auch in Waldenfels' Untersuchungen des Zwischen und zu ähnlichen Themen. Diese finden aber aufgrund anderer erkenntnistheoretischer und methodologischer Vorentscheidungen keine weitere Erwähnung in der vorliegenden – am geisteswissenschaftlichen Diskurs orientierten – Studie.

Objekten faßt, so daß etwa der Blick grundlegend wird für eine solche Anthropologie" (ebd., S. 123).

Dabei geht Flores d'Arcais in seinen erkenntnistheoretischen Grundlegungen einer „genuin pädagogischen Anthropologie" (ebd., S. 121) von Beziehungen im umfassenden Sinne aus. Ähnlich verhält es sich mit dem Entwurf einer „relationalen Anthropologie" (2008) von Matthias Burchardt.[29] Die von Burchardt im Anschluss an den phänomenologisch inspirierten Philosophen und Pädagogen Eugen Fink entworfene *relationale Anthropologie* fußt auf den drei „Grundrelationen" (Burchardt 2008, S. 524) des Selbst-, Anderen- sowie Weltverhältnisses (ebd., S. 523–524). Ebenso wie Fink versteht Burchardt den Menschen also ausgehend von den Beziehungen zu anderen, aber auch zu sich selbst und der Welt (ebd., S. 536). An diese allgemeine „Verhältnishaftigkeit des Menschen" (ebd.) kann die hier unternommene Formulierung einer relationalen Anthropologie anknüpfen, wobei sie insbesondere auf die Verhältnisse zu anderen Menschen und dabei konkret auf die Beziehung zwischen Personen zielt.

Zur reziproken Qualität von pädagogischen Beziehungsweisen

Mit den ‚Anderenverhältnissen' ist der grobe Untersuchungsbereich bezeichnet, darüber hinaus geht es beim existenzphilosophischen Zwischen um eine bestimmte, und zwar *reziproke,* Qualität dieser Relationen. Mit der Qualität von Beziehungen beschäftigt sich u. a. Annedore Prengel in „Pädagogische Beziehungen zwischen Anerkennung, Verletzung und Ambivalenz" (2019). Gegenstand des erstmals 2012 erschienenen Buches ist die „Qualität persönlicher professioneller Beziehungen" (ebd., S. 17), welche Prengel zufolge von den Fachkräften in dyadischen Beziehungen in Kindergärten, Schulen, Jugendzentren, Vereinen, Volkshochschulen, Einrichtungen der Jugendhilfe etc., verantwortet werden muss (Prengel 2019, S. 11–12). Ein wichtiger Hinweis für die vorliegende Untersuchung ist Prengels Betonung der *gesellschaftlichen Bedeutung* dieser pädagogischen Beziehungen. Prengel reflektiert die pädagogische Beziehungsgestaltung sowohl in Relation zur gesellschaftlichen Entwicklung insgesamt als auch zur demokratischen und menschenrechtlichen Lage im Besonderen (ebd., S. 16). In einem darauf aufbauenden empirischen Forschungsprojekt werden empirische Daten aus dem Forschungsnetz INTAKT in Form von Fallvignetten sowohl qualitativ als auch quantitativ ausgewertet (ebd., S. 26; vgl. auch S. 95–126). Durch die Ansiedelung ihres Buches „an der Schnittstelle zwischen Theorie, Empirie und Praxis" (ebd., S. 20) hofft Prengel, „zu einer das Persönliche berücksichtigenden Grundlage für die Theorie professioneller pädagogischer Beziehungen zu

---

29 Sein Entwurf ist im „Handbuch Erziehungswissenschaft" (2008) der Görres-Gesellschaft in den „Grundlagen der Allgemeinen Erziehungswissenschaft" im Abschnitt zur Kulturanthropologie nachzulesen.

finden" (ebd., S. 25). In Anlehnung an Winnicott spricht sie davon, dass pädagogische Beziehungen zwar ‚gut genug', jedoch niemals „vollkommen ‚richtig'" (ebd., S. 13) sein könnten„ da niemand dem Anderen vollkommen gerecht werden könne. Bei Prengel liegt der Fokus demnach nicht auf der pädagogischen Dimension von reziproken Beziehungsweisen, sondern auf der immer schon pädagogisch gelesenen „Arbeitsbeziehung" (ebd., S. 21) zwischen Erzieher:innen und Zu-Erziehenden. Damit wird eine relationale Konzeption aus Empirie und Normativität entwickelt, die zu einem quantifizierenden Fazit führt: „durchschnittlich drei Viertel aller pädagogischen Interaktionen werden anerkennend und neutral gestaltet, während ein Viertel als verletzend und stark ambivalent zu kategorisieren ist" (ebd., S. 128).

Dagegen argumentiert die vorliegende Studie, dass es weder möglich noch wünschenswert ist, Momente des Zwischen derart zu quantifizieren. Die hier im Mittelpunkt stehende spezifische Qualität von Beziehungen mag auch die von Prengel beschriebenen pädagogischen Beziehungen auszeichnen, sie lässt sich jedoch gemäß der hier vertretenen Auffassung mit den Instrumenten empirischer Forschung nicht abbilden. In dieser Hinsicht ließe sich die angestrebte Analyse des Theorems[30] des Zwischen als eine Vertiefung der Fragestellung begreifen, die Prengel im zweiten Kapitel ihres Buches bearbeitet: das „Theorem der Relationalität" (Prengel 2019, S. 27–51), mithilfe dessen sich u. a. relationale Aspekte des Pädagogischen aufdecken lassen (ebd., S. 31). Hier gelingt es ihr durch die Reflexion der konstitutiven Ungewissheit, die pädagogische Praxis denknotwendig begleitet (siehe dazu auch Kap. 3.4.2: Arendt), auf die Bedeutung der Beziehungen für gelingenden Unterricht und demokratische Bildung hinzuweisen, ohne einer instrumentellen Logik[31] das Wort zu reden. Im Rahmen dieser praktischen Logik ist es auch möglich, für Momente des Zwischen zu sensibilisieren – wodurch wechselseitig anerkennende pädagogische Beziehungen in den Fokus der Aufmerksamkeit treten.

***

30 „Theoreme" wie das Zwischen und bei Prengel die pädagogischen Beziehungen „sind mehr als einzelne definierbare Begriffe und weniger als umfassende Theoriegebäude. Sie fungieren vielmehr als komplexe gehaltvolle Konzepte dazwischen, als theoretische Fragmente, die in unterschiedlichen Aussagesystemen auftauchen, sich als ‚trevelling theories' zwischen verschiedenen Denkkollektiven bewegen und sich in ihren Bedeutungen wandeln (Said 1983)" (Prengel 2019, S. 18).

31 Im Forschungsbereich der „Relationalen Sozialarbeit" (Früchtel et al. 2016) werden hingegen instrumentelle und relationale Ansprüche miteinander verbunden, weshalb er hier nicht näher ausgeführt wird.

Durch die Darlegung und Verknüpfung der genannten vier Bereiche[32] wurde der Bezugshorizont der vorliegenden Untersuchung konturiert und gezeigt, an welche Elemente die folgenden Ausführungen anknüpfen: Ausgehend vom Zwischen (Kap. 3) wird eine relationale Anthropologie (siehe Kap. 4) entworfen, mit der die Bedingungen und Strukturen begreifbar werden, innerhalb derer ein relationales Sein und Werden von Personen vonstattengeht. Im nächsten Kapitel wird es darum gehen, diese Gegenstandsbetrachtung methodologisch einzuordnen.

1.3 Historisch-systematische Rekonstruktionen des Zwischen

Der Blick in historische und aktuelle Publikationen zur Thematik hat gezeigt, dass die vorliegende Studie an die Theorietradition der geisteswissenschaftlichen Pädagogik anknüpfen kann, die im *pädagogischen Bezug* einen ihrer Grundbegriffe sieht. Eingeführt wurde dieser Begriff mit Nohl, einem Vertreter des Paradigmas der Geisteswissenschaftlichen Pädagogik. Diskutiert und im Sinne reziproker Ausdifferenzierungen weiterverfolgt wurde er schließlich mit Bollnows *pädagogischer Atmosphäre* und Krons *erzieherischem Verhältnis*. Diese Herleitung des Theorems der pädagogischen Beziehung in der geisteswissenschaftlichen Theorietradition zeugt von einer spezifischen Betrachtungsweise, die ihren Ausgang bei der wissenschaftlichen Grundlegung der Pädagogik durch Schleiermacher genommen hat (siehe dazu Kap. 2), auf die auch die methodologische Vorgehensweise der Untersuchung des Zwischen zurückgeführt werden soll. Dementsprechend wird in diesem Kapitel jene Forschungsmethode (griech. *methodos*, der Weg) vorgestellt, die ihren Ausgang bei Schleiermachers Begründung der Pädagogik als Wissenschaft genommen und sich im Zuge der disziplingeschichtlichen Etablierung des Paradigmas der Geisteswissenschaftlichen Pädagogik als sog. „historisch-systematische[s] Verfahren" (Matthes 2011, S. 41–43) etabliert hat. Im Zuge des historisch-systematischen Vorgehens können Sinn und Bedeutung von pädagogischer Praxis analysiert und in reflektierter Weise als Theorie für diese (pädagogische) Praxis zur Verfügung gestellt werden (ebd., S. 41). Methodologisch betrachtet hat Theorie somit eine regulative Funktion für diese Praxis, die als spezifischer Teil einer bestehenden Gesamtpraxis in den Blick genommen wird. Für die vorliegende Studie bedeutet das, dass die historisch-systematische Vorgehensweise es ermöglicht, Zusammenhänge freizulegen und in ihren antinomischen Spannungsverhältnissen zu begreifen. Der Gegenstand – die reziproke Beziehungsweise zwischen Menschen und ihre Implikationen für eine pädagogische Praxis – wird in seiner historischen Genese entlang systematischer Dimensionen rekonstruiert. Wie diese historisch-systematische Rekonstruktion

32 Die vier Ebenen überlagern sich in der systematischen Annäherung an das existenzphilosophische Zwischen, sie sind relational zueinander.

vonstattengeht, soll nun durch Einblicke in die Geschichte und Systematik dieser bildungstheoretischen Forschungsmethode transparent gemacht werden.

***

Die historisch-systematische Methode wird seit der Dissertation des geisteswissenschaftlichen Pädagogen Wolfgang Klafki (1927–2016) unter dem Titel „Das pädagogische Problem des Elementaren und die Theorie der kategorialen Bildung" (1959/1963) diskutiert. Klafki beschreibt die methodologischen Grundlagen[33] seiner Untersuchung als Arbeit an einem pädagogischen Grundgedankengang, der die Basis für eine professionelle pädagogische Praxis zur Verfügung stellen könne.

> „Ihr Sinn [von historisch-systematischen Untersuchungen; Anm. TL] erfüllt sich erst, wenn der Ertrag der (Problem-) Geschichte als ‚systematischer' Zusammenhang von Aussagen formuliert wird, und zwar zugleich in ‚pragmatischer Absicht', d. h. um der hier und heute zu verantwortenden erzieherischen Entscheidungen willen" (Klafki 1961, S. 584, zitiert nach: Matthes 2011, S. 43).

Hinsichtlich dieser ‚pragmatischen Absicht' soll ergänzend zu Klafkis Erläuterungen mit dessen Kollegen Wilhelm Flitner (1889–1990) auf den „praktischen Sinn solcher Forschung" (Flitner 1989, S. 340) verwiesen werden, den dieser in seinen Überlegungen zum „Selbstverständnis der Erziehungswissenschaft in der Gegenwart" (1989) ausführt: Es sei wichtig

> „zu wissen, was man tut, wenn man in der schwebenden Diskussion eine Entscheidung trifft. Es wird in manchen Fällen die Entscheidung selbst durch die pädagogische Forschung herbeigeführt werden können; ist das aber nicht möglich, so wird das Niveau, auf dem die Entscheidung fällt, dadurch erhöht, daß die Realität klarer erfaßt werden kann, in deren Felde zu handeln ist" (ebd., S. 340–341).

Die vorliegende Studie ist dezidiert auf ein solch *praktisches* Verständnis der Theorie ausgerichtet, das nicht nur mit einer spezifischen wissenschaftstheoretischen Ausrichtung einhergeht (Kap. 2), sondern auch methodologische Auswirkungen hat. Dementsprechend wird eine bildungstheoretische Forschungsweise eingeschlagen und um diese intersubjektiv nachvollziehbar zu machen wird jener denkend zurückgelegte Weg transparent gemacht, der zu einem relationalen Verständnis des Zwischen führen (Kap. 3) und anthropologisch weitergedacht werden kann (Kap. 4). Dieser Weg beginnt – wie in der Einleitung bereits ange-

---

33 Die methodologischen Erläuterungen Klafkis gehen aus der kontrovers geführten Diskussion über seine Forschungsweise hervor, die 1961 zwischen ihm und Peter-Martin Roeder in der Fachzeitschrift „Die deutsche Schule" ausgetragen wurde (Matthes 2011, S. 42–43).

kündigt wurde – mit einer Kontextualisierung in der geisteswissenschaftlichen Tradition der Pädagogik und ihrer kulturwissenschaftlich-anthropologischen Weiterentwicklung (Kap. 2). Erst durch diese disziplinäre Kontextualisierung kann an den „Reichtum an Einsichten, Problemstellungen und Reflexionen" (Benner/Oelkers 2010, S. 7) angeschlossen werden, der in der Geschichte der Pädagogik angelegt ist und vielfältige – auch relationale – Anknüpfungsmöglichkeiten bietet. Da die Geschichte der Pädagogik nicht erst am Übergang zum 19. Jahrhundert beginnt, sondern eine „mehr als 2000 Jahre umfassende Geschichte" (ebd.) umfasst, fließen auch historische Quellen sowie darin enthaltene Spuren philosophischer Ideen in diese Studie ein; sie lassen sich bis ins abendländische Denken des antiken Griechenlands zurückverfolgen.

Die historisch-systematische Vorgehensweise lässt sich mit Schleiermacher auf eine ‚Kunst des Verstehens' zurückführen, die Hermeneutik genannt wird. Diese Kunst umfasst eine „systematisch-erläuternde[] Interpretation" (Bellmann/Ehrenspeck 2006, S. 254) von Texten, die mit ihren spezifischen Kontexten und mit einer „historischen Auslegung" (ebd.) von ebendiesen (Kon-)Texten verknüpft werden. Damit wird an die wissenschaftliche Grundlegung der Pädagogik durch Schleiermacher angeknüpft, bei dem das gegenwärtige Verständnis des historisch-systematischen Verfahrens in hermeneutischen Prozessen aufgehoben ist. In diesen Prozessen geht es darum, „die Rede eines andern richtig zu verstehen" (Schleiermacher 1993, S. 75). Detailliert dargestellt wird diese „allgemeine Kunstlehre" (ebd., S. 25) in den Nachschriften von Schleiermachers Vorlesungen zur Hermeneutik aus den 1820er und 30er Jahren. Wichtig für die vorliegende Studie ist vor allem der *praktische* Charakter des hermeneutischen Verstehens, der einen instrumentellen Gebrauch dieser Methode ausschließt:

> „Das volle Geschäft der Hermeneutik ist als Kunstwerk zu betrachten, aber nicht, als ob die Ausführung in einem Kunstwerk endigte, sondern so, daß die Tätigkeit nur den Charakter der Kunst an sich trägt, weil mit den Regeln nicht auch die Anwendung gegeben ist, d. i. nicht mechanisiert werden kann." (ebd., S. 81)

Da die Praxis des Verstehens Schleiermacher zufolge mit der „Kunst zu reden" (ebd., S. 76) korrespondiert, steht die Schleiermachersche Hermeneutik in einem Verhältnis zu Rhetorik. Erst diese Verbindung ermögliche Erkenntnisse über die Teile in ihrem Verhältnis zum Ganzen. Im Hinblick auf das Zwischen verweist dieses Verhältnis auf die rational nicht fassbaren Elemente, die im Grunde jeder Auffassung von Wirklichkeit anhaften (vgl. Steffel 2018). Doch der Begriff Zwischen verweist in besonderer Weise auf die Unbestimmbarkeit von zwischenmenschlichen Erfahrungen, die nicht eins zu eins in Begriffen abgebildet werden können; da zwischenmenschliche Beziehungen von Subjekten individuell gestaltet und gleichzeitig in historisch-kulturelle Zusammenhänge eingebunden sind, können sie nicht kausalanalytisch bestimmt werden. Sie können aber in ihrer historischen Genese und nach systematischen Gesichtspunkten analysiert werden. So kann etwas Allgemeines über die Qualität von Beziehungsweisen ausgesagt werden.

Der Geisteswissenschaftler Wilhelm Dilthey (1833–1911), der die geisteswissenschaftliche Methode der Hermeneutik in direkter Nachfolge zu Schleiermacher weiterentwickelte (Frank 1993, S. 16), weitete die These der begrifflichen Unbestimmbarkeit auf das Leben im Allgemeinen aus, das „durch keine Formeln logischer Leistungen repräsentiert werden" (Dilthey 1990, S. 269) könne.

> „Die [hermeneutische; Anm. TL] Auslegung wäre unmöglich, wenn die Lebensäußerungen gänzlich fremd wären. Sie wären unnötig, wenn in ihnen nichts fremdes wäre. Zwischen diesen beiden äußersten Gegensätzen liegt sie [die Hermeneutik; Anm. TL] also. Sie wird überall erfordert, wo etwas fremd ist, das die Kunst des Verstehens zu eigen machen soll." (ebd., S. 278)

Johannes Bellmann und Yvonne Ehrenspeck verbinden derartige Überlegungen zur Hermeneutik in ihren methodologischen „Anmerkungen zur Methodendiskussion in der pädagogischen Historiographie" (2006) mit dem historisch-systematischen Vorgehen, wobei sie u. a. zu dem Fazit gelangen, dass die Analyse der „Beziehungen zwischen dem Text und ‚seinen' Kontexten" (ebd., S. 249) und damit das historisch-systematische Vorgehen selbst eine relationale Grundlage hat: „Die Verstehenseinheit ‚Text und Kontext' operiert mit *relationalen* Begriffen" (ebd., S. 247). Diese Relationalität zeichnet sich in der vorliegenden Studie auf unterschiedlichen Ebenen ab: Auf Ebene der *Forschungsmethode* wird durch die Verbindung von historischen Rekonstruktionen und systematischen Ordnungsentwürfen einer Reduktion des Gegenstandes auf Wesenheiten und Grundkonstanten entgegengewirkt und auf Ebene der *ethischen Implikationen* lenkt sie die Aufmerksamkeit auf den relationalen Zusammenhang zwischen Menschenbildern (Anthropologie) und pädagogischen Sollensforderungen (Teleologie). *Inhaltlich* lässt sie sich auf horizontaler (Beziehungen zwischen Menschen) als auch auf vertikaler Ebene (gesellschaftlich-politische Eingebundenheit) festmachen, wobei auch diese beiden Ebenen miteinander korrespondieren.

Die methodologische Ebene dieser Relationalität soll nun vertieft werden, denn nach Bellmann und Ehrenspeck ist es entscheidend, „wie man diesen Zusammenhang rekonstruiert" (ebd., S. 258). Um der relationalen Verflechtung des Historischen mit dem Systematischen gewahr zu werden, schlagen die Autor:innen vor, die *rhetorischen Strukturen* der eigenen wissenschaftlichen Darstellungsweise als konstitutiven Teil der Forschung zu reflektieren (ebd., S. 246). Demnach sei u. a. die Auswahl der Primärquellen, deren Kontextualisierung, Interpretation und Weiterentwicklung mithilfe von spezifischer Sekundärliteratur Teil einer „methodischen Mitkonstruktion" (ebd., S. 256) der Forschenden. Hinsichtlich des Zusammenhangs zwischen „Gegenstandskonstitution und

Argumentationslogik" (ebd., S. 246) gelte es den Forschungsprozess dementsprechend selbstreflexiv zu begleiten.

Bezogen auf die Konstellation des Zwischen heißt das, dass die hierfür getätigten (Re-)Lektüren ein ganz bestimmtes Wissenschaftsverständnis der Pädagogik (ein praktisches! – siehe Kap. 2) und von (pädagogischen) Beziehungen (ein reziprokes! – siehe Kap. 3) erzeugen. Diese Konstruktionen gilt es transparent zu machen und auf ihre erziehungspraktischen Konsequenzen hin zu prüfen. Wie Bellmann und Ehrenspeck schreiben, zeichnet sich die historisch-systematische Forschungsmethode durch eine Verknüpfung von „Darstellung und Darstellungsreflexion" (ebd.) aus. Indem die Darstellung des Zwischen also mit der *Darstellungsweise* in Verbindung gebracht und dieser Zusammenhang offengelegt wird, soll der Anspruch der Selbstreflexion hier praktisch umgesetzt werden (was einen nicht enden wollenden Prozess darstellt). Dafür werden die „genetischen Prozesse[]" (ebd.) aufgedeckt, welche die Pädagogik in ihrer Eigenständigkeit als Wissenschaft ausmachen und in ihren Relationen „sichtbar und damit diskutierbar" (ebd., S. 257) machen. Diese *„genetische* Spezifik" (ebd., S. 258) lasse sich jedoch nicht unmittelbar auf den Begriff bringen. Die vielfältigen parallel verlaufenden Stränge pädagogischer Geschichtsschreibung könnten lediglich nacheinander beschrieben und in eine konstruierte systematische Architektonik (Thompson 2011, S. 143–146) gebracht werden. Daher sollen die einzelnen Argumentationsschritte transparent gemacht werden, wobei sich diese *Darstellungsweise* natürlich dennoch von der *Forschungsphase* unterscheidet – was Marx im Nachwort zur zweiten Auflage des „Kapital" (1873/1978, S. 25–28; MEW 23) anschaulich beschreibt:

> „Die Forschung hat den Stoff sich im Detail anzueignen, seine verschiednen [*sic*][34] Entwicklungsformen zu analysieren und deren innres [*sic*] Band aufzuspüren. Erst nachdem diese Arbeit vollbracht, kann die wirkliche Bewegung entsprechend dargestellt werden. Gelingt dies und spiegelt sich nun das Leben im Stoff ideell wider, so mag es aussehen, als habe man es mit einer Konstruktion a priori zu tun." (Marx 1978, S. 27; MEW 23)

Um das ‚innere Band' von Momenten des Zwischen herauszuarbeiten, ohne es reduktionistisch zu verkürzen, wird die Darstellungsform selbst zum Thema gemacht. Dabei wird die zirkuläre Denkanstrengung, die dem vorliegenden Text zugrunde liegt, in eine lineare Struktur gebracht. Im Zuge dieser Reflexionen der „eigenen Darstellungsform" (Bellmann/Ehrenspeck 2006, S. 252) wird der „Zusammenhang von Macht und Argumentation" (ebd., S. 251) sichtbar und erst

34 Die Abkürzung [*sic*] ist lateinisch für *sīc erat scriptum*, ‚so stand es geschrieben', und wird in direkten Zitaten für den Verweis auf Rechtschreibfehler genutzt. Eine ungewöhnliche Schreibweise in historischen Quellen (bspw. bei Schleiermacher) wird in dieser Arbeit nicht gekennzeichnet.

auf dieser Basis lässt sich die Art der hier vorgeschlagenen Thematisierung des Zwischen verantworten: Die zur Grundlegung einer relationalen Anthropologie pädagogischer Beziehungen herangezogenen historischen Quellen werden nicht als bloße „Repräsentation der Vergangenheit" (ebd., S. 261) interpretiert, sondern auch hinsichtlich des „Modus der Darstellung selbst" (ebd.) reflektiert. Im vorliegenden historisch-systematischen Forschungsprojekt zeigen sich diese Verschränkungen von Forschungs- und Darstellungsweise auf doppelte Art. In der theoretischen Hinführung zu den reziproken Erfahrungen lässt sich diese doppelte Verschränkung konkret nachvollziehen. Erstens schaffen die Fragmente des Zwischen in der zu entwickelnden Konstellation ein *allgemeineres Verständnis* für das Zwischen – dafür werden im Hauptteil (Kap. 3) komplexe Verflechtungszusammenhänge analysiert. Zweitens scheint durch die historisch-systematischen „Ordnungsentwürfe der Vergangenheit" (ebd., S. 253) „im Horizont alternativer Konstellationen" (ebd., S. 250) „die Kontingenz der Gegenwart" (ebd., S. 253) auf. Die aus existenzphilosophischen Quellen geborgenen Denkbruchstücke zu einem Verständnis des Zwischen werden also so zusammengefügt, dass sie an die Grenzen des Sagbaren heranführen. Damit wird das mit Begriffen nicht begreifbare Zwischen (lediglich) eingekreist – als würde man ‚*zwischen den Zeilen*' lesen. Im Zwischen eröffnen sich „Momente kreativer Überschreitung" (ebd., S. 246), denen „ein Moment der Unbestimmtheit" (ebd., S. 259) wesentlich ist. Diese Unbestimmtheit markiert den Bereich, in dem sich die methodologische Relationalität mit der inhaltlichen Unbestimmbarkeit von reziproken Beziehungserfahrungen überschneidet. Insofern die Konstellation des Zwischen Momente kreativer Überschreitung sichtbar machen, können die folgenden Ausführungen als Bausteine im Ringen um eine soziale Transformation der Enthierarchisierung betrachtet werden, die mit Marx in der Einleitung aufgeworfen und mit Adamczak auf der Ebene der Beziehungsweisen zugespitzt wurde.

Die im vorliegenden Entwurf einer relational-pädagogischen Anthropologie (re-)konstruierten Bedeutungen führen dabei weit über das Ablesen einer „verborgenen Systematik" (Weniger 1953, S. 51, zitiert nach: Bellmann/Ehrenspeck 2006, S. 246) hinaus. Dafür ist es allerdings wichtig, diese Momente der Überschreitung nicht durch die „Darstellungsmomente" (ebd., S. 257) der Argumentationsweise zu überdecken, sondern rhetorische Argumentationen hinsichtlich ihrer Grenzen (von Vernunft und Logik) transparent zu machen.[35] Daher findet im

35 Dieser methodologische Zugriff findet sich unter anderen begrifflichen Vorzeichen im Agentiellen Realismus. Diese in den 1990er Jahren durch Karen Barad etablierte ‚neumaterialistische' Theorierichtung wendet sich den „Diffraktionsapparaturen" (Barad 2013, S. 30) zu. Die in der entsprechenden Methodologie und Wissenschaftstheorie etablierte Beschreibung von „Intra-Aktionen von Bedeutung" (ebd., S. 63) kann als Referenz für relationstheoretische Betrachtungsweisen herangezogen werden. Der *New Materialism* nach Barad ist demnach eine mögliche

Duktus der historisch-systematischen Methodologie eine Abkehr von kausalanalytischen Zugriffen statt, die, folgt man Bellmann und Ehrenspeck, bereits „hinreichend thematisiert worden“ (ebd., S. 258) ist: „Die Unmöglichkeit kausalanalytischer Rekonstruktionen von pädagogischen ‚Einwirkungsprozessen‘“ (ebd.) verweist daher auf „eine *paradoxal* argumentierende Historiographie“ (ebd.), in der Späteres nicht aus Früherem abgeleitet wird, „Früheres aber gleichwohl in seiner *Bedeutung* für Späteres verdeutlicht werden soll“ (ebd., S. 259, Herv. TL). Anders ausgedrückt, die dem Gegenstand eingeschriebene Struktur, die freigelegt werden soll, lässt sich nicht automatisch aus den historischen Quellen ableiten (Thompson 2011, S. 147), aber diese Quellen können *auf ihre Bedeutung für Späteres* hin deutlich werden (siehe auch Schnädelbach 2000, S. 146) gemacht werden.

Konkret heißt das, dass die Erkundungen der besonderen Qualität des Zwischen kein feststehendes Bild von einer reziproken Beziehungsweise liefern (Adamczak 2014b, S. 95). Somit ist die vorliegende Theoriearbeit nicht als „der Weisheit letzter Schluss“ (Lechner/Lux 2010) zu betrachten, sondern manifestiert – ganz im Sinne einer feministisch geprägten Wissenschafts- und Gesellschaftskritik – einen möglichen Erkenntnisstand, der weitergedacht, gemeinsam gelesen, reflektiert und hinterfragt werden soll, „solange das kritische Diskutieren die einzige Möglichkeit ist, sich in dieser abgefuckten Gesellschaft über Wasser zu halten“ (ebd.). Was auf den folgenden Seiten geschrieben steht, kann daher in den jeweiligen Wissens- und Handlungshorizont der Leser:innen eingeflochten werden. Die Inhalte der vorliegenden Studie gehen allerdings gerade *nicht* im instrumentellen Gebrauch auf, sondern bedürfen einer (dialogischen) Diskussion.

Bezugsquelle für eine relationale Betrachtungsweise in der Pädagogik, die in dieser Arbeit jedoch nicht weiterverfolgt wird (vgl. dazu bspw. Scherrer 2021).

2 Zur wissenschaftstheoretischen Ausrichtung

Die für die vorliegende Untersuchung maßgebliche Theorietradition ist jene der geisteswissenschaftlichen Pädagogik. Begründet am Beginn des 19. Jahrhunderts, institutionalisierte sich diese ab den 1920er Jahren im Paradigma der Geisteswissenschaftlichen Pädagogik und wurde in den 1960er Jahren, beeinflusst durch die Kritische Theorie[36] des Frankfurter Instituts für Sozialforschung, zu einer Kritischen Erziehungswissenschaft weiterentwickelt. Da das dialektische Grundproblem von Theorie und Praxis aus dieser Perspektive als „das grundlegendste der Pädagogik" (Schmied-Kowarzik 2008, S. 14) gilt, wird es an den systematischen Anfang dieser Studie gestellt.

Vor dem Hintergrund dieses dialektischen Theorie-Praxis-Verhältnisses mündet die Grundlegung der geisteswissenschaftlichen Pädagogik nach Schleiermacher in das pädagogische Selbstverständnis einer praktischen Wissenschaft in emanzipatorischer Absicht. Dieses Selbstverständnis soll im Folgenden auf seine *relationalen* Elemente hin betrachtet werden. Im Fokus stehen disziplinäre Ausdifferenzierungen, die sich seit den 1960er Jahren innerhalb der Disziplin vollzogen haben, wobei zwei Wendepunkte hervorgehoben werden sollen: Zum einen die mit Klaus Mollenhauer skizzierte kulturwissenschaftliche Ausdifferenzierung in der Erziehungswissenschaft (Kap. 2.2.1) und zum anderen die anthropologische Neuausrichtung hinsichtlich der Frage nach den Bedingungen des menschlichen Lebens, wie sie in der Historisch-Pädagogischen Anthropologie gestellt wird (Kap. 2.2.2). Sowohl die kulturwissenschaftliche als auch die anthropologische Betrachtungsweise der Pädagogik, um die es im zweiten Teil dieses Kapitels geht, greifen die Themen sowie die Methodologie Schleiermachers auf und führen sie weiter.

36 Kritische Theorie ist zu einem geflügelten Wort für die Frankfurter Schule (um Theodor W. Adorno, Max Horkheimer, Walter Benjamin u. a.) geworden. Sie verbindet eine sozialwissenschaftliche Analyse mit philosophischen Reflexionen und lässt sich als eine Verbindung von Wissenschafts- und Gesellschaftskritik charakterisieren. Sie verpflichtet sich einem emanzipatorischen Erkenntnisinteresse und richtet sich „gegen jede Form der Herrschaft von Menschen über Menschen" (Böhm / Seichter 2018, S. 284–285).

2.1 Pädagogik als praktische Wissenschaft

Mit seiner historisch-systematischen Grundlegung der Pädagogik hat Friedrich Daniel Ernst Schleiermacher (1768–1834) am Beginn des 19. Jahrhunderts eine Konzeption der Pädagogik entworfen, deren „Reichweite und Konkretion der Problementfaltung [...] bis heute noch nichts Ebenbürtiges gefunden" (ebd., S. 67) hat. Ein Grund dafür könnte sein, dass Schleiermachers pädagogisches Wissenschaftssystem „wohl zu den anspruchsvollsten Texten der pädagogischen Theoriegeschichte überhaupt" (Winkler 2000, S. XLIX) gezählt werden kann. Dessen Erschließung wird bis heute aktiv vorangetrieben. Seine Beobachtungen der erzieherischen Wirklichkeit sowie die darauf aufbauenden theoretischen Reflexionen fordern pädagogisch Denkende und Handelnde immer wieder zur (selbst-)kritischen Einarbeitung in den Gegenstandsbereich heraus.

Das Programm und die Methodologie dieser Wissenschaft ist Thema dreier Vorlesungen zur Pädagogik, die der Theologie-Professor an der Universität zu Berlin in den Jahren 1813/14, 1820/21 und 1826 abhielt (vgl. Beljan et al. 2017). Im Folgenden soll die disziplingeschichtliche Bedeutung eruiert und Schleiermachers „Fachwerk" (Schleiermacher 2017, S. 261; vgl. auch Beljan et al. 2017, S. LIX; Winkler 2000, S. XXXVII) hinsichtlich der darin enthaltenen relationalen Dimension systematisiert werden. Die in seine Konzeption eingewobene gesellschaftstheoretische Ebene wird dabei in Relation zum Entstehungskontext der Vorlesungsinhalte gesetzt und auf ihre politische Dimension hin untersucht.

Für die Verankerung eines relationalen Menschenbildes in der Pädagogik bietet sich Schleiermachers Grundlegung deshalb an, weil sie sich durch ein Bewusstsein für die vielfältigen Verflechtungen (zwischen-)menschlicher Praxis auszeichnet, die bis heute Gegenstand von (allgemein-)pädagogischen Untersuchungen sind. Das anhaltende Forschungsinteresse spiegelt sich in einem groß angelegten Editionsprojekt der Schleiermacher-Forschungsstelle an der Theologischen Fakultät der Universität Kiel wider. Seit den 1980er Jahren arbeiten Wissenschaftler:innen dort an einer historisch-kritischen Gesamtausgabe der Schriften, des Nachlasses und der Briefe Schleiermachers. Das vielseitige Editionsprojekt erscheint im Berliner Verlag Walter de Gruyter und soll im Gedenkjahr 2034 (zu Schleiermachers 200. Todestag) abgeschlossen sein (vgl. Beljan et al. 2017). Für die von 1810 bis 1826 verfassten Texte und Vorlesungen zur Pädagogik – versammelt im zwölften Band der zweiten Abteilung dieser Gesamtausgabe – können die Herausgeber:innen auf davor unbekannte studentische Mitschriften der Pädagogikvorlesungen zurückgreifen. Damit wird die breit rezipierte Vorlesungsedition von Carl Platz aus dem Jahr 1849 (Schleiermacher 2018) um Interpretationen bisher unberücksichtigter Mitschriften von Studierenden ergänzt. Das neue Quellenmaterial erlaubt Präzisierungen von Schleiermachers Systematik und verschiebt den Fokus der Schleiermacher-Interpretation, wie sie bspw. vom Geisteswissenschaftler Wilhelm Dilthey[37] tradiert wurde. Trotz der Neuinterpretationen in der historisch-kritischen Gesamtausgabe, ist Diltheys Systematisierungsweise von Schleiermachers Werk für die hier eingeschlagene relationale Lesart eine wichtige Bezugsquelle. Nicht zuletzt, da die von Dilthey am Übergang zum 20. Jahrhundert vorgenommene umfassende Sichtung von Schleiermachers philosophischem, theologischem, ethischem und pädagogischem Werk einige Zusammenhänge erstmals explizit sichtbar gemacht hat. Diltheys Systematisierungsarbeit hat nicht nur die hermeneutische Methode maßgeblich geprägt, sondern Schleiermachers – an Komplexität bisher unübertroffene – Einsichten in die Erziehungswirklichkeit geordnet und überliefert (Krüger 2019, S. 51; vgl. Böhm/Seichter 2018, S. 358). Deshalb wird er hier als Vermittler zwischen Schleiermacher und dem Paradigma der Geisteswissenschaftlichen Pädagogik im 20. Jahrhunderts betrachtet.

Die von der Gesamtausgabe angestoßene und vorangetriebene neuere Lesart, geht über Diltheys Verdienste hinaus, insofern die Prozesshaftigkeit pädagogischer Praxis hervorgehoben wird. Diese Prozesshaftigkeit wird daraus abgeleitet, dass Schleiermacher den Fokus „auf die ethische Dimension des Geschehens, mithin auf die Konstitution sowie Entwicklung der Gesellschaftlichkeit und somit der sozialen Handlungsfähigkeit der Individuen" (Beljan et al. 2017, S. LXXXVIII) legt. Damit ist seine Theorie der Erziehung geradezu prädestiniert für die wissenschaftstheoretische Rahmung einer relationalen Anthropologie, impliziert dieses Interesse an der Geselligkeit und der sozialen Interaktion doch ein grundlegendes Verständnis für zwischenmenschliches Beziehungsgeschehen.

Schleiermacher ist (viel stärker als von Forscher:innen bisher angenommen) um eine Problematisierung der gegebenen Verhältnisse bemüht, in denen die pädagogische Praxis eingeflochten ist. Er betrachtet die Zusammenhänge der Pädagogik mit der gesellschaftlichen Gesamtpraxis seiner Zeit. Sein Zugang sowie sein inhaltlicher Fokus können daher relational gefasst werden. Die vermittelnde Instanz zwischen pädagogischer und gesellschaftlicher Praxis ist die Beziehung zwischen Erzieher:in und Zu-Erziehenden (Kron 1971, S. 52). Im Hinblick auf das Zwischen ist das eine wichtige Erkenntnis, die bspw. mit dem vielzitierten Auszug aus seiner Vorlesung von 1826 untermauert werden kann:

> „Was will eigentlich die ältere Generation mit der jüngeren? Und warum will sie und wie kann sie dem Zweck dieser Thätigkeit entsprechen? Auf diese Grundlagen von

37 Dilthey entfaltet Schleiermachers pädagogische Wissenschaftstheorie ausgehend vom erzieherischen Verhältnis: „Die Wissenschaft der Pädagogik, deren Möglichkeit von mir aufgezeigt ist, kann nur beginnen mit der Deskription des Erziehers in seinem Verhältnis zum Zögling" (Dilthey 1960, S. 190; vgl. Kron 1971, S. 51). Seine Begrifflichkeiten spitzen Schleiermachers – auf das generationale Verhältnis bezogene – Verständnis pädagogischer Beziehungen tendenziell auf ein dyadisches Verhältnis zu (Herrmann 2019, S. 15).

den Verhältnissen einer älteren zu einer jüngeren Generation müssen wir nun alles bauen, was in das Gebieth dieser Theorie fällt." (Schleiermacher 2017, S. 547)

Schleiermachers Argumentationsstruktur zur Entfaltung einer Systematik wissenschaftlicher Pädagogik geht von einem generationalen Verhältnis aus. Er vermittelt gesellschaftstheoretische und subjekttheoretische Fragmente, die er je für sich und auch in ihrer wechselseitigen Bedingtheit beschreibt. Gesellschaftstheorie bedeutet für ihn auch Subjekttheorie, die er in seinen systematisierenden Analysen wiederum mit ethischen Überlegungen verknüpft. Diese Vermittlung von subjektiven, gesellschaftlichen und ethischen Elementen ergibt eine relationale Systematik, in der methodologische, erkenntnistheoretische und metaphysische Aspekte verschränkt sind. Schleiermacher entwirft damit ein *Fachwerk*, das pädagogisch Denkende und Handelnde zur Selbstreflexion anregt. Mit der Beschreibung von Prozessen offeriert er nämlich keine Handlungsanleitungen, sondern überantwortet die Entscheidung für das konkrete Tun den Fachkräften selbst – denen er im Rahmen seiner ethischen Überlegungen eine Orientierung zur Verfügung stellt. Schleiermacher zeigt mit diesem *Fachwerk* auf herausragende Weise, wie selbst die verworrensten praktischen Situationen auf eine – bewusst illusorische – „Idee des Guten" (ebd., S. 556; ausführlich dazu siehe nächster Abschnitt) bezogen werden können.

Gesellschaftstheoretische Aspekte in Schleiermachers Theorie der Erziehung

Schleiermachers *Fachwerk*, das nun näher betrachtet werden soll, stellt eine Grundlage für ein praktisches Wissenschaftsverständnis der Pädagogik dar. Es setzt bei der empirischen Erziehungswirklichkeit an und beschreibt eine Praxis (d. h. zwischenmenschliches Handeln), in der die ältere Generation die jüngere bei der Einführung in verschiedene soziale Räume unterstützt. Als soziale Räume, in denen die Menschen handlungsfähig und mündig sein und werden können, nennt Schleiermacher die Familie, den Glauben, die Wissenschaften und die Gesellschaft. Diese vier Sphären umfassen jene Lebenszusammenhänge, die für die Eingliederung der Menschen in die Gesellschaft relevant seien (Beljan et al. 2017, S. LXXXVII). Um die historisch gewordene Praxis des Erziehens zu beschreiben, skizziert er in seinen Pädagogikvorlesungen diverse Spannungen zwischen und in diesen Sphären und zeigt auf, dass Erziehung für die Reproduktion der sich geschichtlich wandelnden Konstellationen dieser Sphären sorgt. Die pädagogischen Bemühungen sind wiederum eingebunden in die Handlungsstrukturen, die in den jeweiligen Sozialräumen vorherrschen und enden, wenn ein selbstbestimmtes Handeln in den dort dominierenden Lebenszusammenhängen möglich ist und das Individuum eine selbstständige Position in diesen einzunehmen vermag.

Schleiermacher fokussiert die Handlungsfähigkeit der Individuen, die vom doppelten Bewusstsein für sich und die Welt abhängig ist (ebd., S. LYYYVII-

LYYYVIII). Damit oszillieren seine theoretischen Ausführungen über die Erziehung zwischen der bereits erwähnten „hochkomplexe[n] Theorie individueller Subjektivität" (Winkler 2000, S. XLVIII) und einer Gesellschaftstheorie, die er aus der Kritik an den bestehenden Verhältnissen gewinnt. Vor dem Hintergrund von Aufklärung und Französischer Revolution beschreibt er die ökonomischen, sozialen und kulturellen Bedingungen (in den modernen westlichen Gesellschaften) in ihrer Brüchigkeit und Heteronomie. Die Verhältnisse der arbeitsteiligen Gesellschaft analysierend, konstatiert Schleiermacher den Verlust eines übergeordneten Sinns im gesellschaftlichen Bewusstsein. Da auch die vier Gemeinschaftssphären in ihren bestehenden Formen brüchig geworden seien, liege eine wichtige Aufgabe der Pädagogik im Umgang mit Widersprüchen und sozialer Ungleichheit in den bestehenden Sozialräumen. Im Kontext der aufstrebenden Industriegesellschaften, so Schleiermachers Kritik, würden diese Ungleichheiten fortgeschrieben. In seinen Reden „Über die Religion" (1799/1995), die als Vorarbeit zu seinen Überlegungen über Erziehung gelesen werden können (Beljan et al. 2017, S. XIX), verdeutlicht Schleiermacher den Problemhorizont, vor dem seine Theorie der Erziehung situiert ist:

> „Jetzt seufzen Millionen von Menschen beider Geschlechter und aller Stände unter dem Druk mechanischer und unwürdiger Arbeiten. Die ältere Generation erliegt unmuthig und überläßt mit verzeihlicher Trägheit die jüngere in allen Dingen fast dem Zufall, nur darin nicht, daß sie gleich nachahmen und lernen muß dieselbe Erniedrigung." (Schleiermacher 1995, S. 214)

Mit dieser Kritik an der mit dem industriellen Aufschwung einhergehenden Unterdrückung der Menschen lenkt Schleiermacher den Blick auf die Herrschaftsverhältnisse im gesellschaftlichen Gesamtzusammenhang, die ihm zum unumgänglichen Problem werden. Die ältere Generation, die ihr „bürgerliche[s] Nützlichkeitsdenken" (Winkler 2000, S. XIX) an die jüngere weitergebe, trage zu allem Überfluss dazu bei, dass die „Erwartungshorizonte schmelzen, Orientierungslinien verschwimmen und Sinnzusammenhänge zerbrechen" (ebd.). Schleiermacher verzeichnet das Schwinden einer regulativen Idee von Transzendenz,[38] was er auf die materiellen Lebensverhältnisse der Menschen zurückführt, die den Verlust von Sinnressourcen bewirkten (ebd., S. XVIII). Die Ungerechtigkeiten im gesellschaftlichen Zusammenhang seien der Grund, warum Menschen sich selbst als brüchig und widersprüchlich erlebten.

Um mit der Eingliederung der jüngeren Generation in das Bestehende zugleich eine Humanisierung ebendieser Verhältnisse zu erreichen, bettet Schleiermacher seine Theorie der Erziehung in die gesellschaftliche Gesamtpraxis ein.

---

38 Unter Transzendenz wird eine Einheit verstanden, die als geistige und ideelle Perspektive den Widersprüchlichkeiten in der Welt entgegengestellt wird (Winkler 2000, S. XVIII–XIX).

Eine „Erziehung, welche die heranwachsende Generation so dazu bilden soll, daß sie tüchtig ist für den Staat wie er eben ist, [...] würde nur die Unvollkommenheit" (Schleiermacher 2017, S. 564) verewigen, so Schleiermacher. Eine Überwindung dieser Unvollkommenheit vollziehe sich dagegen nicht automatisch durch die generationale Weitergabe der herrschenden Lebensformen, sondern werde nur möglich, wenn die Ungerechtigkeiten theoretisch reflektiert werden.[39] Diese Reflexion sei jedoch nicht allen Menschen gleichermaßen zugänglich. Was Schleiermacher damit erklärt, dass es „in einem Volk zwey Classen [gibt], wo die eine ein Unvermögen in Beziehung [auf die Idee] des Staates hat und die andere ein überwiegendes Vermögen" (ebd., S. 569). Die pädagogische Hinführung zu dieser Reflexion müsse daher die unterschiedlichen Privilegien von Menschen im gesellschaftlichen Gesamtsystem berücksichtigen, so Schleiermacher. Die erzieherischen Verhältnisse seien von Klassenverhältnissen durchzogen, „die noch in die seelische Verfaßtheit der Beteiligten reichen, diesen gleichwohl die Entscheidungsfreiheit nicht nehmen" (Winkler 2000, S. XXXIII). Die unterschiedlichen Voraussetzungen für die theoretische Reflexion der Abhängigkeits- und Unterdrückungsverhältnisse werden von Schleiermacher zentral in seine systematischen Überlegungen eingebunden. Die allmähliche, aber nie an ein Ende kommende Bewusstwerdung über die individuelle Abhängigkeit von den gesamtgesellschaftlichen Verhältnissen ist dabei kein Ziel seiner wissenschaftlichen Grundlegung, sondern Aufgabe von pädagogisch Denkenden und Handelnden.

Die Relevanz dieser Einsicht kann aus heutiger Perspektive kaum überschätzt werden. Insofern jedes (pädagogische) Handeln von den sozialen Bedingungen geprägt ist, welche die Handelnden hervorbringen und begrenzen, kann durch die Bewusstwerdung von Widersprüchlichkeiten und Ungerechtigkeiten in den Sozialräumen eine Überschreitung der jeweils herrschenden Verhältnisse angeregt werden. Die Vertiefung einer solchen kritischen (Selbst-)Reflexion erweitert die Möglichkeiten individuellen sowie kollektiven Lebens, Denkens und Handelns. Für die Pädagogik lässt sich in und durch derartige Reflexionsprozesse ein regulatives Ideal gewinnen, das wiederum auf die Bedeutung von ethischen Überlegungen in pädagogischen Kontexten hindeutet.

Die illusorische Idee des höchsten Gutes in der Pädagogik

Dieses Regulativ ist nicht gegeben, sondern entspringt einer bewusst illusorischen[40] „Idee des Guten" (bspw. Schleiermacher 1981, S. 16; siehe auch Frost 1993,

39 Vergleiche dazu bspw. auch die revolutionäre Erziehungstheorie des brasilianischen Pädagogen Paulo Freire: Revolutionäre Praxis wird denkbar, wenn die jungen Menschen „das ungerechte Modell einer Gesellschaft der Herrschaft" (Freire 1973, S. 131) anklagen, so Freire.

40 Richard Kubac markiert in seiner bildungstheoretischen Studie „Notwendige Illusionen" (2007) den Raum von (wissenschaftlicher) Kritik unter den Bedingungen der ‚Postmoderne' als „not-

S. 478), welche in Schleiermachers Theorie der Erziehung eine wichtige Rolle spielt. Mit dieser Idee umfasst Schleiermacher das System aller bereits bestehenden Verschränkungen zwischen Vernunft und Natur, wobei erst die Religion einen „Einheitsgrund" (Frost 1993, S. 479) zur Verfügung stelle: Der Glaube ist für Schleiermacher die Ergänzung seiner wissenschaftlichen Darstellungen (ebd.). Dieser ist jedoch sprachlich nicht zu fassen: Der *Einheitsgrund* „ist nur in dem Ganzen der einzelnen Güter gegeben" (Dilthey 1966, S. 288), so Diltheys Interpretation von Schleiermacher. Ausgehend von der Brüchigkeit der Verhältnisse, die eine Einschreibung der „Vernunft im Natürlichen" (Fuchs 2019, S. 135) erforderlich machen, beschreibt Schleiermacher diese *Güter* in seiner sog. „Güterlehre" oder seiner „Lehre vom höchsten Gut" (Schleiermacher 1981, siehe bspw. S. X). In diesem Teil seiner Ethik bzw. „Sittenlehre" (Dilthey 1966, S. 258) untersucht Schleiermacher die „Identität des Ganzen" (Winkler 2000, S. XLII), die jedoch aufgrund der niemals vollständig realisierbaren Einheit von Vernunft und Natur unerreichbar ist. Zudem ist diese Identität „Ausdruck des immer angefangenen, aber nie vollendeten Handelns der Vernunft auf die Natur, wofür dann gesagt werden kann: die Einigung der Vernunft mit der Natur, des Naturwerdens der Vernunft" (Dilthey 1966, S. 258). Darüber hinaus ist die *Sittenlehre* „Darstellung des immer schon begonnenen, nie vollendeten Handelns der Vernunft als eine gesetzmäßige Gliederung der sittlichen Welt" (ebd.).

Von dieser *Sittenlehre* geht Schleiermacher auch in seinen Vorlesungen zur Pädagogik aus, wobei der konkrete Gegenstand nun die kulturelle Ordnung ist, die in der Generationenfolge weitergegeben, erhalten und verändert wird. Schleiermacher lenkt die Aufmerksamkeit auf die „Gattungskonstitution in der Einigung von Vernunft und Natur" (Winkler 2000, S. LIII) und damit auf eine Ethik: „So als eine aus der Ethik hervorgehende Disciplin muß sie die Ethik voraussezen" (Schleiermacher 2017, S. 260). Diese Praxis des Ausbildens der Natur und des Hineinbildens in das sittliche Leben (ebd., S. 265) beschreibt Schleiermacher in den Vorlesungen. Durch Erziehung könnten die bereits erreichten Güter, das „nicht-genetische[] Erbe" (Winkler 2000, S. LV) einer Kultur, in der Generationenfolge erhalten und weitergeführt werden. Pädagogische Praxis habe somit die fortschreitende Realisierung dieser Einigung von Vernunft und Natur zum Ziel.

Die Pädagogik in der Tradition Schleiermachers geht also von der ethischen Überlegung aus, „wie dieser Prozeß [der Versittlichung; Anm. TL] unter der Bedingung von historischen Brüchen aufrechterhalten werden kann" (ebd., S. LIII). Fokussiert wird dabei auf die subjektive Stärkung der „persönlichen Eigenthüm-

---

wendig illusionär" (ebd., S. 17). Im kritischen Einsatz versucht er ‚begreifbar zu machen, was dem Begriff entgeht', zu ‚bezeugen, was der Artikulation entgeht' und zu ‚bezweifeln, was die Skepsis enttäuscht' (ebd., S. 16–20).

lichkeit“[41] (Schleiermacher 2017, S. 359), die ihre Quellen in der Einwirkung der äußeren Welt auf die einzelnen Menschen hat. Aus dieser Relation leitet Schleiermacher die Aufgabe ab, „den Menschen [zu] bilden für die eigenthümliche Beschaffenheit der Lebensgemeinschaft, aber zugleich […] die Kraft der Freiheit in dem Zögling [zu] entwickeln, um den verschiedenen Unvollkommenheiten des Moments entgegen zu arbeiten“ (ebd., S. 364). Die erzieherische Begleitung der Entwicklung dieser Eigentümlichkeit der Einzelnen steht in Relation zur Überwindung der unvollkommenen gesellschaftlichen Praxis, die den Anlass für Schleiermachers pädagogische Bemühungen darstellt. „Erziehung soll so eingerichtet werden, daß beydes in die möglichste Zusammenstimmung komme, daß die Jugend erzogen werde tüchtig, um in das einzutreten was sie vorfindet, aber auch tüchtig um verbessernd einzuwirken“ (ebd., S. 565).

Insofern die ethische Praxis des Erziehens als Bestandteil der Sorge um die Welt gedacht wird, nimmt neben der Ethik daher auch die Politik eine wesentliche Rolle in Schleiermachers Systematik ein. Pädagogische Interaktionen werden zwar vor dem Hintergrund der Reproduktionsfunktion des Bestehenden im gegenwärtigen Moment betrachtet, sie verweisen aber immer auch auf die „Möglichkeit und Notwendigkeit einer Veränderung von Gesellschaft durch den Menschen selbst“ (Münzel 2020, S. 299). Diesen auf den ersten Blick unscheinbaren Aspekt von Erziehung hebt Schleiermacher hervor. Durch Erziehung könne das Bestehende – was mitunter als fragmentarische Unordnung erscheint – „doch in einen Erfahrungszusammenhang gebracht werden […], der einen Bildungsweg zur Selbständigkeit und in Selbständigkeit unterstützt“ (Beljan et al. 2017, S. LVII). In der Pädagogik gehe es daher letztlich um die Vermittlung des Individuums mit dem Allgemeinen und darin liege ihr genuin politischer Gehalt:

> „Es läßt sich was vom Einzelnen zum Einzelnen geschieht unmöglich von dem was im Gesammtleben geschieht von einander trennen. Hier der Standpunkt für unseren hier zu behandelnden Gegenstand [Erziehung; Anm. TL], rein mit der Ethik zusammenhängende Wissenschaft coordinirt der Politik.“ (Schleiermacher 2017, S. 550)

Diese Erfassung des Gesamtzusammenhangs ist jedoch nur durch eine *dialektische* Theorie der Erziehung zu gewinnen: „Dahin gehört auch das richtige Verhältnis des allgemeinen zum besonderen, und daß das Bewußtsein erregt werde daß man mit jenem zugleich auch dieses habe.“ (ebd., S. 337) Dieser dialektische Zusammenhang kann durch theoretische Reflexion bewusst gemacht werden, womit eine Bewusstwerdung für das Leben insgesamt, für die unterschied-

41 Dilthey interpretiert die Darstellung der Eigentümlichkeit in Schleiermachers ‚Monologen‘ als im Naturwesen gesetzte qualitative Verschiedenheit zu anderen Menschen (Dilthey 1966, S. 285). Doch diese ‚innere Setzung‘ kann empirisch nicht eingeholt werden (Schleiermacher 2017, S. 553), wie im Kontext von Schleiermachers anthropologischen Überlegungen deutlich wird (siehe Kap. 2.2.2).

lichen Sphären und ihre Relationen zueinander einhergehen kann. Die selbsttätige Suche nach diesem Gesamtzusammenhang eröffnet eine „Perspektive der Vergewisserung“ (Winkler 2002, S. 135), die nie umfassend zur Darstellung gebracht werden kann.[42] Zwar lasse sich „die eigentliche Wahrheit einer Tatsache“ (Schleiermacher 1993, S. 245) durch „die Ermittlung der Tatsache aus den Relationen“ (ebd., S. 246) erkennen, die Beschreibungen jedoch stimmten nie ganz mit der tatsächlichen Wahrnehmung des Beschriebenen überein. „Etwas mit Worten beschreiben, und das mit Augen Gesehene sind irrationale Größen zu einander. Die Wahrnehmung ist nämlich ein Kontinuum, die Beschreibung kann es nicht sein.“ (ebd.) Demgemäß sind die theoretischen Annäherungen an die erzieherische Praxis notwendigerweise unvollständig und gleichen der „Verwandlung einer Fläche in einen einzelnen Punkt“ (ebd.). Schleiermacher problematisiert die Einhegung von Prozessen in starre Kategorien nicht nur, er versucht ihr entgegenzuwirken, indem er möglichst viele verschiedene Spannungsfelder beschreibt, die erzieherisch bedeutsam sind oder werden können. Dabei treiben jene, die sich überschneiden, wiederum die Suche nach einer übergeordneten Erklärung ihres Zustandekommens voran (ebd., S. 247).

Es ist bemerkenswert, dass Schleiermacher die Pädagogik schon vor rund 200 Jahren als eine Wissenschaft konzipiert hat, die einen derart informierten Umgang mit der Unverfügbarkeit pädagogischer Praxis anregt, der bis heute Aktualität besitzt. Das mag daran liegen, dass Schleiermacher jene immerwährenden Differenzen in der Wirklichkeit aufgreift, mit denen wir uns fortsetzend zu befassen haben (Winkler 2000, S. XXXIV), da der Prozess des Ordnens dieser empirischen Spannungsverhältnisse selbst nie an ein Ende kommen kann. Die Aufgabe der pädagogischen Theorie liegt darin, diese Differenz bewusst zu machen und offenzuhalten. Was die wissenschaftliche Pädagogik tun kann, ist Angebote für einen möglichst offenen Umgang mit diesen Widersprüchen zu machen. Für pädagogisch Denkende und Handelnde besteht die Herausforderung darin, mit diesen Widersprüchen umgehen zu lernen. Diese paradoxale Grundlage der Pädagogik ist bis heute höchst aktuell und wird u. a. in der Allgemeine Pädagogik verhandelt.[43]

Um einen solchen Umgang zu erleichtern, verweist Schleiermacher in seinen Vorlesungen über Pädagogik auf ein Vertrauen in eine transzendente Gewissheit, die eine notwendige Voraussetzung für pädagogisches Denken und Handeln bildet. Demzufolge orientiert sich sein Wissenschaftskonzept an einem Gefühl

42 Die Ausführungen in diesem Absatz lassen sich als Ergänzung zum Methodenteil der vorliegenden Studie lesen (siehe Kap. 1.3).

43 Ein Beispiel dafür ist der jüngst erschienene Band „Erziehungswirklichkeiten in Zeiten von Angst und Verunsicherung“ (Thompson et al. 2021). Im Beitrag über „Nichtwissen, Unsicherheit und professionelles Handeln“ konstatieren Markus Dederich und Jörg Zirfas, „dass Unsicherheit ein konstitutives Merkmal pädagogischen Wissens und Handelns ist“ (2021, S. 63).

bzw. an der ‚notwendigen Illusion' (Kubac 2007)[44] einer Einheit. Michael Winkler interpretiert diese Ebene des Gefühls bei Schleiermacher als ein Moment, mit dem die Unsicherheiten im Zusammenleben durch „Vertrauen gemildert und einem durch Gefühle gesteuerten spontanen Handeln überlassen" (Winkler 2000, S. XXXVIII) werden. Dieses Gefühl bleibt eine *notwendige Illusion*: „So müssen wir sagen was nun der wissenschaftlichen Darstellung fehlt, muß unterdessen der Glaube suppliren, das lebendige Bewußtseyn der Thätigkeit [*sic*] selbst" (Schleiermacher 2017, S. 564). Dieser Ausspruch macht deutlich, dass Schleiermacher die Grenzen des (pädagogischen) Wissens, derer er durch die Systematisierung von dialektischen Spannungsverhältnissen habhaft zu werden versucht, durchaus anerkennt. Durch dialektisches Denken gelangt er zum konstitutiven Grundproblem von Theorie und Praxis; was den Theologen Schleiermacher auf das Phänomen des *Gefühls* zu sprechen bringt (worin im Übrigen auch die Schnittstelle zu seinen metaphysischen Überlegungen zu sehen ist): „Alle pädagogische Richtigkeit hängt von dem richtigen Sinn und Gefühl für die verschiedenen zu betrachtenden Verhältnisse ab, einen andern Werth als solchen kann auch eine Theorie nicht haben." (ebd., S. 392) Durch den Rückbezug auf die dialektischen Grundlagen, welche die empirische Erziehungswirklichkeit mit dem spekulativen Gefühl für eine Einheit verbindet, wird die Suche nach einer Idee des *höchsten Gutes* immer wieder von Neuem angestoßen. Da das Ringen um eine solche Ordnung sich jedoch nicht abschließen lässt, bleibt die Einheit stets ein Ideal, das auf eine *Idee des Guten* angewiesen ist. Dieses Gute lässt sich nur in Relation zu jenen Aspekten bestimmen, die in der Kritik an den bestehenden Unvollkommenheiten reflektiert werden. Dilthey sieht diese relativ unbestimmte Idee einer absoluten Einheit in einem Denken in Zusammenhängen verankert:

> „Und sobald die Person, die so die Idee des Wissens bejaht und verwirklichen will, sich die Voraussetzungen zum Bewußtsein bringt, unter denen ihre Verwirklichung möglich ist, dann muß sie für die Verwandtschaft von Denken und Sein, von Idealem und Realem als Voraussetzung eine absolute Einheit postulieren, damit diese Verwandtschaft erklärlich werde. Das Recht, diese Einheit zu postulieren, liegt in der Idee des Wissens, und zwar in dem Gedanken des systematischen Weltzusammenhanges, der Schleiermacher als Notwendigkeit für den menschlichen Verstand erscheint." (Dilthey 1966, S. 154–155)

Die Vorstellung einer Einheit ist für Schleiermacher jene denknotwendige Voraussetzung einer Erziehung, die zu einem menschlicheren Zusammenleben insgesamt beitragen könne (Winkler 2000, S. LV). Das „Gefühl vom Verstand" (Frost

44 Das Streben nach Erkenntnis und Wissen kann „ob der erkannten Unverfügbarkeit eines übergreifenden Legitimationsprinzips [...] als *notwendig illusionär*" bezeichnet werden (Kubac 2007, S. 17).

1993, S. 474) liegt seinem Erziehungskonzept daher gewissermaßen als „zeitlose Begleitung“ (ebd., S. 480) zugrunde und leitet seine hermeneutisch-dialektischen Reflexionen. Somit ist Schleiermachers Wissenschaftsverständnis aufgrund der Unvollkommenheit der Verhältnisse „stets auf ein[] *Gefühl* der Sicherheit [angewiesen], das als Glauben und Vertrauen in letztlich transzendente Gewißheiten bestimmt werden kann“ (Winkler 2000, S. XXXVII).

Bei einem Theologen mag es nicht gerade überraschen, dass die Illusion der Einheit einen konstitutiven Teil von Gewissheiten darstellt; eine Form des Glaubens ist nach Roland Reichenbach allerdings auch aus der Pädagogik als praktischer Wissenschaft nicht wegzudenken. Es sei ein weit verbreiteter Irrglaube, so Reichenbach, zu meinen, der eigene (Forschungs-)Standpunkt könnte ‚metaphysikfrei‘ sein: „Wer sich in der metaphysikfreien Zone wähnt, befindet sich damit zumindest in einem Wahn“ (Reichenbach 2020, S. 56). Gemäß Schleiermacher jedenfalls kann – so viel soll hier festgehalten werden – die Orientierung an einem „Wissenwollen in uns“ (Dilthey 1966, S. 76) zu Phasen vorübergehender Sicherheit führen; insofern das zerrissene Subjekt in diesen Momenten eine Übereinstimmung des Denkens mit dem Sein *fühle* (Winkler 2000, S. XLVIII). Da das fragile Selbstbewusstsein aufgrund seiner historischen und kulturellen Bedingtheit aber immer wieder an die Grenzen des subjektiven Erkenntnisvermögens (Frost 1993, S. 471) stoße, ist die transzendente Gewissheit trotzdem negativ bestimmt: Es können nur „Aussagen über das Endliche in seinem Verhältnis zum Absoluten getroffen werden“ (ebd., S. 470). Über das Absolute selbst, über die Einheit, könne nichts mit Gewissheit ausgesagt werden. Dementsprechend fasst Ursula Frost Schleiermachers Fragmente einer pädagogischen Systematik als eine „Theorie vom endlichen Bewußtsein und seiner Begrenzung durch das unaussagbare Absolute“ (ebd., S. 471). Da die polaren Konstitutionen des Lebens, des Denkens und der Sprache, so Frost, sich nicht in einer Einheit auflösen ließen, sondern als Antinomien bestehen blieben (ebd., S. 471–473), käme weder das individuelle Bewusstsein noch die Pädagogik als Wissenschaftssystem ohne dieses metaphysische Fundament aus. Gerade aufgrund dieser metaphysischen Dimension des Glaubens bzw. Fühlens wird Schleiermachers Theorie der Erziehung für die disziplinäre Verortung der vorliegenden Studie herangezogen.

Ein Fachwerk für pädagogisch Denkende und Handelnde

Wie bereits erwähnt, fußen Schleiermachers Vorlesungen über Pädagogik auf einer intensiven Auseinandersetzung mit den faktischen Gegebenheiten. Schleiermacher ordnet die vielfältigen Ambivalenzen, welche die Wirklichkeit ausmachen, nach einer impliziten Regelhaftigkeit (Winkler 2000, S. XXXIV–XXXVI) und entwirft dabei eine Systematik aus Gegensatzpaaren und „vorhandenen Relationen“ (Schleiermacher 1993, S. 245). Seiner Ansicht nach unterliegt die historisch gewordene pädagogische Praxis einer Struktur, die sprachlich beschrieben und reflektiert werden kann. Die pädagogische Praxis unterscheide sich nicht nur von instinktiven Verhaltensweisen, sie stelle sogar einen relativ fortgeschrittenen Stand der Einigung von Vernunft und Natur dar. Schleiermacher fasst dieses Stadium von Erziehung und Bildung als eine von vielen möglichen und vernünftigen Organisationsformen auf, die er zugleich in Frage stellt. Für diese Theoriekonzeption schlägt Michael Winkler den Neologismus „Konsolution" (2000, S. XXXVII) vor. Bevor Schleiermacher die konkreten Beobachtungen des Besonderen in eine Beziehung zum Allgemeinen setze, analysiere er die schon gegebene Praxis. Wodurch er zu theoretischen Einsichten gelange, die über die Alltagswahrnehmung hinausreichten. So könne er die faktische Wirklichkeit aufnehmen und neu ordnen.

> „In einer Konsolution werden zunächst die Auffassungen zeitgenössischer Pädagogik rezipiert und in ihrem unmittelbaren Geltungssinn aufgelöst, um im Ergebnis kritischer Prüfung wieder konstruktiv so zusammengefügt zu werden, daß sich in einem dadurch fortschreitenden Erkenntnisprozeß Überlegungen, empirische Befunde und vorfindliche Aussagen verknüpfen lassen." (ebd.)

Diese Neuordnung wirke wiederum auf den relativen Wahrnehmungshorizont zurück. Genau wie jede Wahrnehmung nehme auch die vorläufige Systematik Einfluss auf die subjektive „Empfänglichkeit" (Schleiermacher 2017, S. 358).

> „Es verhält sich wie ein Besonderes zum Allgemeinen: Der einzelne entsteht als ein besonderes aus dem Allgemeinen, das einzelne Leben entsteht durch den Akt der Zeugung, und in ihm ist eine ursprüngliche Differenz aufgehoben. [...] Durch das Allgemeine ist der einzelne entstanden, aber er steht in bestimmender Zurückwirkung auf das, was auf ihn einwirkt." (ebd., S. 356)

Im Sinne einer „freie[n] Thätigkeit" (ebd.) wirke auch das Subjekt auf das Allgemeine zurück. Letzteres entstehe durch Erkenntnisprozesse, in denen das erkennende Subjekt als ein aktives im Zentrum stehe. Diese symbolisierende Praxis der *Konsolution* mündet in das bereits erwähnte „Fachwerk" (Beljan et al. 2017, S. 59; Winkler 2000, S. XXXVII), das inhaltliche Parallelen zu Herbarts ‚pädagogischem Takt' aufweist (vgl. dazu bspw. Fageth 2021). Das Schleiermachersche *Fachwerk* umfasst argumentative Konstellationen, anhand derer solche Probleme und Sachverhalte gebündelt werden, die eine pädagogische Reflexion erforderlich machen. Die darauf basierenden Sinnzuschreibungen führt Schleiermacher in seinen Vorlesungen immer wieder neu und anders vor. Mit diesen Resymbolisierungen entwickelt er eine Heuristik (griech. *heurein* – finden), an die theoretisch und praktisch angeknüpft werden kann. Insofern diese Heuristik dazu anrege, das individuelle Selbstverhältnis in Relation zum praktischen Lebenszusammenhang im Ganzen zu betrachten, erfordere seine Theoriekonzeption die Auseinandersetzung mit dem eigenen Selbstbild im historisch-kulturellen Spannungsfeld der unvollkommenen Lebensformen (Winkler 2000, XXXVII–XXXIX).

In diesem Sinne stellt Schleiermachers *Fachwerk* zwar enorm hohe Anforderungen an pädagogisch Denkende und Handelnde, doch erst dadurch wird es möglich, die soziale Wirklichkeit des Erziehens im Verhältnis zur allgemeinen Vergesellschaftung der Menschen zu begreifen. Wenngleich die übergeordnete Einheit von pädagogischer und gesellschaftlicher Praxis als solche nicht gefasst werden kann, so ist es doch unumgänglich, vermeintliche Gewissheiten immer wieder in Frage zu stellen. In ihrer politischen Dimension begreifbar wird die pädagogische Praxis denn auch erst durch die Verknüpfung mit dem gesellschaftlichen Gesamtzusammenhang.

Zwischen gegenwärtigen Widersprüchlichkeiten und der illusionären Einheit des *höchsten Gutes* konzipiert Schleiermacher die konkrete Situation der Erziehung als Spannungsfeld. Darüber hinaus weist seine Theorie eine ‚triadische Struktur' auf (ebd., S. LIII), die u. a. auf einem Zusammenspiel von Vergangenheit, Gegenwart und Zukunft beruht. Die Erzieher:innen könnten nach einem verantwortungsvollen Umgang mit den Adressat:innen von Erziehung und Bildung streben, indem sie reflektierten, welche Probleme in der gesellschaftlichen Gesamtpraxis beständen und deren historische Genese kennenlernten. Erziehung müsse somit

> „den einzelnen Moment zur Totalität des ganzen Geschäfts erheben; dies sei der Probierstein, woran sich die Richtigkeit des pädagogischen Verfahrens bewähren müsse, und diese Regel des Verhältnisses des einzelnen zum Ganzen geht wieder durch alle Perioden und Gebiete der Erziehung hindurch. Erfüllen wir alle diese Beziehungen, so wird unsre [sic] Theorie gut sein" (Schleiermacher 2017, S. 394).

Diese Aussage weist darauf hin, dass der Moment des Handelns nicht dem Zukünftigen (*höchsten Gut*) geopfert werden darf, sondern auf eine momentane Befriedigung des Daseins ausgerichtet ist. Das Verhältnis zwischen Gegenwart und Zukunft ist demnach ein relatives, die Dialektik von Allgemeinem und Besonderem bleibt dem ethischen Anspruch verpflichtet, den einzelnen Moment im Verhältnis zu einer Idee des *höchsten Gutes* zu betrachten.

Schleiermacher entwickelt seine Systematik in einer Argumentationsstruktur von Rede und Gegenrede, wobei die Spannungen zwischen Vergangenheit, Gegenwart und Zukunft aufrechterhalten werden. Durch das kombinierte Verfahren aus spekulativen Überlegungen und empirisch gewonnenen Daten lässt sich eine Annäherung an diese Zusammenhänge vorantreiben, wenngleich die so gesteigerte Komplexität der Zusammenhänge als Ganzes ungreifbar bleibt. Dieses dialektische Verfahren der *Konsolution* verweist auf die illusorische Vorstellung vom *Einheitsgrund*, die durch das Aufzeigen von Spannungsverhältnissen umkreist wird. Weil jede Generation sie neu bedenken muss, fordert Schleiermachers Grundlegung bis heute zur theoretischen Reflexion heraus (Winkler 2002, S. 89). Gerade das ist es, was seinen Entwurf der Pädagogik zu einem wertvollen

„sozialwissenschaftliche[n]" (Winkler 2000, S. LIII) *Fachwerk* macht, auf dessen Basis die hier zu entwickelnde relationale Anthropologie der Person pädagogisch ‚operationalisiert' werden soll (siehe Kap. 4).

***

In den obigen Abschnitten ging es vor allem darum, relationale Muster in Schleiermachers Systematik nachzuzeichnen. Methodologisch wurde der Weg seines Denkens als Verflechtung von Hermeneutik und Dialektik gefasst. Auf inhaltlicher Ebene wurde die empirische Erziehungswirklichkeit in ihren Spannungsverhältnissen zur gesellschaftlichen Gesamtpraxis skizziert und um ethische Dimensionen ergänzt. Auf diese ethischen Dimensionen wird im nächsten Kapitel im Kontext des pädagogischen Grundproblems von Theorie und Praxis weiter eingegangen.

2.1.1 Die Dialektik von Theorie und Praxis

Vorwegnehmend kann über das (dialektische) Verhältnis von Theorie und Praxis gesagt werden, dass – auch wenn oder gerade weil diese wechselseitig voneinander abhängen – die beiden Stränge von Theorie und Praxis nicht einfach additiv ‚zusammengedacht' werden können. Eine Pädagogik, welche die junge Generation nicht nur in die bestehende Welt eingliedern, sondern diese Welt auch nach ethischen Maßgaben mitgestalten möchte, sollte diese Dialektik in ihre theoretischen Reflexionen miteinbeziehen. Denn Veränderung, so die These der vorliegenden Arbeit, ist auf ein regulatives Ideal angewiesen, das pädagogisch Denkenden und Handelnden Orientierung bietet. Auf Basis eines dialektischen Verständnisses des Theorie-Praxis-Verhältnisses wird hier daher der Versuch unternommen, die Wechselwirkung von pädagogisch mitgestalteter Reproduktion und Transformation theoretisch zu durchdringen. Mit Ilse Dahmer[45] soll

---

45 Ilse Dahmer ist eine Schülerin des geisteswissenschaftlichen Pädagogen Erich Weniger. Wenigers Konzept des Theorie-Praxis-Verhältnisses weist Kontinuitäten zu Schleiermachers Wissenschaftsverständnis der Pädagogik auf. Er führt in seinem Aufsatz „Theorie und Praxis in der Erziehung" (1929) in ein Drei-Stufen-Modell des Theorie-Praxis-Verhältnisses ein, das bis heute rezipiert wird (vgl. bspw. Zirfas 2018, S. 22–24; Krüger 2019, S. 54). Die Theorien ersten, zweiten und dritten Grades bezieht er (1.) auf die Ebene des praktischen Tuns, das von Glaubenssätzen und vorwissenschaftlichen Erfahrungen geregelt wird, (2.) auf die explizite Praktikabilität einer Kunstlehre für Praktiker:innen und (3.) auf symbolische Ordnungen einer systematischen Wissenschaft (Dahmer 1968, S. 49–50). Wenigers Auslegung von Schleiermachers Theorie-Praxis-Verständnis wird jedoch dem praktischen Anspruch einer relational gedachten Pädagogik nicht gerecht, denn durch die drei Ebenen formalisiert er diese Dialektik dermaßen, dass er dem Aufruf zum ‚Selberdenken' entgegenwirkt.

an fünf Aspekten verdeutlicht werden, wie Schleiermachers Systematik einer praktischen Pädagogik mit einem dialektischen Verständnis von Theorie und Praxis zusammenhängt (Dahmer 1968, S. 37).

Der *erste* Aspekt ist Schleiermachers Praxisbezug. In den Vorlesungsmitschriften heißt es dazu: „Ehe also die Theorie entsteht, setzt man voraus, daß es im Menschen etwas gebe, was die Praxis bewirkt, und daß die Theorie nicht durch die Praxis bewirkt werden soll." (Schleiermacher 2017, S. 382) In der geisteswissenschaftlichen Tradition ist diese Äußerung als prinzipielle Vorrangigkeit der Praxis vor der Theorie interpretiert worden. Gestützt wird diese Lesart durch die von Carl Platz editierte Vorlesungsnachschrift von 1826, die vielfach neu aufgelegt worden ist (bspw. Schleiermacher 2018) und Schleiermacher folgendermaßen wiedergibt: „Die Dignität der Praxis ist unabhängig von der Theorie; die Praxis wird nur mit der Theorie eine bewußtere." (Schleiermacher 1983, S. 40) In der historisch-kritischen Gesamtausgabe von 2017 findet sich dieses Zitat hingegen nicht mehr. Angesichts der veränderten Quellenlage durch die neu editierten Vorlesungen von 1820/21 und 1826 verschiebt sich der Gesamtzusammenhang von Schleiermachers Überlegungen (Beljan et al. 2017, S. XVII): Entgegen der traditionellen Schleiermacher-Rezeption im 20. Jahrhundert, lässt sich aus dem neuen Quellenmaterial *kein* prinzipieller Vorrang der Praxis vor der Theorie ableiten. Die Praxis existiert zwar *vor* der wissenschaftlichen *Konsolution*, doch erst durch die Systematisierung der empirischen Beobachtungen entsteht die Pädagogik als praktische Wissenschaft von der Erziehung. Betont wird die aktuelle Praxis, insofern der Gedanke hier seinen Ausgang nimmt; von einer Theorie der Erziehung kann aber erst durch die Reflexion der dort beobachtbaren Verhältnisse gesprochen werden. „Denn die Praxis liegt überall der Theorie zum Grunde. Der Mensch muß alle Maßverhältnisse im Leben selbst mit Klarheit durchschauen können, dann interessirt [*sic*] ihn auch die Theorie, und in jenem [der Theorie; Anm. TL] liegt dann auch die Wurzel alles Erkennens." (Schleiermacher 2017, S. 477)

Der *zweite* Aspekt besteht in der Nichtanwendbarkeit der Theorie. Schleiermachers *Fachwerk* enthält „nichts technisches" (ebd., S. 228); vielmehr beschreibt es die Pädagogik als Kunst und damit als praktische Wissenschaft, die – in der Tradition Aristoteles' – als *episteme praktike* ihren Gegenstand in Worten und Taten habe, welche aus der bestehenden Lebenspraxis hervorgingen. Davon abgegrenzt werden die angewandten Wissenschaften (*episteme poietike*), die ihren Gegenstand in schönen bzw. nützlichen Werken hätten, sowie die theoretischen Wissenschaften (*episteme theoretike*), die sich mit dem Unveränderlichen und Überdauernden beschäftigten (Langewand 2010, S. 1017–1018). Praktische Wissenschaften, zu welchen neben der Pädagogik in der Antike auch Politik und Ethik zählen, lieferten keine Handlungsanweisungen, sondern stellten eine Form der Kunst dar.

> „Dies findet sich bei allen Künsten und die Menschenbildung ist auch eine Kunst. Es ist eigentlich nicht nöthig, daß die Theorie die Formel für die Anwendung in sich enthalte, sondern sogar nicht einmal möglich, und wo dieses Verhältniß eintritt, daß mit der Theorie die Regel der Anwendung gegeben ist, so daß man nicht mehr fehlen kann, da ist keine Theorie mehr, sondern nur mechanische Vorschrift" (Schleiermacher 2017, S. 382).

Folgt man Schleiermacher, dann lassen sich pädagogische Theorien im praktischen Sinne weder *poietisch* anwenden (Böhm 2011, S. 71), noch von der Erziehungswirklichkeit losgelöst im theoretischen Elfenbeinturm der Universitäten formulieren. Schleiermachers hermeneutisch-dialektischer Zugang fordert dazu auf, seine Reflexionsschleifen mitzugehen und vor dem Hintergrund aktueller Gegebenheiten fortzusetzen. Er zeigt letztlich „Optionen in der pädagogischen Wirklichkeit auf. Radikal müßte sie [seine Theorie der Erziehung; Anm. TL] daher als Arrangement von Fragen gelesen werden: [...] Sie tut also genau das, was der wissenschaftlichen Pädagogik bis heute zum Vorwurf gemacht wird, nämlich mehr Fragen zu stellen, als sie Antworten zu geben vermag" (Winkler 2000, S. XL). Gemäß Schleiermacher kann eine pädagogische Theorie also niemals über ihre Anwendung und Umsetzung in der Praxis bestimmen. Im Sinne eines *Fachwerks* kann sie jedoch zur selbständigen und gemeinsamen Reflexion anregen. Eine so verstandene Theorie stellt denn auch keine „eindeutige[n] und anwendungsfähige[n] Konzepte" (Schleiermacher 2017, S. 382) über die Praxis bereit; vielmehr macht sie bewusst, dass es stets der Anregungen von bereits gelebten, sich historisch und kulturell verändernden Erziehungswirklichkeiten bedarf, um einer professionellen pädagogischen Praxis gerecht werden zu können.

Ein *drittes* Moment, das Schleiermachers Erziehungslehre hinsichtlich des Theorie-Praxis-Verhältnisses auszeichnet, ist das ethische Fundament. Anschließend an Schleiermachers Beobachtung, dass Erziehung meist lediglich reproduziere, was gegeben ist, kann hier festgehalten werden, dass pädagogisches Handeln geprägt ist von den Erziehungs- und Bildungserfahrungen der pädagogisch Denkenden und Handelnden – und also durchzogen von vagen Erinnerungen, unbewusst übernommenen Meinungen und Vorurteilen. Gemäß der hier vertretenen Auffassung, ist es wichtig dem entgegenzuwirken, indem ein pädagogisches Wissenschaftsverständnis gestärkt wird, das dazu befähigt, den Kreislauf der Reproduktion zu durchbrechen. Durch theoretische Reflexion – so die Annahme – kann es pädagogischen Fachkräften gelingen, die affirmative Weiterführung ihrer eingeübten Denk- und Handlungsweisen zu transzendieren. Indem subjektive Erfahrungen auf abstrakter Ebene in Zusammenhänge überführt werden, können die gegenstandsbedingten Widersprüche in eine systematische Ordnung gebracht werden (Dahmer 1968, S. 55–57). Was Schleiermacher betrifft, so ist dessen zentrales Argument, dass die Praxis zwar unabhängig von der Theorie existiere (siehe *erstes* Moment), doch erst durch

Theorie zu einer bewussten und damit ethischen Praxis werden könne: „Wenn nun die Theorie viel später entsteht nach der Praxis, so ist der Charakter von Anfang der selbe, aber die Handlung ist bewußtlos, so lange die Theorie noch fehlt." (Schleiermacher 2017, S. 549) Daher ist seine dialektisch angelegte Theorie, die wiederum an seine *Güterlehre* rückgebunden ist, ein wesentlicher „Maaßstab zur Beurtheilung für denjenigen […] der Liebe und Lust zur Erziehung hat" (ebd., S. 382). Diese Zusammenhänge verweisen auf die bereits erwähnte *notwendige Illusion* einer absoluten Einheit. Die *Idee des Guten* soll Orientierung für die Praxis bereitstellen, die sowohl pädagogisch Denkenden als auch Handelnden weitgehend unverfügbar ist.

Diese Unverfügbarkeit eröffnet *viertens* sog. ‚Produktivitätsspielräume' (Dahmer 1968, S. 38) innerhalb der bestehenden Praxis. Schleiermacher legt keine ahistorischen Normen fest, die als ethische Prämissen das Erziehungsgeschehen regulieren könnten. Sondern seine Theorie der Erziehung ist in einem spezifischen historischen Kontext situiert, in dem sie als symbolisiertes Wissen lediglich eine relative Gültigkeit besitzt. Was Schleiermachers *Fachwerk* eröffnet, ist die „Einsicht in Komplexität und Kontingenz" (Winkler 2000, S. X) der Erziehungswirklichkeit, welche stets Möglichkeiten der Neugestaltung in sich birgt. Ausgehend von diesem relativen Wissen kann ein höheres Bewusstsein für die praktischen Vorgänge angeregt werden. Wobei es Aufgabe der pädagogisch Denkenden und Handelnden bleibt, aus ihren „eigenen Bedingungen, in der dialektischen Vermittlung der eigenen Möglichkeiten mit der Sollensforderung" (Dahmer 1968, S. 38), eine ‚Orientierungsfolie' für ihre Tätigkeit zu entwerfen und zu adaptieren.

Damit gibt Schleiermachers theoretisch gewonnene Systematik *fünftens* einen Rahmen für einen ethischen Maßstab für pädagogische Praxis. Schleiermachers „Theorie erschöpft sich nicht mehr darin, die vorgefundene Praxis bewusst zu machen, sondern soll überdies die Perspektive einer infolge der Fortentwicklung der Menschen auch weiter fortgeschrittenen, besseren Erziehung übermitteln" (ebd.). Zusammenfassend lässt sich sagen, obwohl Schleiermacher von einer bestehenden Praxis ausgeht, vermittelt er ein dialektisches Verhältnis zur Theorie. Das heißt, die Theorie ist der Praxis nicht nachgeordnet, sondern greift dieser sogar mitunter voraus, indem sie neue Wege des Handelns eröffnet (Krüger 2019, S. 83).

***

Auf Basis des dialektischen Verständnisses von erziehungswissenschaftlicher Theorie und pädagogischer Praxis kann letztere professionell gestaltet werden. Ein solches dialogisches Miteinander ermöglicht und integriert auch kontrovers verlaufende zwischenmenschliche Aushandlungsprozesse. Diese Prozesse sowie deren theoretische Reflexionen gelangen dabei nie an ein Ende (Winkler 2002, S. 98). Die Betrachtung der empirisch beobachtbaren Erziehungspraxis im Verhältnis zur gesellschaftlichen Gesamtpraxis oder anders gesagt, die relationale Dimension in Schleiermachers Theorie der Erziehung, vermag pädagogisch Denkende und Handelnde auch heute noch zur kritischen (Selbst-)Reflexion anzuregen (Dahmer 1968, S. 40).

Grundproblem einer geisteswissenschaftlich gedachten Pädagogik

In seiner Einführung zur kommentierten Studienausgabe der „Texte zur Pädagogik“ (2000) interpretiert Michael Winkler Schleiermachers dialektische Grundlegung der Pädagogik als einen unabschließbaren Prozess, „den die Suche nach dem Absoluten vorantreibt, ohne hoffen zu dürfen, dieses zu erreichen“ (Winkler 2000, S. XXVIII). Erläutert wurde diese ‚Unabschließbarkeit‘ im vorigen Abschnitt am Beispiel des Theorie-Praxis-Verhältnisses, welches bis heute zu den zentralen Forschungsthemen der Allgemeinen Erziehungswissenschaft zählt. Im Folgenden sollen einige Fäden der allgemeinpädagogischen Debatte darüber aufgenommen und weitergesponnen werden.

***

Laut Schmied-Kowarzik hat es die Pädagogik mit einem paradoxen Unterfangen zu tun: Insofern sie „theoretische Anleitung zum Erkennen und Entscheiden erzieherischer Situationen“ (Schmied-Kowarzik 2008, S. 58) sein soll, existiert sie „nicht um ihrer selbst willen [...], sondern [...] steht im Dienst der Handlungsorientierung der Erzieher“ (ebd., S. 138) bzw. der Erzieherinnen. Andererseits könne die Theorie Entscheidungen im konkreten Fall nicht vorwegnehmen. Aufgrund dieser Paradoxie hält Schmied-Kowarzik die Pädagogik für die mittlerweile einzige Wissenschaft, in der das Problem von Theorie und Praxis eine grundlegende Rolle im Selbstverständnis einnimmt. Was allerdings nur dann zutreffe, wenn sie als eine praktische Wissenschaft verstanden werde, in der die „technische Durchsetzung und Verwirklichung von gesetzten Vorgaben [...] sicherlich nicht die Praxis [ist], von der die Pädagogik auszugehen hat und auf die sie bezogen ist“ (ebd., S. 15).

Wie es der Pädagogik gelingen kann, „dass sie den Erzieher [bzw. die Erzieherin; Anm. TL] selbst so in die Dialektik ihrer Problematik, der Problematik der Bestimmung der erzieherischen Aufgabe, mit einbezieht, dass dieser [bzw. diese] zu einer problembewussten Selbstbestimmung in der Praxis herausgefordert wird“ (ebd., S. 58), ist Thema unzähliger Abhandlungen. Viele Theoriekonzepte sind jedoch weit von einem solchen Verständnis der Pädagogik als praktischer Wissenschaft entfernt. Der mit einem evidenzbasierten Wissenschaftsverständnis einhergehende Rückbezug einer Empirischen Erziehungswissenschaft auf die Tatsache der Erziehungswirklichkeit erinnert zwar an Schleiermachers Praxisbezug (siehe *erstes* Moment in Kap. 2.1.1), wird jedoch durch die „Einordnung erzieherischen Handelns als technologisches, das auf universalen kausalgesetzlichen

Zusammenhängen beruht" (Krüger 2019, S. 72), konterkariert. Der Grundstein zu diesem Paradigma wurde von Heinrich Roth mit seiner Antrittsvorlesung an der Universität Göttingen im Jahre 1962 gelegt. Die darin beschriebene sog. „realistische Wendung" (Roth 2007) sollte der Pädagogik eine wissenschaftsmethodische Sicherung ihrer Erfahrungsgrundlage erlauben. Roth ging davon aus, dass es möglich bzw. sogar notwendig sei, „Einsicht in die Fakten – in die Barrieren und die Hilfen – zu gewinnen, die Unterricht und Erziehung hemmen oder fördern" (ebd., S. 102). Auf Basis der von ihm geforderten und betriebenen Implementierung von naturwissenschaftlichen Forschungsmethoden sollte sich die Geisteswissenschaftliche Pädagogik (wieder) auf methodisch gesicherte Fakten der pädagogischen Praxis beziehen. Der ambitionierte Vorstoß, die Pädagogik um sozialwissenschaftliche Forschungsmethoden zu erweitern, hat u. a. dazu geführt, dass die so gewonnenen Daten seither oft ohne Bezug auf die gesellschaftlichen Verhältnisse, in denen sie stattfinden, ausgewertet und in kausale Handlungsanweisungen überführt werden (Zirfas 2018, S. 59–60). Die philosophische „Reflexion über eine Aufgabe, die den Kontrollbereich erfahrungswissenschaftlicher Methodik bei weitem übersteigt" (Roth 2007, S. 97), wurde von Roth zwar noch gefordert, disziplingeschichtlich betrachtet ist die Ergänzung der empirischen Datenerhebung um theoretische Reflexionen aber weitgehend verloren gegangen. Was vorherrscht ist „ein auf Beobachtung und Messen abgestelltes und an standardisiert-quantitativen Verfahren orientiertes Methodenarsenal" (Krüger 2019, S. 97). Mit groß angelegten Schulleistungsuntersuchungen wie IGLU und PISA avancierte die von Roth eingeläutete empirische Wendung um die Jahrtausendwende sogar zum dominierenden Forschungsansatz in der öffentlichen Wahrnehmung der Pädagogik (ebd., S. 73). Die paradoxale Grundbedingung, wonach zwischenmenschliches Handeln nicht dermaßen kontrolliert werden kann, wird dabei mit Verweis auf vermeintliche Objektivität ausgeblendet.

Das Bild, das Schleiermacher von der Pädagogik zeichnet, stellt die Disziplin hingegen als „Kunstlehre" (Schleiermacher 1993, S. 25) dar, die eine Brücke zwischen dem wissenschaftlichen Anspruch nach Objektivität und den spekulativen Idealen der Erziehungswirklichkeit schlägt, sich allerdings jeder definitiven Festschreibung entzieht. Wie bereits erwähnt, schließt Schleiermacher mit dieser Betrachtung der Pädagogik als *Kunstlehre* an das aristotelische Praxiskonzept in Abgrenzung zur Poiesis[46] an (Winkler 2000, S. XXXII), bei dem auch neuere und aktuelle allgemeinpädagogische Positionen ihren Ausgang nehmen. So referiert bspw. der Erziehungswissenschaftler Winfried Böhm in seinem Studienbuch „Theorie und Praxis" (1995/2011) den Unterschied von Praxis und Poiesis, um eine personalistische Pädagogik (siehe Kap. 3.2) historisch-systematisch zu begründen:

---

46 Der griechische Begriff *poiesis* beschreibt ein herstellendes Machen und wird in der ‚eingedeutschten' Form großgeschrieben.

> „Spätestens seit Aristoteles hatte man begrifflich zu unterscheiden zwischen poiesis als produktiver gegenständlicher Arbeit und praxis als freiem, verantwortlichem intersubjektiv orientiertem Handeln. Hat das herstellende Machen seinen Zweck und sein Ziel im hergestellten Gegenstand und damit außerhalb seiner selbst (nämlich im Produkt), so birgt das Handeln qua etwas gut und recht Tun seinen Sinn immer schon in sich, und es erfüllt sich im Vollzug selbst. Das poietische Herstellen kann (und muß) deshalb vom Produkt her ‚evaluiert' werden; das verantwortliche Handeln darf dagegen nicht zuerst von seinem meßbaren Resultat, sondern muß vor allem von seiner Absicht und Ausrichtung, d. h. von den es leitenden Werten her ‚valuiert', d. h. beurteilt werden." (ebd., S. 71)

Demnach liegt dem Verständnis der Pädagogik als praktischer Wissenschaft, in der die Ungewissheit im Umgang mit anderen zum Problem wird, das mithilfe von theoretischen Reflexionen bearbeitet werden kann, die antike Unterscheidung von Praxis und Poiesis zugrunde. Die Lebenspraxis des gemeinsamen Handelns hat Aristoteles in seiner ‚Nikomanischen Ethik' beschrieben, wobei er das praktische Handeln von Tätigkeiten abgrenzt, die nach einem Plan umgesetzt werden. In poietischen Tätigkeitsformen stehe „das kunstvolle Hervorbringen und Verfertigen von Werken und die tüchtige Bewältigung von vergegenständlichten Aufgaben" (Böhm 2011, S. 21) im Mittelpunkt. Die Legitimation dieser herstellenden Tätigkeiten sei das fertige Produkt. Sie könnten daher der poietischen Lebensweise und dem angewandten Wissenschaftsverständnis zugeordnet werden. Der Begriff Praxis subsumiert hingegen all jene Tätigkeitsformen, in denen der Vollzug der Tätigkeit selbst im Mittelpunkt steht. Durch die kritische Reflexion der bestehenden Praxis können Handlungsmöglichkeiten erschlossen werden, die „der Realität des menschlichen Zusammenlebens gerechter [werden] als ein technologisches Denkschema" (ebd., S. 77). Die eine Pädagogik als Praxis begleitenden theoretischen Anstrengungen werden dabei nicht als Anleitung begriffen, die umgesetzt werden können, sondern machen ein Handeln möglich, das auf Sittlichkeit und Gemeinwohl ausgerichtet ist (ebd., S. 22). Indem diese Praxis theoretisch reflektiert wird, kann ihr pädagogischer Charakter von „politischen Ansprüchen" unterschieden und vor manipulativen „pädagogischen Veränderungs- und Handlungsambitionen" (Winkler 2000, S. XI) geschützt werden.

Die beiden Konzepte Praxis und Poiesis werden hier und im Folgenden als Kategorien interpretiert, die sich graduell voneinander unterscheiden (Cameron/Kourabas 2013, S. 269). Anwendungsorientiertes Tun und Miteinander-Handeln gehen somit ineinander über; sie befinden sich gewissermaßen auf einem Spektrum möglicher Handlungsweisen. Pädagogische Praxis kann dementsprechend sowohl praktische als auch poietische Anteile umfassen, die an der Reproduktion und Transformation des Bestehenden beteiligt sind.

***

Resümierend lässt sich sagen, dass pädagogisches Denken und Handeln weder im Voraus dirigiert noch im Nachhinein kausalanalytisch evaluiert werden kann. Anstatt des Versuchs dieses durch Technologien einzuhegen, bedarf es vielmehr einer „praktischen Theorie" (Böhm 2011, S. 69), der es weder um die Ansammlung „von faktischem Wissen" (Schmied-Kowarzik 2008, S. 20) noch um eine „metaphysische[] Weltdeutung" (ebd.) geht. Stattdessen kann eine solche Theorie die kritische Selbstreflexion von pädagogischen Fachkräften anstoßen, die „ihren Sinn [den Sinn von Theorie; Anm. TL] nicht in sich als Wissen von etwas, sondern in der menschlichen Gestaltung menschlicher Praxis" (ebd.) schöpft. Damit wird ein dialogischer Austausch zwischen pädagogisch Denkenden und Handelnden angestoßen, in dem „die Möglichkeiten einer Revision und Verbesserung des vorgedachten Bildungs- und Erziehungsentwurfs" (Böhm 2011, S. 161–162) ausgelotet werden. Dass diese Aushandlungen auf ein dialektisches Theorie-Praxis-Verständnis angewiesen sind, drückt sich im Selbstverständnis von Theoretiker:innen als praktische Wissenschaftler:innen und von Praktiker:innen als theoretisch reflektierte Handelnde aus. Anzumerken ist, dass dieser theoretischen und praktischen Anstrengungen zum Trotz immer eine „pädagogische Differenz" (ebd., S. 161) bestehen bleibt, die den pädagogisch Denkenden und Handelnden ein verantwortungsvolles Entscheiden in der gemeinsamen Praxis abverlangt. Insoweit es Menschen sind, die dies leisten müssen, können diese zwar dazu angehalten werden, ihren individuellen Erfahrungshorizont, von dem sie jeweils ausgehen, zu reflektieren und professionell einzuordnen, ihre Entscheidungen können aber niemals auf technische Weise standardisiert werden. Somit besteht die Voraussetzung für ethisches Handeln in der kontextspezifischen Interpretation der bestehenden Situation durch pädagogische Fachkräfte, die sich u. a. in konkreten Beziehungsweisen niederschlägt.

Transformatives Potential

Das dialektische Verhältnis von Theorie und Praxis impliziert ein relationales Verständnis von pädagogischer Praxis, denn diese ist vom theoretischen (Vor-)Wissen der handelnden Personen getragen und umgekehrt: Das theoretische Wissen, das abgerufen wird, hängt von den jeweiligen Erfahrungen in der Praxis ab. Dabei wird die theoretische Reflexion der Empirie laufend ergänzt, revidiert und neu geordnet. Wie zuvor ausgeführt, eröffnet ein dialektisches Verständnis von Theorie und Praxis einen „aufgeklärteren Blick auf die Voraussetzungen ihrer [der Fachkräfte; Anm. TL] Praxis [...], über ihre eigenen Bedingungen [...] und gesellschaftlichen Verstrickungen" (Krüger 2019, S. 54). Im Folgenden soll die These erläutert werden, dass eine allmähliche (jedoch nie an ein Ende kommende) Bewusstwerdung dieser Zusammenhänge auf die Problematisierung des Theorie-Praxis-Verhältnisses zurückgeführt werden kann.

Dazu wird die bislang an Schleiermacher orientierte dialektische Betrachtungsweise um Überlegungen aus Perspektive der Kritischen Theorie nach Theodor W. Adorno ergänzt.

Ein Text, der diese Ergänzungen bzw. die inhaltliche Stoßrichtung dieser Studie insgesamt maßgeblich geprägt hat, ist Adornos „Marginalien zu Theorie und Praxis“ (1969b). Mit der darin gebotenen dialektischen Deutung formuliert er ein Verständnis für das transformative Potential zwischenmenschlicher Praxis, denn erst durch die gedankliche Trennung von Theorie und Praxis, so Adorno, werde jener Prozess vorangetrieben, „der aus der blinden Vorherrschaft materieller Praxis herausführt, potentiell hin auf Freiheit" (ebd., S. 177–178). Demnach sind Theorie und Praxis „weder unmittelbar eins noch absolut verschieden" (ebd., S. 189). Sie stehen vielmehr polar zueinander. Mit Adorno soll dieses Transformationspotenzial akzentuiert und mit den bisherigen Ausführungen zur Dialektik von Theorie und Praxis zusammengeführt werden.

Theoretisch reflektierte Praxis, so wurde argumentiert, reproduziert nicht einfach blind das, was schon da ist. Weiters wurde davon ausgegangen, dass das Wissen um die Eingebundenheit von Praxis in die bestehenden Verhältnisse bzw. die Bewusstwerdung ihres dialektischen Verhältnisses zur Theorie es ermöglicht, Verantwortung in der Pädagogik im Hinblick auf eine ethische Gesamtpraxis wahrzunehmen. Schleiermachers *Fachwerk* wurde als eine mögliche Grundlage für die (gedankliche) Überschreitung des Bestehenden postuliert, worin wiederum die Dimension einer *revolutionären* und d. h. transformativen Praxis gesehen wird. Wie oben dargestellt, ist Schleiermachers Theorie der Erziehung mit Praxis vermittelt; dieses Verhältnis trägt seinen Sinn sowohl in sich selbst als auch in einem nicht greifbaren Ganzen. Die in Form des *Fachwerks* überlieferten theoretischen Reflexionen (siehe Kap. 2.1) gelten Schleiermacher als Voraussetzung für die Aufklärung bzgl. einer bereits bestehenden Praxis der Erziehung. Sie bilden die Bedingung der Möglichkeit für ein bewussteres und professionelles pädagogisches Handeln.

Laut Adorno bedarf es dieser theoretischen Reflexionen, um am „fortgeschrittensten Stand[] von Erkenntnis" (ebd., S. 176) anzusetzen und an diesem weiterzuschreiben. Demzufolge könne „Theoriefeindschaft [als] Schwäche der Praxis" (ebd.) gedeutet werden. Da Theorie aber wie gesagt niemals selbst über ihren Einfluss in der Praxis bestimmen kann – oder wie Adorno es ausdrückt, Praxis „nicht von ihr empfohlen" (ebd., S. 191) werden könne – bleibt die Verwirklichung der theoretischen Überlegungen den praktisch Handelnden selbst aufgegeben.

> „Analyse der Situation erschöpft sich nicht in der Anpassung an diese. Indem sie darüber reflektiert, hebt sie Momente hervor, welche über die Situationszwänge hinausführen mögen. Das ist von unabsehbarer Relevanz für das Verhältnis von Theorie und Praxis. Durch ihre Differenz von dieser als dem unmittelbaren, situationsgebundenen Handeln, durch Verselbständigung also, wird Theorie zur verändernden, prak-

> tischen Produktivkraft. Betrifft Denken irgend etwas, worauf es ankommt, so setzt es allemal einen, wie sehr auch dem Denken verborgenen praktischen Impuls. Der allein denkt, welcher das je Gegebene nicht passiv hinnehmen will" (ebd., S. 175).

Das Potential der Dialektik von Theorie und Praxis besteht folglich darin, mögliche Wege jenseits der bereits ‚begangenen Pfade' zu eröffnen, oder, wie Schleiermacher es in seiner „Theorie des geselligen Betragens" (1799/1984) formuliert: „keine Verbesserung ohne Theorie" (ebd., S. 166). Adorno betont nun seinerseits einen Aspekt, der für die Pädagogik als praktische Disziplin weitreichende Konsequenzen hat: Am meisten Hoffnung auf Verwirklichung dürfte diejenige Theorie haben, welche nicht als Anweisung auf Verwirklichung gedacht werde (Adorno 1969b, S. 190). Damit impliziert er, dass eine „mögliche höhere Gestalt von Praxis" (ebd., S. 175) nur durch die Anstrengungen einer „theoretischen Reflexion" (ebd.) zu realisieren ist – die jedoch gerade nicht auf praktische Konsequenzen abzielt, sondern die Analyse der bestehenden Verhältnisse als Teil von professioneller Pädagogik betrachtet. Ganz nach dem Vorbild Schleiermachers, für den die Pädagogik einen Teil der gesellschaftlichen Gesamtpraxis darstellt, liegt das transformative Potential einer pädagogischen Theorie, welche ihre Systematik aus diesem dialektischen Verhältnis von Theorie und Praxis ableitet, in der Kritik am jeweils Bestehenden.

***

Vor dem Hintergrund dieses zentralen Grundproblems von Theorie und Praxis stellen Schleiermachers relationale Fragmente der Pädagogik eine komplexe Systematik zur Verfügung, auf welche die Argumentation in der vorliegenden Studie aufbaut. Schleiermacher zeigt die wechselseitige Vermittlung von Theorie und Empirie nicht nur auf, sondern veranschaulicht diese Dialektik gleichzeitig in der Art und Weise seiner Darstellung. Zugleich erfasst er damit ein genuin *pädagogisches* Problem, das zwei theoretische Stränge vereint: nämlich eine *Theorie individueller Subjektivität* und eine umfassende *Gesellschaftstheorie*. In Schleiermachers *Fachwerk* der Erziehung steht zwar das Subjekt im Zentrum, dieses wird aber ausdrücklich in Relation zu den sozialen und kulturellen Einflüssen gesetzt. Schleiermachers zwischen diesen beiden Ebenen oszillierenden Beschreibungen der empirischen Erziehungswirklichkeit veranschaulichen eine relationale Grundstruktur seiner pädagogischen Wissenschaftssystematik ebenso wie sie die Spannungen vergegenwärtigen, welche die Ebenen in ihrem Verhältnis zueinander sowie zur Gesamtpraxis, als auch in sich selbst charakterisieren. Somit kann die „unsystematische Systematik" (Winkler 2002, S. 95) seiner Pädagogik sowohl auf methodologischer als auch auf inhaltlicher Ebene als Beispiel für einen relationalen Theorieentwurf gelesen werden – jene wissenschaftstheoretische Grundlage, die nun weiter ausdifferenziert wird.

2.2 Geisteswissenschaftliche Pädagogik am Ausgang ihrer Epoche[47]

In den bisherigen Ausführungen wurde ausgehend von Schleiermachers fragmentarischem *Fachwerk*, das sich durch eine dialektische Grundstruktur auszeichnet, die relationale Systematik der Pädagogik skizziert. Mit Schleiermacher wurde dargelegt, dass die einander bedingenden Konstellationen in der Erziehungswirklichkeit theoretisch reflektiert, aufeinander bezogen und als sich wechselseitig voraussetzend begriffen werden müssen. Ferner wurde konstatiert, dass die aus solchen Reflexionen der sozialen Wirklichkeit hermeneutisch-dialektisch hergeleitete wissenschaftliche Pädagogik ihren Gegenstand in der Organisation und Symbolisierung einer Praxis hat, in der die Wahrung der Integrität der Einzelnen einen ethischen Fortschritt im gesellschaftlichen Gesamtzusammenhang darstellt. Von den 1920ern bis in die 1960er Jahre hinein ist diese transformative Praxis – jedenfalls ihrem ideellen Selbstverständnis nach – eine der zentralen Grundlagen der Geisteswissenschaftlichen Pädagogik.

Dass es disziplingeschichtlich jedoch nicht wirklich gelungen ist, tatsächlich an Schleiermachers „Konkretion der Problementfaltung" (Schmied-Kowarzik 2008, S. 67; siehe Kap. 2.1) anzuknüpfen bzw. diese weiterzuschreiben, zeigt sich an einem ihrer Grundbegriffe – dem *pädagogischen Bezug* (siehe auch Kap. 1.3). Nohls Konzeption dieses Begriffs wird in der Geisteswissenschaftlichen Pädagogik weitgehend losgelöst von den herrschenden gesellschaftlichen Bedingungen in ihren Widersprüchlichkeiten behandelt. Mit dem Ergebnis, dass man Nohl und vielen anderen Vertreter:innen der Geisteswissenschaftlichen Pädagogik eine „gesellschafts- und realitätsferne Haltung" (Zirfas 2018, S. 58) attestiert. Kritik an dieser Loslösung der Geisteswissenschaftlichen Pädagogik von den gesellschaftlichen Kontexten kommt u. a. vom Erziehungswissenschaftler Klaus Mollenhauer (1928–1998). Mollenhauer versteht Pädagogik als „ein Teil des Ganzen" (Mollenhauer 1977, S. 68), womit er sich theoretisch u. a. auf die bewusst illusorische Idee einer absoluten Einheit im Sinne Schleiermachers bezieht. Pädagogische Praxis ist nach Mollenhauer mit der gesellschaftlichen Gesamtpraxis verflochten, weshalb pädagogisch Denkende und Handelnde dazu aufgefordert seien, pädagogische Praxis gesellschaftlich einzuordnen und sich (politisch) zu positionieren. Auf Basis dieser gesellschaftspolitischen Kontextualisierung kritisiert Mollenhauer die „positivistisch halbierte[] Rationalität" (ebd., S. 9)

47 Die Überschrift dieses Kapitels ist gleichzeitig Titel eines Sammelbandes, der eine Dokumentation der kritischen Wende in der Pädagogik darstellt: „Geisteswissenschaftliche Pädagogik am Ausgang ihrer Epoche – Erich Weniger" (Dahmer / Klafki 1968). Erich Weniger zählt zur zweiten Generation Geisteswissenschaftlicher Pädagog:innen und hat bei dem bereits erwähnten Herman Nohl studiert (siehe Kap. 1.3). Der Band wird inhaltlich mit dem oben zitierten Beitrag über „Theorie und Praxis" (Dahmer 1968, S. 35–80) eröffnet (siehe Kap. 2.1.1).

vieler seiner Kolleg:innen. Im Buch „Erziehung und Emanzipation" (1977) richtet er sich u. a. gegen „die Unterdrückung der Vernunft im Dienste empirischer Heteronomien" (ebd., S. 10), die mitunter zu einer „Verdinglichung" (ebd.) der Menschen führe. Durch den damit einhergehenden kausalanalytischen Zugriff, so Mollenhauer, würden komplexe empirische Prozesse auf objektiv nachprüfbare Sachverhalte verkürzt (ebd., S. 67). In der Konsequenz fordert Mollenhauer eine sozialwissenschaftliche Öffnung von pädagogischer Forschung, im Zuge derer „die faktische Verdinglichung des Menschen unter dem Eindruck sozialer Zwänge" (ebd., S. 18) problematisiert werden könne und Zwecke hinter empirischen Prozessen und wissenschaftlichen Analysen reflektier- und kritisierbar würden (ebd., S. 67). Vermittels dieser Problematisierung – die wiederum auf die Bewusstwerdung des dialektischen Theorie-Praxis-Verhältnisses verweist – könnten ethische Ideale abgeleitet werden, die zur Orientierung in der Praxis dienten, ohne die beteiligten Akteur:innen zu Spielfiguren o. ä. zu degradieren. In seinen „Polemischen Skizzen" (so der Untertitel von „Erziehung und Emanzipation") macht Mollenhauer auf diesbezügliche Einengungen von menschlichen Möglichkeiten im bestehenden Gesellschaftszusammenhang aufmerksam. Seine Forderung nach „Widerspruch gegen die Faktizität der gegebenen Lage" (ebd., S. 74) kann als indirekter Verweis auf Schleiermachers dialektische Systematik der Pädagogik gelesen werden. Dazu gehöre das ständige Hinterfragen von vermeintlichen Gewissheiten, welches zur Befreiung aus „unbegriffenen Abhängigkeiten" (ebd., S. 20) beitragen könne. Als ethische Praxis kann Pädagogik gemäß Mollenhauer nämlich nur betrieben werden, „solange ein Vernünftigeres als sie nicht nur denkbar ist, sondern auch ausgesprochen wird und als eine neue Praxis in ihren Zusammenhang eintritt" (Mollenhauer 1977, S. 74; siehe auch Kap. 2.1.1).

Diesen gesellschaftspolitischen Reflexionshorizont führt Mollenhauer im Kapitel über „Pädagogik und Rationalität" (ebd., S. 55–74) aus. Dieser Text markiert den Beginn des Paradigmas der Kritischen Erziehungswissenschaft (vgl. bspw. Winkler 2002, S. 50). Mollenhauer beschreibt darin, warum kritische Gesellschaftstheorie *wieder* einen angemessenen Stellenwert in der Disziplin bekommen sollte. „Das Bewußtsein, das sich und seine Position für rein pädagogisch hält, wird getäuscht, da es die Tatsache, selbst gesellschaftlich vermittelt zu sein, nicht reflektieren kann." (Mollenhauer 1977, S. 58) Diese Überlegung rekurriert auf die politische Dimension in der Pädagogik, welche Mollenhauer in einem früheren Beitrag zum Theorie-Praxis-Verhältnis ausführt:

> „Wie jede Theorie einer gesellschaftlichen Praxis in der Epoche der Emanzipationen, so kann auch die pädagogische Theorie, soweit sie Theorie gegenwärtiger Praxis ist, des politischen Aspektes nicht entbehren, es sei denn um den Preis eigener Ideologisierung oder eines platten Positivismus; und zwar deshalb, weil das Politische nicht nur ein Aspekt der Theorie, sondern eine Dimension der Praxis, der Erziehungs-

wirklichkeit selbst ist, jedenfalls in ihrer gegenwärtigen Gestalt." (Mollenhauer 1968, S. 294)

Um deutlich zu machen, dass Pädagogik – sowohl in der Wissenschaft als auch in der Praxis – von gesellschaftlichen Strukturen geprägt ist, die vermeintlich autonom bestimmte Ansichten und Interessen begrenzen, wird ebendiese politische Dimension der Pädagogik in dem von Mollenhauer (mit-)begründeten Paradigma der Kritischen Erziehungswissenschaft hervorgehoben. Im Kern geht es darum, unreflektiert tradierte Überzeugungen bewusst zu machen: *„Analyse der empirisch nachprüfbaren Prozesse und Kritik der Zwecke*, denen solche Prozesse wie auch die Analyse selbst unterstellt werden, sind zusammengenommen erst *die unteilbare Aufgabe der Erziehungswissenschaft*." [48] (Mollenhauer 1977, S. 67; Herv. i. Orig.) Im Zuge dieser kritischen Wende intensivierten sich wissenschaftstheoretische Grundsatzdebatten, die bis weit in die 1970er Jahre geführt wurden. Deren Ergebnis war die Abgrenzung mindestens dreier Paradigmen – der Geisteswissenschaftlichen Pädagogik, der Empirischen und der Kritischen Erziehungswissenschaft –, welche in Einführungsbänden zur Pädagogik bis heute in verblüffender Eindeutigkeit wiedergegeben werden, obwohl die Trennlinien gar nicht klar gezogen werden können (Brumlik 2006, S. 60; siehe Kap. 2.1.1).

***

Aus dem Spannungsfeld dieser drei Paradigmen sollen nachfolgend zwei ‚Abzweigungen' herausgegriffen werden, die Schleiermachers *Fachwerk* in unterschiedlichen Nuancierungen aufnehmen und weiterentwickeln. Die erste Linie ist eine kulturwissenschaftliche Weiterentwicklung der Kritischen Erziehungswissenschaft, die im Anschluss an Mollenhauer ausgeführt wird, wobei die gesellschaftspolitische Dimension der Pädagogik verfolgt wird. Die zweite ist die Weiterentwicklung einer anthropologischen Betrachtungsweise, die (in ihrer neueren Fassung seit den 1970er Jahren) um das Problem der Unbestimmbarkeit des Menschen kreist, welches ebenfalls bereits in Schleiermachers Theorie der Erziehung verankert ist. Dabei geht es auch darum zu zeigen, dass es sich weder bei der kulturwissenschaftlichen noch bei der anthropologischen ‚Neuausrichtung' der Pädagogik in der zweiten Hälfte des 20. Jahrhunderts um etwas noch nie Dagewesenes handelt, sondern um die ‚Erinnerung' an einen ‚fortgeschritte-

48 Und Mollenhauer weiter: „Diese, als die institutionalisierte Rationalität der Erziehung, ist ihrem Anspruch nach seit der Aufklärung ein Instrument gegen Dogmatismus in jeder Form. Rationalität läßt sich deshalb nicht, ohne gegen sie zu verstoßen, auf die Lösung pragmatischer Probleme beschränken; sie kritisiert prinzipiell jedes Dekret. Die Vernunft hat ein Interesse an Mündigkeit, Autonomie des Handelns und Befreiung von Dogmatismus." (Mollenhauer 1977, S. 67)

nen' Stand der Erkenntnis aus der Geschichte der Pädagogik. Woran denn auch deutlich werden soll, dass die mit dem Zwischen hergeleitete relationale Anthropologie, an die (hier nachgezeichnete) Disziplingeschichte anknüpfen kann. Die wissenschaftstheoretischen Auseinandersetzungen insgesamt zielen darauf ab, die disziplinären Grundlagen in ihrer Relationalität darzulegen, um die Rahmung des Zwischen gewissermaßen (siehe Kap. 3) erziehungswissenschaftlich zu verorten.

2.2.1 Allgemeine Pädagogik als Kulturwissenschaft

Eine Anknüpfung an die von Schleiermacher systematisch dargelegten konstitutiven Grundlagen der Pädagogik lässt sich vor allem in der zweiten Hälfte des 20. Jahrhunderts beobachten; verbunden ist diese Wiederaufnahme mit dem bereits erwähnten Klaus Mollenhauer.

Mollenhauer analysiert die statische Wahrnehmung von Kultur, die er in Erziehung und Bildung reproduziert findet. In seinem Buch „Vergessene Zusammenhänge. Über Kultur und Erziehung" (1983/1991) thematisiert er die historische Genese dieses Zusammenhangs wie auch der bestehenden kulturellen Ordnung und erkundet die herrschaftsstabilisierende Funktion des Kulturellen im Kontext seiner Zeit. Womit er im Jahr 1983 – wie Micha Brumlik über 20 Jahre später rückblickend festhält – den Grundstein für eine ‚Pädagogik als kritische Kulturwissenschaft' (Brumlik 2006) legte. Tatsächlich habe die Pädagogik in Deutschland durch Mollenhauer „eine Vorreiterrolle bei der Entfaltung des kulturwissenschaftlichen Programms gespielt" (ebd., S. 63). Gegenstand von Mollenhauers ‚kulturkritischen' Bemühungen ab den 1980ern sind vor allem kulturelle Artefakte und die darin hervortretenden Lebensformen. Unter Einbezug der gesellschaftlichen Bedingtheit von Kultur erweitert Mollenhauer, nach Brumlik zu urteilen, seine ideologiekritischen Grundlagen aus früheren Arbeiten um ästhetische Dimensionen.

> „Der geisteswissenschaftlichen Pädagogik [hier bezieht sich Mollenhauer auf das Paradigma der Geisteswissenschaftlichen Pädagogik; Anm. TL] erschien Gesellschaft vornehmlich in Begriffen von ‚Kultur', d. h. von ideologischen Systemen, deren Substrat und Genese zu vernachlässigen erlaubt schien. Kultur erschien damit allzu leicht schon als Gesellschaft und nicht als deren ideologisches Derivat. Infolgedessen tauchte auch gesellschaftlich-politisches Handeln nicht als ein Thema auf, das zu behandeln für die Erziehungstheorie unabdingbar wäre." (Mollenhauer 1972/1984, S. 11)

Anders als in der Kritischen Erziehungswissenschaft, welcher Mollenhauer sich zur Zeit dieses Zitats zuordnete, verwendete er in seiner neuen Schaffensphase eine heute als kulturwissenschaftlich einzuordnende Terminologie (Brumlik 2006, S. 63). Wobei er weiterhin an den Zusammenhang zwischen einer pädagogischen Reproduktion der gesellschaftlichen Verhältnisse und der möglichen Transformation von dominanten hierarchischen Strukturen erinnerte. Mollenhauers Definition von Erziehung „könnte demnach die folgende Form haben: Erziehung ist der Inbegriff aller Handlungen und deren Produkte, die den Zweck haben, den Nachwuchs mit den (letzten Endes zu rechtfertigenden) Lebensformen der Kultur in ihren Grundlinien vertraut zu machen" (Mollenhauer 1997, S. 157). Insofern die Reflexion der gesellschaftlichen Eingebundenheit von pädagogischem Denken und Handeln hierfür grundlegend ist, bleibt Mollenhauer der geisteswissenschaftlichen Tradition Schleiermachers verbunden. Folgt man allgemeinpädagogischen Betrachtungen, so geht Mollenhauers „kulturwissenschaftliche Wende" (Wimmer 2002, S. 117; Uhl 2002, S. 220) mit einer Entfernung von dem rationalisierenden Zugang einher, der seine Arbeiten in den 1970er Jahren noch ausgezeichnet hat. Stattdessen fasst er das pädagogische Geschehen ausgehend von Beziehungen innerhalb der kulturellen Ordnung seiner Zeit (Winkler 2002, S. 80). Das (sprachlich) unverfügbare und „nicht-konventionalisierte Ich des Kindes" (Mollenhauer 1991, S. 89) wird zunehmend zum zentralen Gegenstand seiner Untersuchungen. Mit seiner Arbeit an den *vergessenen Zusammenhängen* erweitert Mollenhauer somit den wissenschaftstheoretischen Kontext der praktischen Pädagogik um die ‚nicht-konventionalisierbaren' und d. h. rational schwer zu fassenden Bestandteile menschlichen Lebens.

In den *vergessenen Zusammenhängen* verweist der Begriff ‚Kultur' auf die beweglichen Ordnungssysteme, die von jeder Generation neu erarbeitet würden und damit die Voraussetzungen zur Schaffung eines umfassenden Lebens- und Sinnzusammenhangs seien.[49] Mollenhauer untersucht also Prozesse, in denen subjektiver Sinn durch kollektive Sinnsysteme, kulturelle Codes und Texte praktisch dargestellt und vollzogen werde (Brumlik 2006, S. 62). Wie dies geschieht, exemplifiziert er anhand von literarischen Erinnerungen, Kunstwerken und anderen materiellen Artefakten. Vermittels Einblicke in autobiographische Fragmente von Franz Kafka, Thomas Bernhard und Jean-Paul Sartre als auch durch Selbstbildnisse der Maler Albrecht Dürer, Vincent van Gogh und Max Beckmann zeigt er, dass Menschen sich im Spannungsfeld zwischen der Wirklichkeit und ihren potentiel-

49 Diese Neuausrichtung im Sinne einer „kritische[n] Kulturwissenschaft" (Brumlik 2006, S. 64) weist Ähnlichkeiten mit Hans Blumenbergs Auffassung von Kultur als ‚Barbareiverschonungssystem' auf (Winkler 2002, S. 40). Kultur stelle demnach ein System aus den kürzesten Wegen dar, in denen Sinnzusammenhänge konstruiert und – nicht zuletzt durch Erziehung – tradiert werden. Die Analyse dieser Wege zeige spezifische Praktiken und Lebensformen auf, die Umwege auf der kulturellen Landkarte andeuteten. Diese Umwege sind für Blumenberg und wohl auch für Mollenhauer von Bedeutung (Mollenhauer 2014). Jene unkonventionellen Gehwege verweisen auf einen „progressive[n] Gehalt, der für die Konzeption der Bildungstheorie von Rousseau bis Schleiermacher konstitutiv war" (Winkler 2002, S. 66).

len Möglichkeiten selbst bestimmen (können). In den kulturellen Artefakten könne diesen Entwürfen der Selbstbestimmung nachgespürt werden, „anhand derer die Kinder und Jugendlichen ihre Zukunft für sich selbsttätig gestalten" (Klepacki 2010, S. 272). Was Mollenhauers Programm einer kulturwissenschaftlichen Pädagogik auszeichnet, sind die Ausdrucksformen, mit denen die aufgegriffenen Erziehungs- und Bildungserfahrungen dargestellt werden. Er beschreibt „Erfahrungs- und Erlebnispartikel, [...] Erinnerungsfragmente, Körpersensationen und deren versprengte Spuren im Gedächtnis [...], um eine Ahnung davon zu bekommen, was das zu interpretierende pädagogische Ereignis sei" (Mollenhauer 2014, S. 119). Diese „Bruchstücke von Imaginationen" (ebd.) betrachtet Mollenhauer als Ergänzungen zu wissenschaftlichen Erkenntnissen, die Beleg dafür seien, „daß wir unsere eigene Bildung den Erwachsenen nicht nur verdanken, sondern ihnen auch vorwerfen können: jeder Bildungsprozeß ist Erweiterung und Bereicherung, aber auch Verengung dessen, was möglich gewesen wäre" (Mollenhauer 1991, S. 10).

Die folgenden Annäherungen an das Zwischen sind von Mollenhauers kulturwissenschaftlicher Weiterentwicklung der geisteswissenschaftlichen Tradition inspiriert – man könnte auch sagen, sie stellen den Versuch dar, auf den „Umwege[n]" (1986/2014) weiterzugehen, die Mollenhauer in den Aufmerksamkeitshorizont der Pädagogik (zurück-)geholt hat. Gemäß diesem ‚nachspürenden' Denken, gelangt die Reflexion von Widersprüchen „aus Geschichte und Geschichten, aus Gemachtem und Ungewolltem, aus Ökonomie, Politik und gutem Willen, aus Zuwendung zum Kind und zugleich dessen Abwehr, aus guten Erfahrungen und schlimmen Entbehrungen, aus Zustimmung und Entwertung, Liebe und Gleichgültigkeit, Verständnis und Unverstandensein" (Mollenhauer 1991, S. 11) niemals an ein Ende. In der Verflechtung all dieser Begriffe wird die Komplexität von Pädagogik sichtbar, die pädagogisch Denkenden und Handelnden als Herausforderung aufgegeben ist. Nach Brumlik ist Mollenhauers Perspektive dieser Komplexität „in besondere[r] Weise angemessen" (Brumlik 2006, S. 66), denn was dieser in den Blick rückt, sind Prozesse, in denen sich Menschen selbsttätig mit der Welt auseinandersetzen. Sein kulturwissenschaftlicher Theorieentwurf verlangt dabei nicht nur eine Reflexion der kulturellen Zusammenhänge sowie der eigenen Position darin, sondern auch ein informiertes Verständnis für die Dialektik von Theorie und Praxis. Somit sieht Mollenhauer die Aufgabe wissenschaftlicher Pädagogik in der Ausarbeitung eines „Leitfadens" (Mollenhauer 1991, S. 10), mit dem „die individuellen Erziehungs- und Bildungsereignisse" (ebd.) nach Gesichtspunkten durchforstet werden könnten, die der kollektiven Erinnerung Orientierung böten. Daraus wird ersichtlich, dass seine Theorie der Erziehung auf ein Ringen um ein regulatives Ideal hin ausgerichtet ist und also Schleiermachers *Fachwerk* (siehe Kap. 2.1) in gewisser Weise fortschreibt. Nach Brumlik wird es durch Mollenhauers *Leitfaden* möglich, das Besondere und Einzigartige der Menschen „in den Kreis unserer Aufmerksamkeit" (Mollenhauer

1991, S. 89) zurückzuholen. Seine Interpretation von Kulturgütern führe zu einem Verständnis, welches die erzieherische Praxis als performative Initiation in die bestehende Kultur begreife, sowie Spannungen und Machtdimensionen dieser Praxis miteinzubeziehen wisse (Brumlik 2006, S. 65).

Insofern die Grundprämisse seines Verständnisses von Erziehung in der sozialen Dimension besteht, knüpft Mollenhauer nicht nur an die Tradition der Pädagogik als praktische Wissenschaft an, sondern trifft die Programmatik der vorliegenden Arbeit im Kern:

> „Das Erziehen des Kindes sollte nicht nach dem Modell der Bearbeitung, Formung, Veränderung eines Materials gedacht werden, sondern als Unterstützung sich entwickelnder Kraft, als dialogische Beziehung, als Ruf und Antwort, oder wie immer diese Sichtweise im Verlauf unserer Geschichte in Metaphern gekleidet wurde. Denkt man den Erziehungsvorgang nach diesem Modell, dann bleibt das, was jenseits jener Grenze zwischen Subjektivität und Intersubjektivität liegt, eine ständige Beunruhigung. Nicht nur entzieht sich der Bildungsprozeß des Kindes zuverlässigen Prognosen; auch ein prognosen-sicherndes Handeln wird suspekt, denn es müßte ja an einer vollständigen Kalkulierbarkeit des Kindes interessiert sein." (Mollenhauer 1991, S. 90)

In der intersubjektiven Situation des Dialogs werde für die am Erziehungsvorgang Beteiligten die Subjektivität der Einzelnen erfahrbar, die allerdings ‚unsagbar' bleibe. Erst die reflexive Bewusstwerdung über handlungsleitende Theorien im praktischen Sinn ermögliche die Übernahme von „Verantwortung für das kritische Potential einer Gesellschaft" (Mollenhauer 1977, S. 69). Die Erziehung, die Mollenhauer vor Augen hat, nimmt in diesem Sinne die Spannungen zwischen Reproduktion und Transformation produktiv auf und versucht sie offenzuhalten. Die bestehende kulturelle Ordnung, die durch Erziehung präsentiert, aber auch verändert werden kann, kann daher im Anschluss an Mollenhauer relational perspektiviert werden.

Pädagogische „Präsentation" (Mollenhauer 1991, S. 76) sichere den Fortbestand der Gesellschaft. Würden kulturelle Bestände hingegen in abgewandelter Form *„repräsentiert"* (ebd., S. 69; Herv. i. Orig.), werde der Raum für Veränderungen geöffnet. Die reflektierte, auf ethische Ideale ausgerichtete Strukturierung von erzieherischen Prozessen arbeite daher „an kultureller und biographischer Erinnerung [...]; sie muß in dieser Erinnerung die begründbaren (zukunftsfähigen) Prinzipien aufsuchen" (ebd., S. 10). Das diene zum einen der praktischen Reduktion von Komplexität; so werde den Kindern das Einüben in die bestehenden Strukturen erleichtert. Zum anderen könnte man schlussfolgern, dass darin das transformative Potential von Erziehung begründet liegt: „Wir können nicht mehr unsere Lebensform und -verhältnisse den Kindern gegenüber direkt zur Darstellung bringen, sondern sind auf eine Repräsentation der Präsentation angewiesen: die Welt noch einmal, aber besser, wenigstens für Kinder!" (ebd., S. 76) Damit sagt er, dass die nachkommende Generation mit dem in Berührung gebracht werden könne, was Erwachsene bewusst repräsentierten. Dieser Umstand verweise auf die Möglichkeit, die Muster des Bestehenden selektiv weiterzugeben. Gleichwohl komme keine Generation umhin, sich mit den an sie vererbten Sozialstrukturen jeweils aufs Neue vertraut zu machen. Dabei hält Mollenhauer es für ebenso nötig, wie möglich, die vorgefundene Praxis hinsichtlich ihrer Tauglichkeit zu reflektieren – bspw. indem pädagogische Fachkräfte speziell jene Aspekte weitergeben, die sie für ‚überlieferungswürdig' (ebd., S. 19) halten. Mollenhauer begegnet also dem „Repräsentationsproblem" (ebd., S. 69) mit einer ebenso bewussten wie reflektierten Auswahl von Lebensformen und Aspekten der gesellschaftlichen Realität, die von der älteren Generation und dem jeweiligen Lebensmilieu an die jüngere Generation weitergegeben werden (Winkler 2002, S. 71). Mittels Fragen nach der „Überlieferungswürdigkeit und Zukunftsfähigkeit [von] kulturellen Beständen" (Mollenhauer 1991, S. 19) könnten daher die pädagogischen „Problemstellungen wieder stärker in [den] Kulturzusammenhang" (ebd.) eingefädelt werden.

Die sich daraus ergebende Kritik an einer Erziehungspraxis, welche „die Chancen zur Aneignung und produktiven Veränderung der kulturellen Gehalte durch illegitime Macht einschränkt oder gar verhindert" (Brumlik 2006, S. 67), so Brumlik, diene wiederum der Konkretisierung möglicher Grundsätze für eine pädagogische Praxis – „weder deren [der kulturellen Gehalte; Anm. TL] Preisgabe noch ihre Aufrechterhaltung scheint ihm möglich" (Dietrich / Müller 1999, S. 14). Erforderlich dafür sei die Reflexion der eigenen Lebensform, die „durch Ökonomie und Technologie an kultureller Substanz" (Mollenhauer 1991, S. 19) verloren habe. Diese Reflexionsprozesse bewegen sich entsprechend der von Mollenhauer gesammelten autobiographischen Texte und Selbstportraits im Spannungsfeld zwischen dem Bestehenden und den individuellen Möglichkeiten. Diese führen implizit in „die geheime Syntax des Erziehungssystems, seine Vermitteltheit von Beziehung und Inhalt" (Brumlik 1999, S. 156) ein.

Mollenhauer zufolge kommen Veränderungspotentiale von Kultur und Gesellschaft „nur in verschlüsselter Form" (Mollenhauer 1991, S. 89) zur Darstellung; bspw. in den autobiographischen Textfragmenten von Schriftsteller:innen, die er als möglichen Zugang zu einer „Quelle unserer Wünsche, Hoffnungen, Phantasien, Utopien" (ebd.) wertet. Schriftsteller:innen gäben nämlich indirekte Einblicke in das „Nichtbewußte" (ebd.) menschlicher Selbst-, Welt- und Mitverhältnisse, die sowohl Aspekte der kulturellen Ordnung enthalten, welche überlieferungswürdig erschienen, als auch solche, die – im Falle der von ihm untersuchten autobiographischen Fragmente – verurteilt und abgelehnt würden. Nach Mollenhauer zu urteilen vermitteln diese literarischen Formen ästhetischer Äußerungen „mehr und anderes" (Dietrich / Müller 1999, S. 14) als mit wissenschaftlicher Sprache ausgedrückt werden könnte. Gemäß dieser kulturwissenschaftlichen Erweiterung seiner Perspektive erschöpft sich Erziehung nicht darin, Kinder „über [die] Grenze, aus dem Unsagbaren der nur kontingenten

Subjektivität in den Bereich von Sprache, Kultur und Konventionen herüberzuziehen“ (Mollenhauer 1991, S. 89). Vielmehr braucht es für sinnvollere Entwürfe zukünftigen Zusammenlebens gerade die Reflexion von herrschaftsstabilisierenden Momenten in Sprache, Kultur und Konventionen, um die bestehenden Verhältnisse um subjektive und kollektive Träume und Utopien erweitern zu können. Genau darin sieht Mollenhauer den „bescheidene[n] Beitrag der Pädagogik“ (ebd., S. 19) zur gesamtgesellschaftlichen Transformation in Richtung einer menschlicheren Praxis. Insofern sich Menschen jedoch einer umfassenden Rationalisierung entziehen, sind auch ihre Wünsche und Träume nicht unmittelbar zugänglich. Selbst den Einzelnen bleiben sie teilweise entzogen, weshalb auch eine Integration von herausfordernden, irritierenden und auch angenehmen Aspekten des Menschseins eine lebenslange Aufgabe darstellt. In dialogischen Beziehungen, die in Mollenhauers Erziehungskonzeption einen wichtigen Platz einnehmen, können jedoch „Spuren“ (ebd., S. 160) dieser Wünsche und Träume *erfahrbar* werden. Diese *Spuren* manifestieren sich laut Mollenhauer u. a. in den ästhetischen Selbstbildnissen von Maler:innen, die in ihren Werken „das Rätsel des Selbstverhältnisses zwar nicht lösen, aber doch nuancenreich immer wieder neu formulieren“ (ebd.). Dementsprechend gäbe es „Identität […] *nur als Fiktion*, nicht aber als empirisch zu sichernden Sachverhalt. Diese Fiktion aber ist eine notwendige Bedingung des Bildungsprozesses, denn nur durch sie bleibt er in Gang“ (ebd., S. 158; Herv. i. Orig.). Mollenhauer verortet die (Selbst-)Bilder daher *jenseits* der Grenze zwischen Subjektivität und Intersubjektivität und versteht sie als Ausdruck der Unabschließbarkeit menschlicher Identität (ebd., S. 89).

> „Dieses sich selbst anschauende ‚Ich‘ [von Maler:innen; Anm. TL] ist reiner Blickpunkt, der nicht nur das konventionelle vom sich entgegensetzenden Ich sondert, sondern auch das gegenwärtige vom künftig möglichen, das Sein vom Wollen; im Vorgang der ästhetischen Produktion wird indessen das derart Getrennte in der Einheit des Objekts integriert und damit das Identitätsproblem zur ästhetischen Anschauung gebracht.“ (ebd., S. 167)

Was bleibe, so Brumlik, sei das „Unbehagen“ (Brumlik 1999, S. 157) mit der Identität, weil diese „nur als Fiktion [gegeben ist,] da das Verhältnis von Menschen zu ihrem Selbstbild auf die Zukunft hin offen und ihr Selbstbild allemal ein riskanter Entwurf ist“ (ebd.; vgl. Mollenhauer 1991, S. 158). Mit dieser Erkenntnis, wonach Identität nicht restlos auf den Begriff gebracht werden könne, ist zugleich eine wichtige theoretische Voraussetzung für die im vierten Kapitel zu formulierende relationale Anthropologie formuliert.

***

In diesem Kapitel ging es darum, die relational-anthropologische Fragestellung nach einer reziproken Qualität in pädagogischen Beziehungen in der Perspektive einer kritischen Kulturwissenschaft disziplinär zu verankern. Relevant für die im dritten Kapitel folgende Rahmung des Zwischen sind vor allem die ‚schweigenden Wissensbestände' (Kraus et al. 2017b), welche die rezipierte kulturwissenschaftliche Ausrichtung der Pädagogik u. a. seit der Erinnerung an die „Vergessenen Zusammenhängen" zu ihrem Gegenstand erhebt. Ein Aspekt dieser Wissensbestände ist die theoretische Annäherung an Erziehung als Beziehungsgeschehen (vgl. bspw. Liegle 2017). Für die in-Beziehung-stehenden Menschen ist Erziehung zwar als Beziehungsgeschehen erfahrbar, da die Qualität von Beziehungen jedoch weit über die sprachliche Bestimmbarkeit hinausgeht, sind diese Beziehungserfahrungen nur beschränkt erfass- und darstellbar. Im Rahmen von Versuchen der Annäherung an schweigendes Wissen (Kraus et al. 2017b) hat sich die Disziplin der Pädagogik gewissermaßen prädestiniert, „Vorlagen zu einer Beleuchtung des ansonsten eher Ausgeblendeten" (ebd., S. 23–24) bereitzustellen, wie es im „Handbuch Schweigendes Wissen" (ebd.) heißt.

2.2.2 Pädagogisch-anthropologische Perspektivierungen

In diesem Abschnitt wird eine anthropologische Betrachtungsweise von ‚schweigenden Wissensbeständen' (Krause et al. 2017) – konkret eine reziproke Beziehungsweise – weiterverfolgt bzw. -entwickelt. Vorweg sei gesagt, dass die in diesem Abschnitt skizzierte pädagogisch-anthropologische Betrachtungsweise in einem konzeptionellen sowie methodischen Zusammenhang mit der im vorangegangenen Abschnitt skizzierten Pädagogik als kritischer Kulturwissenschaft (Wulf 2002, S. 24) steht. Eine Verknüpfung von kulturwissenschaftlichen und anthropologischen Einsätzen ist also bereits in der Theoriegeschichte angelegt.

***

Allgemein ist Anthropologie die „wissenschaftliche Lehre und das Wissen vom Menschen" (Zirfas 1998, S. 57). Sie fragt im Sinne einer wissenschaftlichen Disziplin sowie Perspektive danach, wie man die – im Mittelpunkt von pädagogischen Bemühungen stehenden – Menschen fassen und beschreiben kann. Insofern ‚die' Anthropologie ihren Gegenstand u. a. in der Vernunftbegabung ‚des' Menschen hat und diese zugleich praktisch vorführt, verdeutlicht sie Vernunft im doppelten Sinne. Anthropologisches Wissen, so könnte man auch sagen, entsteht, indem Menschen – anthropologisch Forschende – ihre Vernunft indirekt auf sich selbst anwenden. Aus Perspektive einer Pädagogischen Anthropologie geht es nun speziell – wenngleich sehr allgemein ausgedrückt – darum, „den Menschen von der Erziehung und die Erziehung vom Menschenbild her zu verstehen" (ebd., S. 56).

Die in diesem Verständnis von Pädagogischer Anthropologie systematisch verfolgten Ansprüche kreisen daher um die zentrale „Frage nach dem Wesen[50] des Menschen“ (ebd., S. 57); welche in pädagogischen Theorien mehr oder weniger explizit beantwortet wird. Da pädagogische Zielvorstellungen (*Teleologie*) und ihre methodische Verwirklichung (*Methodologie*) davon ausgehend entfaltet und legitimiert werden (können), sollen solche Bilder von Menschen im Folgenden als Grundlage von pädagogischen Theorien beleuchtet werden: Genutzt wird die anthropologische Auffassung von Menschen häufig um Wesensbestimmungen zu festigen, die jedoch der Komplexität von menschlichen Lebensweisen nicht gerecht werden. In Abgrenzung zu derartigen Essentialisierungen,[51] die besonders für ideologische Verkürzungen anfällig sind, wird in dieser Studie ein relationales Bild von Menschen skizziert. Im Folgenden soll diese relationale Anthropologie in der pädagogischen Teildisziplin der Pädagogischen Anthropologie verortet werden.

Seit der wissenschaftlichen Systematisierung der Pädagogik am Beginn des 19. Jahrhunderts sind anthropologische Fragestellungen konstitutiver Bestandteil von erziehungswissenschaftlicher Disziplingeschichte. Demnach liegt auch dem Zugang zur Pädagogik als praktische Wissenschaft nach Schleiermacher ein ganz spezifisches Menschenbild zugrunde. Schleiermacher expliziert dieses Menschenbild in seiner Vorlesung von 1826 als „das große Feld der menschlichen Verschiedenheiten“ (Schleiermacher 2017, S. 552), die er als „[n]atürliche Anlagen des Menschen“ (ebd., S. 553) bezeichnet. Nachfolgend soll mit Schleiermacher davon ausgegangen werden, dass es sich bei diesen anthropologischen Voraussetzungen um „[s]treitige Gegenstände“ handelt,

> „weil die ersten Zustände des Menschen der Beobachtung entgehen. Ob in dem 1. Lebensanfange alle Menschen in Beziehung auf ihre Entwicklung gleich sind, so daß aus allen alles gemacht werden kann, oder ob jeder Mensch eine natürliche Anlage mitbringe, das wäre die Frage, und diese rein auf dem Gebieth der Anthropologie zu entscheiden ist noch nicht gelungen“ (ebd.).

Auf ebendiese Unentschiedenheit beruft sich Pädagogische Anthropologie bis in die Gegenwart. Weshalb Schleiermachers Ausführungen auch gegenwärtig zur Verständigung über die systematischen Grundlagen herangezogen werden kön-

50 Unter „Wesen“ werden in traditionell-anthropologischen Zugängen Konzepte wie „Eigenheit“, „Natur“, „Substanz“, „Sinn“, „Kern“ bzw. das „Wirkliche“ subsumiert (Zirfas 2021, S. 169), von denen sich folgende Überlegungen wegbewegen, indem sie als Versuch zu lesen sind, Menschen relational zu denken (Lechner 2022).

51 „‘Der Mensch‘ – das ist […] ein von den bestimmten historischen Menschen und ihren Beziehungen abgezogenes Abstraktum, das dann, dem traditionellen philosophischen Ideal der unveränderlichen Wahrheit zuliebe, verselbständigt, oder, wie man das nannte, als Philosophie noch zu kritisieren wagte, hypostasiert wird. Dieser Begriff des Menschen ist keineswegs heilig und unveräußerlich.“ (Adorno 1953/1971, S. 77)

nen: „Wir können dabey nur an das was wirklich gegeben ist anknüpfen auf eine so theoretische Weise, wenn wir eine Theorie bilden wollen, da ist uns die Unentschiedenheit der anthropologischen Voraussetzung gegeben. Die Pädagogik muß sich auf diese Unentschiedenheit beziehen." (ebd., S. 554–555) Schleiermacher fordert damit zur Problematisierung des Bestehenden auf, wofür die anthropologische Frage nach ‚dem Menschen' den unumgänglichen Ausgangspunkt bilde. Entsprechend seines *Fachwerks* müsse die Verbindung der beobachtbaren Empirie mit einer *Idee des Guten* von jeder Generation aufs Neue reflektiert werden (siehe Kap. 2.1). Nur so könne eine theoretische ‚Orientierungsfolie' für pädagogisches Denken und Handeln gewonnen werden, die den Menschen nicht auf Wesensbestimmungen reduziere.

Obgleich Schleiermachers *Fachwerk* auf dieser Unbestimmbarkeit der anthropologischen Voraussetzungen aufbaut, wurde erst in der zweiten Hälfte des 20. Jahrhunderts wieder an das theoretische Niveau seiner Problematisierungen angeknüpft. Damit wurde das, was Schleiermacher als Unbestimmbarkeit bezeichnete und mit dem Vertrauen in eine transzendente (notwendigerweise illusorische) Einheit abfederte, zu einem allgemeinpädagogischen Grundproblem (vgl. die anthropologische Rede vom *homo absconditus*; bspw. Zirfas 2022). Nichtsdestotrotz blieb die anthropologische Frage nach einem ‚Wesen des Menschen' weiterhin virulent. Da diese mithilfe empirischer Forschungsmethoden nicht geklärt werden konnte, begannen pädagogische Anthropolog:innen, die Bedingungen pädagogischer Praxis systematisch zu ergründen und historisch zu kontextualisieren. Was im weiteren Sinne auch die erwähnte Ausdifferenzierung (siehe Kap. 2.2) der Disziplin und damit eine Neuausrichtung der Pädagogischen Anthropologie zur Folge hatte. Nach einer Hochphase von pädagogischen Wesensanthropologien in der unmittelbaren Nachkriegszeit zeichnet sich ab den 1970er Jahren eine allmähliche Abkehr von essentialisierenden Menschenbildern ab. Wobei die Pädagogische Anthropologie das Reflexionsniveau Schleiermachers einzuholen schien. Reflektiert wurden die normativen Setzungen in Erziehungskonzepten, die mit der Kritischen Erziehungswissenschaft und der Erinnerung an die *vergessenen Zusammenhänge* zunehmend in den Fokus gerückt waren. Im Zuge der kulturwissenschaftlichen Wende wuchs zudem die Kritik an ahistorischen Wesensbeschreibungen des Menschlichen (Zirfas 1998, S. 59). Sowohl die extern an die Pädagogische Anthropologie herangetragene „Anthropologiekritik" (ebd., S. 61; Weiß 2018, S. 204), bspw. durch Vertreter:innen der Kritischen Erziehungswissenschaft, als auch die kritische Selbstreflexion durch pädagogische Anthropolog:innen wie Dietmar Kamper, Gunter Gebauer und Christoph Wulf veränderten das Selbstverständnis der Pädagogischen Anthropologie grundlegend (Zirfas 1998, S. 59). Seit dieser Phase habe anthropologische Forschung es sich zur Aufgabe gemacht, die geschichtliche Genese ihrer Fragestellungen – nach der Erziehungsbedürftigkeit bzw. -fähigkeit ‚des Menschen' (Wulf/Zirfas 2014c, S. 9) – wie auch ihre eigene Position innerhalb der Disziplin zu reflektieren und in die Forschungsarbeit zu integrieren. Anstatt ein ‚Wesen des Menschen' zu ergründen, richten sich die Bemühungen seither darauf, die Ausprägungen, Varianten und Erscheinungen von Menschen in ihren spezifischen historischen Kontexten zu beschreiben. Die in vielen pädagogischen Theorien (weiterhin) implizit tradierten Wesensanthropologien werden – der Idee nach – bezüglich ihrer historisch-kulturellen Bedingtheit befragt. Durch diese gesellschaftlich-kulturelle Einbettung von anthropologischer Forschung hat die Neuausrichtung dieser Pädagogischen Anthropologie eine vielfältige Rezeption in der deutschsprachigen Erziehungswissenschaft erfahren. Darüber hinaus ist ein Bewusstsein dafür entstanden, dass ‚der Mensch' eigentlich gar nicht absolut bestimmbar ist und es auch niemals war (Zirfas 2021, S. 177).

In Folge der Abkehr von traditionellen anthropologischen Fragestellungen während der ‚anthropologiekritischen' Phase in den 1970er und 80er Jahren geht es nicht mehr um die Erforschung ‚des Menschen' im Sinne eines ‚Wesens', sondern um die Betonung der „Variabilität lebbarer menschlicher Lebensformen, Generationsbeziehungen und Geschlechtsidentitäten" (Weiß 2018, S. 206). Die Frage nach dem ‚Wesen des Menschen' wurde vom neu formulierten Anspruch abgelöst, fortan vor allem die ideologischen, ahistorischen, normativen, ethnozentrischen und homogenisierenden Tendenzen von Menschenbildern zu untersuchen (Wulf/Zirfas 2014c, S. 10). Beziehungsweise richtet sich das Interesse nun verstärkt auf Bedingungen, die es erlauben, derartige Fragen überhaupt zu stellen. Das deutet darauf hin, dass sich die Art und Weise, wie Menschen über sich selbst nachdenken und sich ein Bild von sich machen, geschichtlich wandelt. Daran anknüpfend lässt sich feststellen, dass metaphysische bzw. religiöse Legitimierungsstrategien menschlicher Praxis (spätestens) im 20. Jahrhundert insgesamt ihre (Breiten-)Wirksamkeit verloren haben. Nachgerade das Wegfallen dieser traditionellen Orientierungspunkte macht die Entwicklung anderer theoretischer Konzepte für die pädagogische Praxis erforderlich. Denn was nun an die Stelle der ‚Wesensverwirklichung' tritt, ist eine Gratwanderung zwischen der anthropologischen Unbestimmbarkeit ‚des Menschen' und den Spielräumen, welche die Möglichkeiten zur Selbstbestimmung und damit gleichzeitig zu einer Transformation der Verhältnisse eröffnen. Was den Balanceakt zwischen „zuwenig" (Zirfas 1998, S. 76) und „zuviel" (ebd.) Anthropologie angeht, so wird dieser in der vorliegenden Studie als Fortführung der wechselseitigen Vermittlung von Gesellschaftstheorie und Subjekttheorie bei Schleiermacher angelegt. Entsprechend wird mit Wulf und Zirfas bspw. die Frage nach der Eingebundenheit von anthropologischen Menschenbildern in die historisch-kulturellen Zusammenhänge aufgeworfen. Mit ihrem Verständnis von Pädagogischer Anthropologie etablieren Wulf und Zirfas eine „plurale, historisch-reflexive Betrachtungsweise" (ebd., S. 73), mit der sie gewissermaßen an der geisteswissenschaftlichen Systematik Schleiermachers weiterschreiben. Demnach versuche anthropologische Forschung dem Anspruch gerecht zu werden, „nicht nur um ihre eigenen historischen Grenzen, sondern auch um die Geschichtlichkeit ihrer Gegenstände" (Zirfas 2004, S. 23) zu wissen. Mit der Geschichtlichkeit des Gegenstandes und der Geschichtlichkeit der eigenen Perspektive tritt eine „doppelte Historizität"[52] (Wulf 2002, S. 17) in den Aufmerksamkeitshorizont der Pädagogischen Anthropologie. Die Selbstbezeichnung „Historisch-Pädagogische Anthropologie" (Wulf 2015, S. 14) widerspiegelt die Notwendigkeit der historischen Kontextualisierung von Menschenbildern.

Im Rahmen dieser neueren anthropologischen Forschungsweise werden Zusammenhänge freigelegt, die Einblicke in das Wechselverhältnis von pädagogischen Menschenbildern und den historisch-kulturellen Lebenslagen (Wulf/ Zirfas 2014c, S. 12–13) eröffnen und damit an die Begründungsversuche der Pädagogik heranreichen – welche mit Worten wie Historizität, Pluralität, Kritik und Selbstreflexivität charakterisiert werden. Historisch-Pädagogische Anthropologie fragt u. a. aus welcher Perspektive, mit welchem Wissen und in welchem Kontext ein spezifisches Menschenbild entstanden und anerkannt worden ist (ebd., S. 10). Dabei stehen historisch-anthropologisch forschende Erziehungswissenschaftler:innen gemäß ihren theoretischen Grundlagen in der Verantwortung, ihre eigenen gesellschaftlichen Positionen selbstkritisch zu reflektieren. Denn als Menschen, die ‚den' Menschen zum Gegenstand der Forschung nehmen, sehen sich die Forschenden immer wieder mit ihrem jeweiligen (Vor-)Verständnis und ihrer historisch-kulturellen Position konfrontiert (ebd., S. 11; siehe auch Kap. 1.4). Seit den 1990er Jahren hat dieses Selbstverständnis zunehmende Verbreitung innerhalb der Pädagogischen Anthropologie gefunden. Gemäß der in der vorliegenden Studie vertretenen Auffassung ist diese historisch-anthropologische Betrachtungsweise der (Erziehungs-)Wirklichkeit an das grundlegende dialektische Theorie-Praxis-Problem (siehe Kap. 2.1.1) gebunden, das in jeder historischen Situation aufs Neue problematisiert werden muss.

> „Was der Mensch ist, werden kann oder sein soll, ist historisch und kulturell variabel und insofern nie absolut zu bestimmen. Was ihn ausmacht, findet man nicht hinter, sondern in spezifischen historischen, kulturellen, biographischen Ausprägungen; das Besondere des Menschen besteht in seiner Vielfalt und Potentialität." (ebd., S. 12)

In dieser immer noch aktuellen Ausgestaltung der Historisch-Pädagogischen Anthropologie besteht jedoch die Gefahr, dass sie analog zu den Wesensanthropologien in eine absolute Bestimmung der Unbestimmbarkeit von Menschen kippt.

---

52 Mit Armin Bernhard kann hier kritisch angemerkt werden, dass für diese ‚historische' Perspektive zwar behauptet werde, die Geschichtlichkeit des Menschen als auch die eigene Forschungsperspektive geschichtlich einzuordnen, da der anthropologischen Analyse jedoch auch nach ihrer historischen Wende kein Begriff von Gesellschaft zugrunde gelegt worden sei, könne dieser Anspruch allerdings nicht eingelöst werden (Bernhard 2017, S. 162).

Dies vor allem dann, wenn die Betrachtungsweise, die sie fordert, so umfassend ist, dass man ihr nicht gerecht werden kann. Mit anderen Worten scheitert der selbst auferlegte historisierende, auf Pluralität abzielende, die Verhältnisse kritisierende und radikale Selbstreflexion implizierende Forschungsanspruch potentiell an seiner Uneinlösbarkeit. Edgar Weiß, ein Kritiker dieser Historisch-Pädagogischen Anthropologie, verweist in diesem Zusammenhang auf den „performativen Selbstwiderspruch" (Weiß 2018, S. 207) der ‚anthropologiekritischen' Betrachtungsweise: Auf forschungspraktischer Ebene bestehe die Herausforderung für die Forschenden darin, sich immer wieder selbst in Frage zu stellen, weil sie gleich ihrem Forschungsgegenstand ‚Mensch' innerhalb der historisch-kulturellen Zusammenhänge situiert seien. Aus Forscher:innenperspektive bleibe zwar nichts anderes übrig, als ‚vom Menschen' im Singular zu sprechen und zu schreiben. Diese Rede von ‚dem Menschen' suggeriere aber unweigerlich ein einheitliches Menschenbild, das in der anthropologischen Forschung gleichsam abgelehnt werde, so Weiß. Um dieser Problematik angemessen begegnen zu können, ist neben der Distanz zu Wesensanthropologien auch eine Distanz zur „Verabsolutierung der menschlichen Uneinheitlichkeit" (Weiß 2004, S. 207) zu wahren. Neuere anthropologische Studien lassen jedoch nach Weiß eine Tendenz zur „Verabsolutierung menschlicher Offenheit bzw. die völlige Historisierung aller menschlichen Erscheinungsformen" (Weiß 2018, S. 206) erkennen. Er gelangt daher zu dem Schluss, dass neben der Kritik an Wesensanthropologien eine positiv-anthropologische Charakterisierung notwendig bleibe. Erst die Voraussetzung einer „gattungsspezifische[n] Universalie" (Weiß 2004, S. 209) mache die Unbestimmtheit von Menschen in pädagogischen Theorien als eine *relative* Unbestimmbarkeit reflektierbar (ebd., S. 208) – was durch die unvermeidliche Verwendung des Begriffs ‚Mensch' in theoretischen Überlegungen ohnehin geschehe.

Aus Weiß' Kritik lässt sich folgern: Obwohl ‚der Mensch' „*unfertig und unbestimmt* [...] zur Welt kommt, d. h.: für keine bestimmte Welt bestimmt zu sein scheint" (Anders 1984, S. XXXII), setzt „der Allgemeinbegriff [...] eine Wesensgleichheit jenseits aller Besonderungen, denen im Sinne der von Adorno eingeklagten Sensibilität für das Nichtidentische freilich adäquat Rechnung zu tragen ist, voraus" (Weiß 2004, S. 209). Mit diesem „Nichtidentischen" (Adorno 2018, S. 152) wird im Kontext von anthropologischen Fragestellungen auch das Unsagbare ‚des Menschen' bezeichnet, das keine Substanz umfasst, sondern „für eine ganze Reihe grundlegender Probleme [steht], die Adornos Philosophie und Soziologie aufgreift, aber auch aufwirft" (Ritsert 2019, S. 287). An diesen Begriff für das Unbegreifliche schließt eine These Adornos aus seiner „Negativen Dialektik" (1966/2018) an, wonach das *Nichtidentische* für das ‚Unsagbare' steht,

‚das den Tatsachen der Welt anhaftet'.[53] Diese negative Bestimmung – wonach nur bestimmt werden könne, was ‚der Mensch' *nicht* ist – findet sich in ähnlicher Weise bei Schleiermacher. In beiden Konzeptionen ist diese Negativbestimmung – und das ist für die hier eingenommene Perspektivierung zentral – normativ fundiert. Wenn Adornos negativ-dialektischer Einsatz von Kritik im Folgenden zur Konkretisierung dieser normativen Fundierung herangezogen wird, dann nicht etwa, weil Adorno im Rahmen seiner Theorie ein konkretes Bild der utopischen Gesellschaft „auspinseln" (Ritsert 2019, S. 290) würde, sondern weil er „Auskünfte über die normativen Grundlagen seiner Gesellschaftskritik" (ebd., S. 291) gibt. Diese Konkretisierung ist nach Jürgen Ritsert „klar genug, um daran – kritisch – anknüpfen zu können" (ebd., S. 290) und über mögliche Bilder ins Gespräch einzutreten. Im Sinne Adornos verweist Negation, also die Kritik all dessen, was kritisiert werden kann, auf ein mögliches *höchstes Gut* (Schleiermacher), weshalb man auch keine Kritik üben könne, „ohne irgendeine wie auch immer erläuterungsbedürftige Vorstellung vom richtigen" (ebd., S. 291) zu haben. Dementsprechend hänge „[g]anzheitliches Glück – das Gelingen des Lebens im Ganzen oder des Lebens selbst – [für Adorno] nicht beiläufig, sondern wesentlich vom richtigen Umgang mit Negativität ab: Leben gelingt nicht als Glück schlechthin, sondern unter der Bedingung einer angemessenen Haltung gegenüber Leiden, Scheitern und Sterblichkeit" (Wesche 2019, S. 383) – wie auch immer eine solche ‚Angemessenheit' aussehen könnte.

Insofern „die vollendete Negativität, einmal ganz ins Auge gefasst, zur Spiegelschrift ihres Gegenteils zusammenschießt" (Adorno 1951, S. 334; vgl. Adamczak 2014a, S. 95), strebt Adorno mit seiner umfassenden Kritik nach einer Veränderung der ökonomischen, gesellschaftlichen und kulturellen Verhältnisse. Ulrich Sonnemann hat diesen dialektischen Weg der Kritik der Verhältnisse aufgegriffen und in seiner „Negativen Anthropologie" (1969) anthropologisch perspektiviert. Durch das Aufdecken von Mechanismen der Selbstdisziplinierung verdeutlicht Sonnemann im Anschluss an Marx und Freud, „dass alle positiven Anthropologien als Produkt gesellschaftlicher Verhältnisse und Prozesse zu verstehen sind" (Zirfas 2021, S. 186). Vor diesem Hintergrund ist auch der Versuch der relationalen Bestimmung von Menschen als ein unabschließbares Projekt anzusehen, das auf eine Negation des Bestehenden angewiesen bleibt (wenngleich diese nicht im Zentrum dieser Studie steht).

> „Wir mögen nicht wissen, was der Mensch und was die rechte Gestaltung der menschlichen Dinge sei, aber was er nicht sein soll und welche Gestaltung der menschlichen Dinge falsch ist, das wissen wir, und einzig in diesem bestimmten

53 Formulierung nach einem Zitat von Ingeborg Bachmann: „Denn die Tatsachen, die die Welt ausmachen – sie brauchen das Nichttatsächliche, um von ihm aus erkannt zu werden." (Bachmann 1978, S. 346). In Anlehnung an Theodor W. Adorno wird dieses *Nichttatsächliche* als Synonym für „Nichtidentität" (Adorno 2018, S. 150) gelesen.

> und konkreten Wissen ist uns das Andere, Positive, offen“ (Adorno 1971, S. 86; vgl. Zirfas 2021, S. 178).

Daraus lässt sich folgern, dass, solange die Beschreibung menschlicher Bedingtheit in pädagogisch-anthropologischen Forschungsprojekten nicht oder nur oberflächlich an gesellschaftstheoretische Elemente rückgebunden wird, eine „Veränderung der Welt durch Kritik“ (Wesche 2019, S. 384) notwendigerweise aussichtslos bleibt.

Dass die Menschen von den jeweiligen Verhältnissen geprägt werden, innerhalb derer sie aufwachsen – die Beziehungen zu anderen Menschen inbegriffen –, stellt infolge dessen vor theoretische bzw. forschungspraktische Herausforderungen, die in der Historisch-Pädagogischen Anthropologie tendenziell vernachlässigt werden. In Einführungen und Grundlagentexten zur Pädagogischen Anthropologie liest man in leichten Variationen immer wieder, „dass die einzige Bestimmtheit des Menschen seine Unbestimmtheit“ (Wulf/Zirfas 2014c, S. 13) sei. Wird die reflexive Vermittlung der anthropologischen (Un-)Bestimmbarkeit mit den gesellschaftlichen Zurichtungen der Menschen jedoch vernachlässigt, wird die menschliche „Unwesentlichkeit“ (Zirfas 2021, S. 172) tendenziell absolut gesetzt. In Abgrenzung dazu soll daher nun auf eine Einführung in die Pädagogische Anthropologie von Jörg Zirfas (2021) verwiesen werden, in welcher er den Fokus von der anthropologischen Unbestimmtheit auf die Spielräume für Selbstbestimmung unter den faktischen Bedingungen pädagogischer Praxis verschiebt. Zirfas rekurriert dbzgl. auf den Philosophen Georg W. Bertram, der in seinem Essay „Was ist der Mensch?“ (2020) der Frage nachgeht „Warum wir nach uns fragen“. In seinen Überlegungen stellt Bertram heraus, „dass Menschen immer vor der Aufgabe stehen, Freiheit zu realisieren“ (ebd., S. 76). Diese Freiheit ist nämlich innerhalb der gegebenen Verhältnisse noch nicht realisiert, so Bertram, sondern als eine nicht enden wollende Aufgabe zu verstehen. Zurückzuführen sei diese Unabschließbarkeit auf die menschliche Unbestimmtheit. Wobei Unbestimmtheit „nicht einfach eine Abwesenheit von Bestimmungen [sei], sondern [...] Spielräume innerhalb von Bestimmungen “ (ebd., S. 34) eröffne.

Zirfas betrachtet diese menschliche Unbestimmtheit in Anlehnung an Bertram nun in Relation zu ihrer potentiellen Bestimmbarkeit (Zirfas 2021, S. 176). Und zwar indem er den Verweis auf die Spielräume zur Selbstbestimmung als Ankerpunkt für ein relationales Verständnis von Menschen heranzieht: Demnach setzten Menschen sich miteinander, mit sich selbst und mit der Welt auseinander. Erst im Zuge dieser Auseinandersetzungen entfalteten sie ihre personale Identität, die nie auf den Begriff gebracht werden könne, da sie sich fortlaufend wandle (Bertram 2020, S. 51). Die dieser Konzeption dialektisch eingeschriebene Dimension der Unbestimmtheit verweist auf die Bedingungen, innerhalb derer sich die Identität von Menschen relational (d. h. in Beziehungen) herausbildet (ebd., S. 34–35). Ein solches Verständnis von einer nicht objektiv festlegbaren Selbstbestimmung werde vom Subjekt „durch die Öffnung auf die Welt und auf andere hin genauso wie durch die Öffnung auf die Zukunft hin realisiert“ (ebd., S. 69). Folgt man der Lesart von Zirfas, dann kann eine an diese Spielräume anknüpfende relationale Anthropologie bewegliche Bilder zur Verfügung stellen, die verschiedene Dimensionen des Menschseins berücksichtigen ohne ‚den Menschen‘ gänzlich erfassen zu wollen. Zirfas spricht auch vom *„homo absconditus“* (Zirfas 2021, S. 173) – dem versteckten Menschen –[54] und beschreibt seine pädagogisch-anthropologische Betrachtungsweise dementsprechend als eine *negative* (und damit weniger ideologieanfällige) Anthropologie; welche er ebenjenen anthropologischen Ansätzen gegenüberstellt, die ein ‚Wesen des Menschen‘ zu bestimmen meinten, indem sie ‚den Menschen‘ unter einem zentralen Aspekt betrachteten (ebd., S. 169–172).

Im Kontrast zu diesen Wesensanthropologien sieht Zirfas die Gemeinsamkeit von neueren Ansätzen innerhalb der Pädagogischen Anthropologie in einem „Zwischen“ (ebd., S. 178), womit gemeint ist, dass diese den Menschen weder ontologisch festlegen, noch davon ausgehen, dass Menschen wie leere Hüllen nach Belieben gefüllt werden könnten. Vielmehr changieren negativ-anthropologische Reflexionen *zwischen* der anthropologischen Unbestimmbarkeit und den konkreten Bedingungen, in denen die Menschen ihr Menschsein aktualisieren. Demnach dürfen anthropologische Reflexionen nicht zu konkret sein; dabei würden Menschen(-Gruppen) ausgeschlossen werden, die den Bestimmungen nicht entsprechen. Sie dürfen aber auch nicht gänzlich unbestimmt bleiben, denn gerade indem sie „Offenheit und Plastizität“ suggerieren, kann eine absolute Unbestimmtheit regressive Tendenzen auch fortführen und damit potentielle „Grausamkeiten aller Art“ (ebd.) einschließen. Die Vorstellung von absoluter Offenheit wurde daher mit Weiß im Anschluss an Adorno problematisiert, womit deutlich gemacht werden konnte, dass eine „historische Anthropologie der Offenheit keine Möglichkeiten enthalte, die an den Menschen begangenen ‚Verstümmelungen‘ und ‚Entmenschlichungen‘ kritisierbar zu machen“ (ebd., S. 177).

Folglich stellt die Kritik an den Verhältnissen, in denen die pädagogische Praxis eingebunden ist, eine notwendige Ergänzung zur (viel gepriesenen) selbstkritischen und -reflexiven Forschungshaltung der Historisch-Pädagogischen Anthropologie dar. Erst durch die Einbeziehung dieser gesellschaftstheoretischen Dimension kann die „Selbstveränderung des Menschen nach Maßgabe seiner Idee von sich selber“ (Sonnemann 1969, S. 159) vonstattengehen. Gespeist werde

54 Die Rede vom *homo absconditus* verweist wiederum auf das anthropologische Handbuch vom „Schweigenden Wissen“ (Kraus et al. 2017b). In diesem Forschungsfeld werden Themen wie Vulnerabilität bspw. durch kulturwissenschaftliche ‚Umwege‘ potentiell sichtbar gemacht. Auch der Gegenstand des Zwischen lässt sich in dieses Forschungsfeld einordnen: Die reziproke Beziehungsweise wird durch die Bestimmung ihrer Bedingungen sichtbar gemacht. Diese Bedingungen werden im dritten Kapitel im Anschluss an Hannah Arendts „Vita activa“ im Sinne einer relationalen Anthropologie der Person skizziert (siehe Kap. 3.4).

diese Idee aus einer, so Ritsert, umfassenden „Sensibilität für möglichst vieles von dem […], woran der Begriff [Mensch; Anm. TL] ‚nicht heranreicht'" (Ritsert 2019, S. 287). So gesehen verweist die Unbestimmtheit auf „emanzipatorische Anliegen" (Weiß 2001, S. 241), die „in einem paradoxen bildungstheoretischen Rahmen des bestimmt Unbestimmten [situiert sind], der potentiell, und nicht immer prognostizierbar, Entwicklungen ermöglichen soll, diese aber nicht garantieren kann" (Zirfas 2021, S. 180). Dieser Aufriss einer negativ verstandenen Historisch-Pädagogischen Anthropologie markiert den disziplintheoretischen Kontext für den Entwurf einer relationalen Anthropologie, wie sie im vierten Kapitel näher ausgeführt wird.

***

Soweit die Skizze des wissenschaftstheoretischen Rahmens, mit dem die im nächsten Kapitel unternommene Rahmung des Zwischen disziplinär verortet werden sollte. Mit der auf die wissenschaftstheoretische Hinführung zu einem dialektischen Verständnis der Pädagogik (Kap. 2) folgenden Rahmung des Zwischen (Kap. 3) – die Erfahrungsdimension von unmittelbaren Begegnungen, in denen Menschen berührt, irritiert, aber auch verletzt werden können – wird sowohl ein relationales Menschenbild als auch ein regulatives Ideal für pädagogisches Denken und Handeln vorgeschlagen. Die zwischenmenschliche Relationalität (Kap. 3) wird vor dem Hintergrund der epistemologischen Relationalität (Kap. 2) dialektisch entfaltet. Dazu wurde ein Verständnis der Pädagogik als praktische Disziplin entwickelt, das von einem dialektischen Verhältnis von Theorie und Praxis hergeleitet und in der geisteswissenschaftlichen Theorietradition der Pädagogik angesiedelt wurde. Durch die Annäherungen an das Zwischen und die Einbindung der Pädagogik in die gesellschaftlichen Verhältnisse kann eine relationale Zuspitzung der dialektischen Grundlagen vorgenommen werden. Dies ist eine wichtige Voraussetzung für die Figur des Zwischen (sowie deren Überführung in eine relationale Anthropologie).

3 Rahmung des Zwischen

> „Denn die Tatsachen, die die Welt ausmachen – sie brauchen das Nichttatsächliche,[55] um von ihm aus erkannt zu werden.“
> (Ingeborg Bachmann 1978, S. 346)

Auf die Verortung der vorliegenden Studie innerhalb der Pädagogik als praktischer Wissenschaft folgt nun die inhaltliche Annäherung an das titelgebende Zwischen. Aufbauend auf den im zweiten Kapitel dargestellten wissenschaftstheoretischen Zugang bleibt die Rahmung (analog zum praktischen Verständnis der Pädagogik) eine Annäherung an eine unerreichbare Figur. Diese Unerreichbarkeit stellt ein unüberwindbares Problem dar, in dem zugleich das emanzipatorische Moment der folgenden Ausführungen steckt: Im Sinne einer ethischen Zieldimension der Pädagogik wird das Zwischen als „temporäres künstliches Objekt“ (Adamczak 2014a, S. 97) für die pädagogische Praxis vorgeschlagen. Was dieser auf den solidaritätstheoretischen Überlegungen von Bini Adamczak (siehe Kap. 1: Einleitung) basierende Vorschlag genau meint, soll im Folgenden erläutert werden.

Vor dem Hintergrund einer geistes-, kulturwissenschaftlich und anthropologisch informierten praktischen Pädagogik wird das Zwischen als Regulativ betrachtet, das den Wunsch nach einem Ende von sozialen Deformationen wecken bzw. wachhalten kann (ebd., S. 96). Demnach versteht sich der hier vorgelegte Entwurf einer relationalen Anthropologie pädagogischer Beziehungen als eine mögliche Vision zwischenmenschlicher Beziehungsweisen, die dem (pädagogischen) Streben nach einer ethischen Gesamtpraxis zugutekommen. Indem die reziproke Beziehungsweise des Zwischen in den Rahmen des ‚Wünschbaren‘ eingeschrieben wird, sollen die folgenden Explorationen davor bewahren, auf dem Boden von verdinglichenden Verhältnissen stehen zu bleiben (ebd., S. 94). Dabei wird diese reziproke Beziehungsweise nicht „als finale Harmonie“ (Adamczak 2017, S. 43) betrachtet. Momente des Zwischen halten immer auch „Möglichkeiten zu Differenz, zu Widerspruch und Konflikt“ (ebd.) offen.

Die hier vertretene Betrachtungsweise geht zudem von einer historisch-gesellschaftlichen Eingebundenheit des Zwischen aus, wonach es sich jeder finalen Definition entzieht; das Verständnis davon verändert sich je nach Kontext. Da der folgende Argumentationsweg durch unterschiedliche soziologische, philosophische und politische Theorieansätze, wie gesagt, nicht in einem feststehenden und

55 Mit Theodor W. Adorno kann diese Dimension auch „Nichtidentität“ (Adorno 2018, S. 150) genannt werden.

starren Konzept, sondern in einer beweglichen Figur mündet, soll zunächst geklärt werden, ob und wie eine potentielle Bestimmung möglich ist. Dazu wird die relationstheoretische Perspektivierung offengelegt, aus der das Menschenbild in relational-anthropologischer Weise hergeleitet bzw. disziplinär eingeordnet wird (vgl. dazu auch Kap. 3.1). Inspiriert ist diese Blickverschiebung auf die Beziehungsweisen von der Studie „Beziehungsweise Revolution“ (2017[56]), in der Adamczak ein Deutungsmuster entwickelt, das auch die pädagogischen Erkundungen des Zwischen leitet. Die solidarischen Beziehungsweisen, die Adamczak herausarbeitet, stellen analog zur hier zu entfaltenden Auffassung von reziproken Beziehungserfahrungen die Schlüsselkategorie für eine ethische Gesamtpraxis dar. Ausgehend von der Annahme, dass konkrete Beziehungsweisen von den bestehenden Verhältnissen geprägt sind, in denen sie sich ereignen, setzt ihre Analyse bei den Beziehungen an, die diese Verhältnisse transformieren können (ebd., S. 82). Folgt man Adamczak, dann stellt eine solche Transformation keinen absoluten Bruch zum Bestehenden dar, sondern hält an etwas fest, das für die Zukunft *konserviert* werden soll. Im Sinne dieses solidaritätstheoretischen Einsatzes changiert das hier vorgeschlagene relationale Deutungsmuster für pädagogisches Denken und Handeln (siehe Kap. 4 und 5) zwischen der Bewahrung von reziproken Beziehungsweisen und der Transformation von unterdrückenden (bzw. verdinglichenden, siehe Kap. 2.2: Mollenhauer) Verhältnissen. Mit Adamczak lässt sich dieses Wechselverhältnis als „in einem bestimmten Sinn konservativ“ (ebd., S. 55) begreifen. Demnach kann selbst das „Begehren, alles anders werden zu lassen, an etwas festhalten, das nicht verändert werden soll – und sei es auch nur jenes Moment, das nach dieser Veränderung begehrt“ (ebd.). Es wird davon ausgegangen, dass Momente des Zwischen das ‚unartikulierte Begehren‘ (ebd., S. 286) nach einer Überwindung von verletzenden, unterdrückenden und erniedrigenden Beziehungsweisen wachhalten können. Vor dem Hintergrund eines sozialen Transformationsprozesses auf der Ebene der Beziehungsweisen stellen reziproke Momente ein positives Ideal gegenüber tendenziell verdinglichenden und verletzenden Beziehungsweisen dar. Mag das im Folgenden umrahmte Bild des Zwischen auch nicht detailgetreu sein, so kann es doch auf konzeptueller Ebene einer Historisch-Pädagogischen Anthropologie (siehe Kap. 2.2.2: Zirfas) als ein *temporäres künstliches Objekt* fungieren. Diese relationale Anthropologie soll weder *zu eng* noch *zu weit* sein und bietet überhaupt nur durch eine solche Kon-

56 In dieser Untersuchung stellt Adamczak die russische Revolution von 1917 der 1968er Revolution entlang der Kategorie Geschlecht gegenüber und entwickelt eine Perspektive auf transformative Prozesse, indem sie die Gestaltung von Beziehungen in den Fokus rückt.

zeption eine utopische Vision der Gesellschaft, in der die gegenwärtig lebenden Menschen[57] selbst leben können:

> „Als Ensemble von Beziehungsweisen sollte sich das Utopische so rekonzeptualisieren lassen, dass es zugleich Stabilität wie Beweglichkeit transportiert und die utopische Gesellschaft ebensowenig zum Maßstab der Subjekte macht wie andersrum die gegenwärtigen Subjekte zur absoluten Begrenzung der utopischen Gesellschaft." (ebd., S. 54)

Man könnte auch sagen, der Entwurf einer relationalen Anthropologie pädagogischer Beziehungen stellt einen Versuch dar, der aus den vorfindbaren Beziehungsweisen jene Beziehungsweise *konserviert*, die sich durch ihre reziproke Qualität auszeichnet, um den tendenziell verdinglichenden Verhältnissen eine Beziehungsweise entgegenzuhalten, die die Menschen tatsächlich auch erfahren *wollen*.

3.1 Denken in Relationen

In diesem Abschnitt soll es um die Frage gehen, wie sich Beziehungen überhaupt in ihrer Qualität erfassen lassen. Dazu wird ein „Denken in Relationen" (siehe Kap. 3.1) vorgeschlagen, das mit dem deutsch-englischen Soziologen Norbert Elias (1897–1990) aus der Vermittlung einer subjektiven mit einer gesellschaftlichen Ebene hergeleitet wird. Gemäß Elias' Studie „Über den Prozeß der Zivilisation" (1939/1997) wird von der sozio- und psychogenetischen Entwicklung der Menschen im Zivilisationsprozess ausgegangen und die relationale Struktur des menschlichen Miteinanders innerhalb der (mitteleuropäischen) Gesellschaft präzisiert. Diesbezüglich aufschlussreich sind vor allem auch die in der Einleitung des zweibändigen Werkes dargelegten Vorüberlegungen (ebd., S. 9–74). Im Anschluss daran können sowohl horizontale (Person-Person) als auch vertikale (Personen in Gesellschaft) Relationen präzisiert und in einem wechselseitigen Verhältnis betrachtet werden.

Diese historisch-systematischen Erkundungen können gewissermaßen auch an einen in der gegenwärtigen soziologischen Elias-Rezeption thematisierten ‚relationalen Wandel' anknüpfen:[58] Für ein relationales Denken bedarf es einer

57 In vielen pädagogischen Weiterentwicklungen der Idee von *revolutionärer Praxis* im Sinne von Marx wird hingegen von der ‚Erziehung des neuen Menschen' gesprochen (vgl. bspw. Adler 1972; Freire 1973, S. 36).

58 Beispielsweise vertreten die Soziologen Eric Dunning und Jason Hughes in ihrer Einführung in die sog. Prozesssoziologie mit dem Titel "Norbert Elias and Modern Sociology" (Dunning/Hughes 2013) die These, dass im Anschluss an Elias eine relationale Soziologie realisiert werden könne. Die beiden Autoren lassen jedoch offen, „worin dieser ‚turn' – neben der Überwindung

Vorstellung davon, dass Menschen ihre relationale Identität in Beziehungen hervorbringen und dabei gleichzeitig das gesellschaftliche Leben strukturieren und prägen – von dem die Beziehungen ja wiederum maßgeblich geprägt werden. Das heißt, die Denkvoraussetzung für diese relationale Perspektivierung zur Annäherung an das Zwischen besteht in wechselseitigen Verflechtungen. In Anschluss an Elias' Werk „Über den Prozeß der Zivilisation" können diese „gesellschaftlichen Verflechtungen" (ebd., S. 80) begrifflich dargestellt werden. Gegenstand seiner Studie sind die „langfristigen Transformationen der Gesellschaftsstrukturen und damit auch der Persönlichkeitsstrukturen" (ebd., S. 10). In seinem Gesamtwerk gehen die Analysen des „Prozeßcharakters" (ebd., S. 21) dabei weit über diese frühe Studie von 1939 hinaus, was in der Elias-Rezeption u. a. zu der Überlegung veranlasst hat, „inwieweit das gesamte Werk letztlich als eine lange Reihe von Fußnoten zum Prozess der Zivilisation gelesen werden kann (oder: sollte)" (Bucholc/Witte 2018, S. 390). Die im Untertitel von „Über den Prozeß der Zivilisation" so bezeichneten ‚soziogenetischen und psychogenetischen Untersuchungen' charakterisieren nicht nur Elias' Forschung insgesamt, sondern stellen darüber hinaus „wertvolle Impulse zu einer Kritik zeitgenössischer Sozialwissenschaften und Philosophie, herkömmlicher Erkenntnis- und Wissenschaftstheorie, aber auch zur Ausarbeitung realitätskongruenter Alternativen" (Fröhlich 2014, S. 36) dar. Nicht nur seiner eigenen Einschätzung nach hat Elias damit „Pionierarbeit" (Elias 1997, S. 16) für die Sozial- und Gesellschaftswissenschaften geleistet, aus der eine „undogmatische[], empirisch fundierte[] soziologische[] Theorie der sozialen Prozesse im allgemeinen und der sozialen Entwicklung im besonderen" (ebd., S. 13) hervorgegangen ist. Nachgerade für ein relationales Verständnis des Menschen, das niemals ein statisches sein kann, sondern Lebens- und Veränderungsprozesse adäquat zu fassen versucht, kann ebendiese Theorie als grundlegend angesehen werden.

Um die Verbindungen zwischen Menschen und den gesellschaftlichen Verhältnissen in ihrem Wandel zu begreifen, entwickelt Elias die Begriffe „Figurationen" (ebd.) und „Interdependenzen" (ebd., S. 70), womit er ganz grundsätzlich auf die soziale Dimension der Menschen verweist, die „von Grund auf Zeit ihres Lebens auf andere Menschen ausgerichtet und angewiesen, von anderen Menschen abhängig" (ebd.) sind. Die *Interdependenzen* begründen ein „Geflecht der Angewiesenheit von Menschen aufeinander" (ebd., S. 12), die das Herzstück von *Figurationen* darstellen. Unter *Figurationen* versteht er die „von Individuen gebildete[n] Interdependenzgeflechte" (ebd., S. 71), die als relationale Verbindung zwischen Individuum und Gesellschaft interpretiert werden können und die zentral sind für ein *Denken in Relationen*:

---

tradierter Dichotomien […] genau bestehen soll", wie die Rezensent:innen der Einführung kritisch anmerken (Bucholc/Witte 2018, S. 398; vgl. Dunning/Hughes 2013, S. 201–207).

> „Der Begriff Figuration ist gerade darum eingeführt worden, weil er klarer und unzweideutiger als die vorhandenen begrifflichen Werkzeuge der Soziologie zum Ausdruck bringt, daß das, was wir ‚Gesellschaft' nennen, weder eine Abstraktion von Eigentümlichkeiten gesellschaftslos existierender Individuen, noch ein ‚System' oder eine ‚Ganzheit' jenseits der Individuen ist, sondern vielmehr das von Individuen gebildete Interdependenzgeflecht selbst." (ebd., S. 70–71)

Nach Elias ist es daher „angemessener, wenn man sich unter einem Menschenbild ein Bild vieler interdependenter Menschen vorstellt, die miteinander Figurationen, also Gruppen oder Gesellschaften verschiedener Art, bilden" (ebd., S. 70), als von einem einzelnen Menschen auszugehen. Als Soziologe vertritt er eine Perspektive auf diese Verflechtungen, die – wie im zweiten Kapitel dargelegt – auch eine wichtige Dimension in der Dialektik von pädagogischer Theorie und Praxis darstellt (siehe Kap. 2.1.1). Wie Elias bereits 1939 im Vorwort zu seiner groß angelegten Studie „Über den Prozeß der Zivilisation" betont, will er darin der komplexen Realität näher kommen. In seinem Zugang überlagern sich verschiedene Analyseebenen, traditionelle Begriffe werden um bewegliche Konzepte ergänzt. Diese Form des Denkens lässt sich nicht mehr ohne Weiteres in bekannte Strukturen integrieren, es irritiert vielmehr die hergebrachten Denkstrukturen. Es eignet sich in besonderer Weise zur Einführung in die hier zu entwickelnde Systematik, weil es nicht linear vorgeht, sondern „systematisch relational, nämlich ‚von den Beziehungen her auf das Bezogene hin'" (Bucholc/Witte 2018, S. 394). An diese Formel aus Elias' Buch „Was ist Soziologie?" (1970) wird in den anschließenden Kapiteln immer wieder erinnert.

Da es „der spezifischen Verflechtungsordnung und den ihr eigentümlichen Zusammenhangsformen, mit denen man es in der Soziologie zu tun hat, angemessener [ist], wenn man von den Beziehungen her auf das Bezogene hin denkt" (ebd., S. 126), wird in der vorliegenden Studie auch die Pädagogik ausgehend von Beziehungen betrachtet. Anders ausgedrückt soll mit Elias der Versuch unternommen werden, die üblicherweise statisch und getrennt voneinander untersuchten Phänomene Individuum und Gesellschaft in ihrer Verhältnishaftigkeit zu begreifen. Entsprechend seines *Denkens in Relationen*, welches ebenjene Verflechtungszusammenhänge in den Fokus rückt, wird „von der fundamentalen Bezogenheit der Menschen aufeinander" (ebd.) gerade nicht abstrahiert, sondern die Bezogenheit wird zum Ausgangspunkt des Denkens erhoben. Ausgedrückt findet sich dies bei Elias durch eine neue „Art von Begriffen" (ebd.) – wozu u. a. die bereits erwähnten *Figurationen* und *Interdependenzen* gehören. Anhand dieser prozesshaften Begrifflichkeiten versucht Elias ein Beobachtungsfeld abzustecken, „dem man bisher verhältnismäßig wenig Beachtung geschenkt hat" (Elias 1997, S. 83). Jenes Feld also, in dem sich die wechselseitige „Beziehung von Individualstrukturen und Gesellschaftsstrukturen" (ebd., S. 21) und damit der Zusammenhang von der metatheoretischen „Entwicklungsmechanik der

Geschichte“ (ebd., S. 84) mit den „seelischen Prozessen“ (ebd.) der Menschen zeige. Elias versteht Geschichte daher als einen relativ komplizierten Vorgang, „in dessen Verlauf der Affekthaushalt von Menschen sich allmählich in der Richtung auf eine stärkere und ebenmäßigere Affektkontrolle [...] verändert[]“ (ebd., S. 18). Damit bekommt er „[k]omplementäre Prozesse wie Funktionsteilungs-, Integrations- und Zivilisationsprozesse“ (Elias 1977, S. 127) zu fassen, die er als „Strähnen dieser komplexen langfristigen Entwicklung“ (ebd.) des Zivilisationsprozesses beschreibt. Abhängig davon, in welchem Verhältnis sich die Strähnen zueinander befänden, erhielten die *Figurationen* ihre jeweilige Spezifität. Aus ihrer jeweiligen Konstellation ergebe sich die Struktureigentümlichkeit, welche das Zusammenleben der Menschen präge.

Relationale Forschung als kulturwissenschaftliches Projekt

Seine Erkenntnisse gewinnt Elias aus der Analyse eines umfassenden empirischen Materials – bestehend aus historischer Literatur und Biographien, aber auch Benimmratgebern, vornehmlich aus Frankreich, sowie anderen schriftlichen Quellen –, aus dem er die historisch-kulturell bestimmten Umgangsformen im menschlichen Miteinander sowie deren zeitliche Veränderungen herausarbeitet. Sein Interesse gilt bspw. dem je spezifischen Essverhalten oder dem angemessenen Benehmen beim Schnäuzen oder Spucken. Indem er „Individuum und Gesellschaft in ihrem wechselseitig bedingten Geworden-Sein“ (Koloma Beck 2018, S. 390) in den Blick nimmt, überwindet Elias die komplementäre Gegenüberstellung von individueller und gesellschaftlicher Sphäre. Laut dem Fazit der Soziologin Teresa Koloma Beck zeigt er daher mit „Über den Prozeß der Zivilisation“, dass die (sich selbst konstituierenden) Menschen als auch die (von ihnen gebildeten) Gesellschaften „Produkte ein und desselben Prozesses“ seien, „dessen Geschichte und Vorgeschichte Elias für einen Zeitraum von rund 1.000 Jahren verfolgte“ (ebd., S. 386).

Elias’ Beschreibung des historischen Verlaufs folgend, beginnt sich etwa 800 nach Chr. „das *Bewußtsein* der Zivilisation, das Bewußtsein von der Überlegenheit[59] des eigenen Verhaltens und seinen Substantialisierungen in Wissenschaft, Technik oder Kunst [...] über ganze Nationen des Abendlandes hin auszubreiten“ (Elias 1997, S. 153; Herv. i. Orig.). Die Fragen, die seine Forschungen leiten, lauten: „Wie ging eigentlich diese Veränderung, diese ‚Zivilisation‘ im Abendlande vor sich? Worin bestand sie? Und welches waren ihre Antriebe, ihre Ursachen und Motoren?“ (ebd., S. 76). Im Begriff ‚Zivilisation‘, den Elias in der französischen

59 Durch das Zusammenwirken von konkreten Persönlichkeits- und Gesellschaftsstrukturen bildet sich ein Überlegenheitsgefühl in den von der Industrialisierung stark geprägten Nationen heraus, das zuerst von einer höfisch-aristokratischen Oberschicht und später in weiten Teilen der kolonialen Eroberungsnationen „zur Rechtfertigung ihrer Herrschaft“ (Elias 1997, S. 153) herangezogen wird.

bzw. englischen Bedeutung gebraucht, ist ein Zusammenhang mit dem Begriff der Kultur angelegt. Zivilisation, so Elias, fasse „den Stolz auf die Bedeutung der eigenen Nation, auf den Fortschritt des Abendlandes und der Menschheit in einem Ausdruck zusammen“ (ebd., S. 90). Im Deutschen kämen diese Aspekte eher mit dem Begriff „Kultur“ (ebd.) zum Ausdruck – wobei sich der Begriff der französischen *civilité* in den Akzentuierungen auch von dem deutschen ‚Kultur‘ unterscheide (ebd., S. 90–153). Indem Elias sich bewusst in die Begriffstradition der Französischen „civilité“ (ebd., S. 137) stellt, eröffnet er eine relationale Perspektive auf Zusammenhänge, die für die hier unternommene kulturwissenschaftlich-anthropologische Rahmung des Zwischen grundlegend sind. Angesichts der Überschneidung seines Zivilisationsbegriffes mit dem deutschen Verständnis von Kultur kann das *Denken in Relationen* fernerhin an die kulturwissenschaftliche Verortung dieser Arbeit rückgebunden werden.

Mit Elias kann der „Zivilisationsprozess als eine Wandlung der Individualstrukturen“ (ebd., S. 73) zugänglich gemacht werden. Er dekonstruiert den „Stempel [eines] spezifischen Denkstils der Zustandsreduktion“ (ebd., S. 24) im soziologischen sowie im Alltagsverständnis seiner Zeit und kritisiert die tendenziell affirmativen (d. h. bewahrenden) Beschreibungen der jeweils aktuellen Verhältnisse. Dagegen fragt er nach der grundsätzlichen Veränderbarkeit und damit nach den faktischen Transformationsprozessen in der historischen Genese der Gegenwart. Indem Elias die „spezifische Veränderung des menschlichen Verhaltens“ (ebd., S. 155) untersucht, geht er zentralen Aspekten in der menschlichen Selbstwahrnehmung (in westlichen Industrienationen) nach und eröffnet damit den Blick auf die Verhältnishaftigkeit von Menschen – also auf menschliche Relationalität. Gemäß Elias ist die *Psychogenese* eines Menschen (d. h. die individuelle Entwicklung der seelischen Struktur) ursächlich mit der *Soziogenese* menschlicher Gesellschaften (also mit der Entwicklung der strukturellen Verhältnisse) verwoben. Das „Werden von Persönlichkeits- und Gesellschaftsstrukturen vollzieht sich im unlösbaren Zusammenhang beider miteinander“ (ebd., S. 22). Wie Elias fast beiläufig aufwirft, hängt dieser relationale Zusammenhang eng mit einem *pädagogischen* Prozess zusammen:

> „Der spezifische Prozeß des psychischen ‚Erwachsenwerdens‘ in den abendländischen Gesellschaften, der den Psychologen und Pädagogen heute oft genug Anlaß zum Nachdenken gibt, ist nichts anderes als der individuelle Zivilisationsprozeß, dem jeder Heranwachsende in den zivilisierten Gesellschaften als Folge des jahrhundertelangen, gesellschaftlichen Zivilisationsprozesses von klein auf automatisch in höherem oder geringerem Grade und mit mehr oder weniger Erfolg unterworfen wird.“ (ebd., S. 78)

Folgt man Elias, dann erlebt das Individuum „während seiner kleinen Geschichte noch einmal etwas von den Prozessen, die seine Gesellschaft während ihrer großen Geschichte durchlaufen hat" (ebd., S. 79). Neben der paradigmatischen Aufhellung von langfristigen Wandlungen liefert Elias damit einen Entwurf für ein spezifisches Menschenbild, in dem das Verhältnis des einzelnen Individuums zur *Pluralität* der Menschen maßgeblich berücksichtigt wird. Und zwar insofern als dieses Menschenbild eigentlich „ein Bild vieler interdependenter Menschen" (ebd., S. 70) ist. Mit Elias können Menschen als Individuen (Mikroebene) im gesellschaftlichen Zusammenhang (Makroebene) „als sich wandelnd, als werdend und geworden" (ebd., S. 21) betrachtet werden. Beide Ebenen wirken zusammen. Übertragen auf pädagogisches Denken und Handeln bedeutet dies, dass jeder Moment sowohl eine subjektiv-besondere als auch eine allgemein-gesellschaftliche Dimension miteinschließt, welche wechselseitig – d. h. relational – aufeinander verweisen.

Durch ein *Denken in Relationen* wird es mit Elias gesprochen möglich, „die ungeplanten und unbeabsichtigten gesellschaftlichen Prozesse, in die man selbst verflochten ist, zu erklären und adäquatere Orientierungs- und Steuerungsmittel[60] für sie zu entwickeln" (Elias 1977, S. 132). Es öffnet den Blick für die „ungeplante Gesetzmäßigkeit" (Elias 1997, S. 316), die als gerichtete Strukturveränderung interpretiert werden kann. Anders ausgedrückt, wird die langfristige Entwicklung des Zivilisationsprozesses – mit dem die besagten Strähnen zusammenwirken – weder rational geplant noch komplett zufällig verursacht. Daher können die ungeplanten aber dennoch gerichteten Veränderungsprozesse als ‚Gesetzmäßigkeiten' betrachtet werden, die auf einer impliziten anthropologischen Annahme beruhen: Menschen kommen „nur als Pluralitäten, nur in Figurationen vor" (ebd., S. 70). Elias macht diese *Figurationen* auf eindrückliche Weise sichtbar, wenn er von Menschen als „aufeinander ausgerichtete[], voneinander abhängige[] Individuen" (ebd., S. 71) ausgeht.

Zur Figuration des autonomen Subjekts

Elias beschreibt wie diese *Figurationen* sich gewandelt haben, wobei er davon ausgeht, dass sich das „Interdependenzgeflecht"[61] (ebd.) im Verlauf des Zivilisations- und Globalisierungsprozesses immer weiter vergrößert habe. Durch die Vergrößerung dieses Geflechts sei jedoch der Druck auf die einzelnen Menschen gestiegen. In Bezug auf die menschliche Gesamtpraxis seien diese dazu gezwun-

60 Vor dem Hintergrund der wissenschaftstheoretischen Verortung (siehe Kap. 2.1) muss die von Elias vorgebrachte Steuerungsmöglichkeit kritisch eingeordnet werden. Relationalität im Sinne des noch zu entfaltenden Zwischen kann *nicht* zur Steuerung von menschlichen Beziehungen eingesetzt werden. Die Einübung in relationales Denken ermöglicht vielmehr eine verstärkte Aufmerksamkeit für ungeplante aber dennoch *gerichtete* Wandlungsprozesse in der pädagogischen Praxis.

61 Diese Denkfigur wurde in der Einleitung mit Marx als die „Summe der Beziehungen, Verhältnisse" (Marx 1978, S. 189; MEW 42) bereits aufgegriffen, die das „Ensemble der gesellschaftlichen Verhältnisse" (Marx 1978, S. 534; MEW 3) ausmachen.

gen, mehr und mehr Aspekte des Zusammenlebens zu berücksichtigen, um handlungsfähig zu bleiben bzw. zu werden. Elias diagnostiziert damit eine Erhöhung der Anforderungen an die Menschen und führt aus,

> „wie etwa von den verschiedenen Seiten her Fremdzwänge sich in Selbstzwänge verwandeln, wie in immer differenzierterer Form menschliche Verrichtungen hinter die Kulisse des gesellschaftlichen Lebens verdrängt und mit Schamgefühlen belegt werden, wie die Regelung des gesamten Trieb- und Affektlebens durch eine beständige Selbstkontrolle immer allseitiger, gleichmäßiger und stabiler wird“ (ebd., S. 313).

In seinem Aufsatz über „Probleme des Selbstbewußtseins und des Menschenbildes“ (1987a) problematisiert er einen Aspekt in besonderer Weise: die Überforderung der Menschen, die zur Verschiebung der Fremd- hin zur Selbstkontrolle geführt habe:

> „Je länger die Handlungsketten wurden, um so unübersehbarer wurden sie für den Einzelnen, der mit seinen Bedürfnissen wie mit seinen Fertigkeiten in diese Abhängigkeitsgeflechte verwoben war; und um so schwerer wurde es schließlich zu entscheiden, was Mittel und was Endzweck war“ (ebd., S. 182).

Um den gesellschaftlichen Anforderungen annähernd gerecht zu werden, hätten die Menschen im Laufe des Zivilisationsprozesses gelernt, ihre Affekte und Emotionen zu regulieren. Der damit verbundene „Figurationswandel [in westlichen Industriestaaten; Anm. TL], der im Hin und Her der Vor- und Rückbewegung – auf längere Sicht betrachtet – über viele Generationen hin in ein- und dieselbe Richtung geht“ (Elias 1997, S. 14), habe zur Ausbildung eines besonders wirkmächtigen Menschenbildes beigetragen: Nämlich der Vorstellung des autonomen Subjekts, welche „etwa von der Renaissance an“ (ebd., S. 54–55) die menschliche Selbstwahrnehmung dominierte und nach Elias „zu den Struktureigentümlichkeiten einer bestimmten Entwicklungsstufe der Zivilisation, einer spezifischen Differenzierung und Individualisierung von Menschenverbänden“ (ebd., S. 52) gehört. Gekennzeichnet sei diese durch das „Bild des einzelnen Menschen als eines völlig freien, völlig unabhängigen Wesens, als einer ‚geschlossenen Persönlichkeit‘, die ‚innerlich‘ ganz auf sich gestellt und von allen andern [*sic*] Menschen abgetrennt ist“ (ebd., S. 50). Dabei sei dieses Menschenbild von niemandem festgelegt worden. Vielmehr habe es sich ereignet und zwar innerhalb des bestehenden *Interdependenzgeflechts*, das von einer komplexen Dynamik gekennzeichnet sei und sich durch zunehmende Differenzierungen, die Integration von vormaligen Unterschieden als auch durch die Reproduktion von Teilen des Bestehenden auszeichnete (ebd., S. 10). Das Zusammenwirken dieser gegenläufigen Bewegungen ist die zentrale Erkenntnis der Studie „Über den Prozeß der Zivilisation“.

Wesentlich für die aus dem Zwischen abgeleiteten pädagogischen Implikationen ist die Einsicht, dass die *Figurationen* aus nichts anderem bestehen „als aus Aktionen einzelner Menschen“ (ebd., S. 83), in denen „Institutionen und Formationen entstehen, die so, wie sie tatsächlich werden, von keinem einzelnen Individuum beabsichtigt oder geplant waren“ (ebd.). Was die Strukturen der gesellschaftlichen Gesamtpraxis betrifft, werden diese Elias zufolge zwar von Menschen gemacht, die in konkreten Situationen durchaus bestimmte Ziele verfolgten. Da die abstrakte Verbindung ihrer Taten mit den gesellschaftlichen Verhältnissen das Denkvermögen der Einzelnen aber übersteige, seien die Verflechtungen den Handelnden jedoch nicht explizit bewusst. Darüber hinaus könnten Menschen die konkreten (zwischenmenschlichen) Beziehungen nicht unter Kontrolle bringen. Insofern sie „von klein auf in Interdependenz mit anderen“ (ebd., S. 51) – also in Beziehungen – lebten, seien sie in eine Pluralität eingebunden, welche die Vorstellung des autonomen Subjekts eigentlich logisch ausschließe. Zwar gesteht Elias den Individuen einen gewissen „Grad von relativer Autonomie“ (ebd., S. 70) zu; absolut autonom könne der Mensch aber niemals sein. Ganz einfach, weil die „Vorstellung eines Individuums außerhalb der Gesellschaft und die einer Gesellschaft außerhalb der Individuen“ (ebd., S. 54) aus relationaler Perspektive nicht möglich sei.

> Das „heute weit verbreitete Bild von dem Einzelmenschen als einem letztlich von allen anderen Menschen absolut unabhängigen und abgeschlossenen, einem ganz für sich stehenden Wesen, läßt sich schwer mit den Fakten, die hier [bei Elias und auch in der vorliegenden Untersuchung; Anm. TL] verarbeitet sind, vereinbaren. Es blockiert das Verständnis langfristiger Prozesse, die Menschen auf der individuellen und auf der gesellschaftlichen Ebene gleichzeitig durchlaufen“ (ebd., S. 49).

Die *Figuration* des autonomen Subjekts stellt gewissermaßen die Kehrseite von der im vierten Kapitel angebotenen Konzeption einer relationalen Anthropologie dar. Aus historisch-systematischer Perspektive können die begrenzenden Mauern des ‚Ich‘ nicht absolut bestimmt werden. Das autonome Subjekt wird daher mit Elias als „Kunstprodukt der Menschen“ (ebd., S. 68) betrachtet. Der einzelne Mensch bewohnt zwar „eine kleine Welt für sich“ (ebd., S. 52), ist jedoch in *Interdependenzketten* eingeflochten – die innerhalb dieser *Figuration* leicht übersehen werden. Da diese *Figuration* nach wie vor dominiert, ist es schwierig „sich Menschen als relativ, nicht als absolut autonome, als relativ, nicht als absolut unabhängige Individuen vorzustellen, die miteinander wandelbare Figurationen bilden“ (ebd., S. 51). Genau diese Vorstellung versucht Elias zu ermöglichen.

Menschen relational denken[62]

Elias nähert sich den Verflechtungszusammenhängen auf relationale Weise, indem er Menschen ausgehend von ihren Beziehungen denkt, d. h. von *Figurationen*, die „tatsächlich als Prozeß, als Entwicklung des vielmenschlichen Makrokosmus und der des einzelmenschlichen Mikrokosmos" (ebd.) existierten. Für das einzelne Subjekt, das sich selbst als Objekt betrachtet, sei diese relationale *Figuration* jedoch sehr schwer zu entschlüsseln. Eine „Umorientierung des individuellen Selbstbewußtseins und die entsprechende Weiterentwicklung des Menschenbildes" (ebd., S. 68) sei folglich eine große Herausforderung. Diese erfordere einige Denkanstrengung, insofern sie sich gegen die „weit verbreiteten Tendenzen der zeitgenössischen Soziologie" (ebd., S. 25) stellen müsse, bewegte Prozesse in statische Dinge zu verwandeln. Besagte Tendenzen ortet Elias in dem Streben „nach Denkmitteln und -wegen" (ebd., S. 81), in denen „alles geschichtlich Bewegte wie etwas Bewegungsloses und Ungewordenes" (ebd.) erscheine. Die Begriffe, die zur Beschreibung des Erlebten zur Verfügung stünden, verwandelten Erfahrungen in starre Bilder und relativierten die unstetigen Erlebnisse in scheinbar einheitliche Abläufe. Derartige Konzepte des „Statismus" und des „historischen Relativismus" (ebd.) erlaubten es nicht „zu der Ordnung dieses Wechsels und zu der Formungsgesetzlichkeit der geschichtlichen Gebilde" (ebd.) vorzudringen.

Aufgrund der wirkmächtigen *Figuration* des autonomen Subjekts kann dieser *Statismus* nicht einfach von einem *Denken in Relationen* abgelöst werden. Dennoch geht Elias davon aus, dass es möglich ist, eine dahinterliegende „*Ordnung* der geschichtlichen *Veränderungen*" (ebd.; Herv. i. Orig.) aufzudecken und also ein Geschichtsbewusstsein zu entwickeln, das die unterschiedlichen Strähnen in ihrem komplexen Zusammenwirken berücksichtigt. Der „Anstieg eines sachbezogenen Menschenbildes im öffentlichen Denken [wird] die privatere selbstzentrierte Erfahrung einer unsichtbaren Mauer, die die eigene ‚Innenwelt' von der Außenwelt trennt, nicht notwendigerweise zum Erlöschen bringen" (ebd., S. 69). Elias spricht in diesem Zusammenhang von einer „erkenntnistheoretischen Sackgasse" (ebd., S. 51) zwischen „Positivismus" und „Apriorismus" (ebd.) und will die neuzeitliche „Selbsterfahrung der eigenen Vereinzelung […] durch ein sachgerechteres, wenn auch gefühlsmäßig weniger ansprechendes Bild" (ebd., S. 69) ersetzt wissen. Sein relationales Menschenbild unterscheidet sich von der positivistischen Verlängerung des Bestehenden, die er am Beispiel von Kollegen wie bspw. Talcott Parsons veranschaulicht. Parsons tendiere „zur Zustandsreduktion" (ebd., S. 22) und befördere eine zu kritisierende „zustandsorientierte Grundeinstellung" (ebd., S. 24) des aufgeklärten Denkens im Allgemeinen. Häufig verwendete „Substanzbegriffe" (ebd., S. 47) verunmöglichten nämlich die „Einsicht in die Dringlichkeit der Probleme" (ebd., S. 16), so seine Kritik. Eli-

62 Vgl. dazu Lechner (2022).

as' Fokus auf die „Tätigkeiten des Menschen" (ebd., S. 67) offenbart hingegen die „Veränderung der Persönlichkeitsstrukturen [...] als ein[en] spezifische[n] Aspekt des Werdens von Gesellschaftsstrukturen" (ebd., S. 22). Elias wendet sich explizit gegen die Vorstellung, dass sich die Gesellschaft „normalerweise in einem unveränderlichen, homöostatisch gesicherten Gleichgewichtszustand befindet" (ebd.). Den zivilisatorischen *Figurationswandel* betrachtet er demgemäß weder im Sinne eines „unspezifischen ‚sozialen Wandel[s]'" (ebd., S. 14), wie er bis weit ins 20. Jahrhundert hinein angenommen wurde, noch im Sinne einer „Evolution" (ebd.), wie die gesellschaftliche Fortschrittsgeschichte im 19. Jahrhundert – als eine automatische Verbesserung quasi – gedacht wurde. Sowohl der alte Fortschrittsglaube (ebd., S. 28) als auch das neuere Modell des Gleichgewichtszustandes, der zwar gestört werden könne, aber dennoch nach Ruhe und Unveränderlichkeit strebe (ebd.) weisen laut Elias „hinter sich auf einen spezifischen Figurationswandel zurück" (ebd., S. 30), der mit dem autonomen Subjektverständnis zusammenfällt. Der Blick auf diesen *Figurationswandel* führe zum „vertrackte[n] Problem des Zusammenhangs von individuellen, psychologischen Strukturen, also von den sogenannten Persönlichkeitsstrukturen, und von Figurationen, die viele interdependente Individuen miteinander bilden, also von Sozialstrukturen" (ebd., S. 15). Als konkretes Beispiel für diesen Zusammenhang führt Elias die Entstehung des ‚nationalen Gedankens' an. Demnach habe der starke Anstieg des Lebensstandards – der sich im Gesundheitszustand und an der Lebensdauer der Menschen abzeichnet – seit der Industrialisierung (in den industrialisierten Ländern; ebd., S. 33) dazu beigetragen, dass „die Erhaltung und Bewahrung der eigenen Nation" (ebd., S. 34) idealisiert wurde. Im „Idealbild einer Nation" (ebd., S. 43), so Elias, folgen „alle Menschen, die zu ihr gehören, [...] auf Grund der gleichen Sozialisierung den gleichen Normen, streben den gleichen Werten nach und leben dementsprechend normalerweise wohl integriert und harmonisch miteinander" (ebd.). Die Gründe für diese Idealisierung erkennt er in einem weiteren komplexen *Figurationswandel*, in dem sich „Industriebürgertum[]" (ebd., S. 35) und die „Industriearbeiterschaft" (ebd.) als „die primären Machteliten" (ebd., S. 36) etablierten. Diese hielten sich seither „in einer oft prekären und immer labilen Spannungsbalance gegenseitig die Waage" (ebd., S. 35). Der „Aufstieg der industriellen Klassen [...] im 19. Jahrhundert" (ebd., S. 33) hat nach Elias dazu geführt, dass jene Stimmen dominant wurden, die eine besondere Verheißung in der „Erhaltung und Bewahrung der eigenen Nation" (ebd., S. 34) sahen.

Entscheidend für die hier vorgenommene Einführung in relationales Denken ist nun, dass der „‚nationale Gedanke' den Blick fort[lenkt] von dem, was sich wandelt, auf das, was als bestehend und unveränderlich gilt" (Elias 1997, S. 38). Das „Ideal der harmonischen Integration aller Teile der Nation [wird] [...] als Tatsache hingestellt" (ebd., S. 43). Elias bietet dagegen eine alternative Betrachtungsweise an. Er zieht „die Entwicklung der jeweiligen gesamtgesellschaftlichen, der nationalen Ideale in Betracht [...], um die ideologischen Aspekte der soziologischen Theorien zu verstehen“ (ebd., S. 41). Diese „ideologischen Aspekte der Abwendung von den gesellschaftlichen Entwicklungen und der Zuwendung zu Zustandsreduktion“ (ebd., S. 40) seien nicht „allein durch den Hinweis auf Ideale von Klassen“ (ebd.) zu bestimmen. Klassenverhältnisse seien zwar menschengemacht, aber nicht von einzelnen Individuen intendiert. Vor ebendiesem Hintergrund macht Elias „langfristige Prozesse zum Gegenstand einer Untersuchung [...,] ohne daß der Beweggrund dafür ideologischer Natur“ (ebd., S. 45) ist. Mit seinem *Denken in Relationen* begreift er vermeintliche Tatsachen in ihrer historischen Genese. Um die dahinterliegenden Entwicklungsprozesse in den Blick zu bekommen, zeigt er die Idealisierungstendenzen innerhalb der „existierenden [nationalen] Gesellschaftsform“ (ebd., S. 34) auf.

Die bis heute aktuellen *Figurationen* der Nation und des autonomen Subjekts lassen sich darüber hinaus nicht widerspruchsfrei aufeinander beziehen. Tatsächlich mündet der Versuch den „Gedanken eines absolut unabhängigen und freien Einzelmenschen mit dem Gedanken eines ebenso unabhängigen und freien ‚gesellschaftlichen Ganzen‘ zu vereinbaren“ (ebd., S. 48) mit Elias gesprochen in eine Paradoxie. „Man spricht oft mit großer Wärme von der Freiheit und Unabhängigkeit des Individuums und spricht mit ebenso großer Wärme von der Freiheit und Unabhängigkeit der eigenen Nation.“ (ebd., S. 47) Diese „inneren Widersprüche des Ethos“ (ebd.), die von den Menschen in industrialisierten Gesellschaften internalisiert wurden und nach wie vor werden, schlagen sich unter anderem in den vorherrschenden wissenschaftlichen Erkenntnisweisen nieder. Wie Elias in einem späteren Text „Zur Grundlegung einer Theorie sozialen Wandels“ (1977) festhält, gehört diese Paradoxie bzw. die „Gleichzeitigkeit von solchen gegensätzlichen Tendenzen [...] zu den Struktureigentümlichkeiten gegenwärtiger Gesellschaften“ (ebd., S. 132). Als eine Möglichkeit mit dieser paradoxen Gleichzeitigkeit umzugehen, schlägt Elias vor, „in Figurationen zu denken [...], zu deren normalen Eigentümlichkeiten es gehört, sich zu wandeln“ (Elias 1997, S. 73). In solch einer selbstreflexiven Befreiung der Wissenschaften „aus der Knechtschaft der gesellschaftlichen Ideologien“ (ebd., S. 45) sieht er die Chance auf eine realistischere Beschreibung menschlichen Lebens.

Diese „Loslösung“ (ebd., S. 73) von der *Figuration* des autonomen Subjekts einerseits (*Psychogenese*) (ebd., S. 67) und der Nation andererseits (*Soziogenese*) liegt nun schon über fünfzig Jahre zurück. Nichtsdestominder kann sich die hier verfolgte These auf Elias‘ wissenschaftstheoretische Vorbemerkungen zu seiner Zivilisationsstudie stützen: Die Selbsterfahrung als autonomes Subjekt ist kein „verläßlicher Ausgangspunkt für das Bemühen [...], ein sachgerechteres Verständnis von Menschen – und damit auch seiner selbst – zu gewinnen“ (Elias 1997, S. 57). Angemessener ist es hingegen, den Menschen relational zu denken (Lechner 2022). So gesehen genügt es auch nicht, allein „die Entwicklungslinie des Bildes von Menschen als Gesellschaften, des Gesellschaftsbildes, zu verfolgen“

(Elias 1997, S. 46). Vielmehr sollte man zugleich versuchen, „auch die Entwicklungslinie des Bildes von Menschen als Individuen, des Persönlichkeitsbildes im Auge zu behalten“ (ebd.). Denn das Gesellschaftsbild und das Persönlichkeitsbild sind miteinander verknüpft bzw. ist das Verständnis menschlicher Praxis auf eine Verknüpfung beider angewiesen.

Elias‘ große Leistung besteht in der Verbindung „zwei[er] verschiedene[r] Perspektiven auf die gleichen Menschen“ (ebd.), die nicht ganz einfach zusammenzubringen sind. Somit baut relationales Denken im Sinne Elias’ sowohl auf einer voraussetzungsreichen Gegenstandskenntnis der *Interdependenzgeflechte*, als auch auf einer spezifischen Selbsterkenntnis im Kontext von Pluralität auf (siehe dazu auch Kap. 3.4: Arendt).

***

Mit Norbert Elias wurde der „Vorstellung, daß Individuum und Gesellschaft – ‚Ego‘ und ‚System‘ – zwei getrennt voneinander existierende Gegebenheiten sind“ (ebd., S. 20) die These entgegengestellt, dass es sich bei Individuen und Gesellschaft zwar um „verschiedene, aber untrennbare Aspekte der gleichen Menschen“ (ebd.) handelt. Dieser Zusammenhang bildet eine wichtige Voraussetzung für die Rahmung des Zwischen – zu welcher im Folgenden ausgehend von Elias‘ *Denken in Relationen* übergegangen werden soll. Verstanden wird dieses Zwischen demnach als Tatsachenzusammenhang, der sich in einem langfristigen Prozess herausbilden kann, aber von der *Figuration* des autonomen Subjekts (*Psychogenese*) und der Gesellschaft (*Soziogenese*) zurückgedrängt wird. Wie mit Elias deutlich gemacht wurde, können sich diese *Figurationen* jedoch wandeln.

3.2 Philosophie und Pädagogik der Person

Im Anschluss an die Ausführung einer soziologischen Metatheorie, soll es nun darum gehen, wie Momente des Zwischen tradierte *Figurationen* irritieren können, sofern sich durch die Summe der Erfahrungen von Beziehungsweisen neue Denkgewohnheiten etablieren. Ein theoretischer Kontext, in dem eine bestimmte Art solcher Erfahrungen zum Gegenstand der Betrachtung gemacht wird, ist die sog. Existenzphilosophie. Der existenzphilosophische Zugang zum sog. „dialogischen Prinzip“ (Buber 1962b, S. 291) erlaubt sowohl die historische Herleitung des Zwischen als auch die Verbindung des Zwischen mit personalistischen Erziehungstheorien, welche als Kreuzungsbereich dieser allgemeinpädagogischen Annäherung an die Figur des Zwischen betrachtet werden. Vorweg sei noch gesagt, dass die rezipierten Quellen nicht relational konzipiert sind. Erst die hier vorgenommene relationstheoretische Relektüre macht sie zu einer brauchbaren Grundlage für den Versuch einer relationalen Betrachtungsweise von Menschen.

***

In einem Aufsatz über „Wandlungen der Wir-Ich-Balance" (1987b) erörtert Norbert Elias die etymologischen Wurzeln des Personbegriffs. Demnach basiert ‚Person' auf dem griechischen Wort *prosopon* und dessen lateinischer Übersetzung *persona*, womit die Masken der Schauspieler:innen im Theater (ebd., S. 212) bezeichnet werden. Im (existenz-)philosophischen Sinne besitzt der Begriff Person jedoch ein weit größeres „Allgemeinheitsniveau" (ebd.) als es diese Herleitung von der Maske vermuten ließe. „Der Begriff der Person stellt – verglichen mit seinem Ahnen, dem lateinischen *persona* – nicht nur ein Absehen [von Besonderheiten], sondern ein Zusammensehen auf höherer und neuer Warte dar." (ebd., S. 214)

Im Kontext von personalistischen Bemühungen wird der etymologische Ursprung des Personbegriffs anthropologisch gewendet. So ist in pädagogisch-personalistischen Überlegungen bspw. nachzulesen, dass das lateinische Wort *persona* – genauso wie dessen griechischer Vorgänger *prosopon* (Sturma 2011, S. 457) – „zunächst die charakterliche Maske des Schauspielers im Theater bezeichnete und danach die Rollen, die jemand auf der Bühne der Gesellschaft spielt und durch die er bestimmte soziale Normen und Werte verkörpert" (Seichter 2012, S. 309; vgl. Elias 1987b, S. 212). Darüber hinaus hat der Begriff eine soziale Bedeutungsdimension, die in der im Folgenden aufgegriffenen personalistischen Pädagogik von der christlichen Trinitätslehre und damit von der Beziehung zwischen Gott, seinem Sohn Jesus und dem Heiligen Geist hergeleitet wird. Auf dieser Idee der christlichen Dreifaltigkeit – die nur einen kleinen Ausschnitt einer reichen Geschichte der Philosophie der Person darstellt – baut das pädagogische Verständnis der Person auf (Seichter 2012, S. 310; vgl. auch Böhm 2011, S. 144), das in diesem Kapitel hinsichtlich relationaler Dimensionen untersucht werden soll. In Ergänzung zu dieser theologisch eingebetteten Herleitung von relationalen Beziehungskonstellationen werden systematische Begründungsfiguren für die relationale Struktur der Person hinzugezogen.

Entsprechend dem eben Ausgeführten, umfasst die Bezeichnung Person also nicht nur menschliche Besonderheiten, welche sich mit jeder Person auf eigentümliche Weise realisieren, sondern geht mit darüber hinausreichenden ethischen Implikationen einher, die anhand von personalistischen Debatten in pädagogischen Theorieansätzen verortet werden sollen (siehe dazu vertiefend Kap. 5).

Die rezipierten ‚Personalismen' zeugen von einer sehr heterogenen Begriffsgenese. Nach Elias zu urteilen wird Konkretes zunehmend in allgemeineren Begriffen gefasst, indem durch eine umfassendere Zusammenschau jeweils höhere Syntheseebenen zustande kommen (Elias 1987b, S. 215). Was den Personbegriff angeht, beschreibt Elias zwar dessen Verallgemeinerung, jedoch kann er keinen Anfang und kein Ende dieses Prozesses verzeichnen. Mit dem in diesem Kapitel Rezipierten teilt er die Annahme, dass jede Person einzigartig sei und ihre Besonderheit im Verhältnis zu anderen Personen zum Ausdruck komme – die sie konstitutiv beeinflussten. Eine These, die mit den *Figurationen* bei Elias, also den relationalen Verbindungen zwischen Individuen und Gesellschaft, bereits vorgebracht wurde (siehe Kap. 3.1) und sich auch in den nun rezipierten Theorien und Betrachtungen findet – in denen Menschen im existenzphilosophischen Sinne als Person verstanden werden –; sowie in der pädagogischen Ausprägung des „Modernen Personalismus" (vgl. Böhm et al. 2019, S. 177).

Im Folgenden wird es also darum gehen, die Grundlagen von personalistischen Ansätzen, aber auch von personalen Theorieentwürfen[63] als ein Denken *von den Beziehungen her auf das Bezogene hin* (Elias) zu interpretieren. Dafür wird das aus Elias' Theorieentwurf über den Zivilisationsprozess gewonnene Denken an die relationale Figur der Person herangetragen bzw. damit verknüpft. Personen werden als Relata beschrieben, die sich im Zwischen begegnen. Anschließend wird von diesen Relata abstrahiert und vertiefend auf die Art der Beziehungsweise *zwischen* Personen eingegangen (Kap. 3.3 und 3.4).

Dieser Argumentationsweg vom *Denken in Relationen* über den Begriff der Person hin zu den Beziehungen zwischen Personen ist gewissermaßen disziplingeschichtlich begründet, denn in der (deutschsprachigen) Erziehungswissenschaft gibt es seit etwa 40 Jahren das Bestreben, „'Person' als Grundbegriff" (vgl. Seichter 2012) zu etablieren. Vor den Schlaglichtern auf die erziehungswissenschaftliche Verortung dieser Bestrebungen im Kontext des Modernen Personalismus, sollen zunächst die (existenz-)philosophischen Grundlagen dieser personalistischen Pädagogik betrachtet werden. Wesentlicher Bezugspunkt ist, dass dem Zwischenmenschlichen und besonders der Erfahrung von Unmittelbarkeit in Beziehungen in der Existenzphilosophie am Beginn des 20. Jahrhunderts erstmals Bedeutung beigemessen wurde. Um diese und weitere „Umrisse einer Theorie des personalen Standpunkts" (Sturma 2008b, S. 42) zu verdeutlichen, werden die Überlegungen in einem weiteren Schritt in den Kontext einer „Philosophie der Person" nach Dieter Sturma eingeordnet. Damit wird der Fokus auf das Phänomen des „personalen Lebens im sozialen Raum" (Sturma 2008a, S. 28) gerichtet, was für die abschließenden Betrachtungen der personalistischen Pädagogik eine wichtige Ergänzung darstellt. Denn die Angewiesenheit der Menschen aufeinander, ihre Eingebundenheit in ein soziales Netz, wird in personalistischen Theorien der Erziehung zwar benannt, aber nicht systematisch ausgeführt. Dieser vernachlässigten Sozialität soll in einem

63 Personalistische Erziehungstheorien im engeren Sinne gehen auf die Tradition Emmanuel Mouniers zurück, die im Folgenden skizziert wird. Als personale Ansätze können jedoch all jene Konzepte bezeichnet werden, die von Menschen als Personen im philosophischen Sinne sprechen. Zu bemerken gilt, dass diese Konzepte teils diametral entgegengesetzt sind. Die hier rezipierten Theorien von Buber und Arendt sind in den betrachteten relationalen Aspekten kompatibel; gegensätzliche Ansätze werden nicht besprochen (vgl. bspw. Singer 2013).

relationalen Theorieentwurf pädagogischer Beziehungen jedoch angemessen Rechnung getragen werden.

Existenzphilosophie

Vermittels der existenzphilosophischen Perspektive wird der Blick auf einen der grundlegendsten Aspekte einer relationalen Anthropologie gelenkt: auf das relationale Sein und *Werden* der Person in Beziehungen. In der existenzphilosophischen Weltanschauung wird die essentialistische Vorstellung eines ‚Wesenskerns des Menschen' durch die Idee von Sein und Werden in Beziehungen ersetzt. Die entsprechende Grundthese lautet: Die Existenz im sozialen Raum geht der Essenz voraus. Darum bildet die Existenzphilosophie auch die Linse für den nun folgenden Argumentationsweg durch personale und personalistische Ansätze.

Am Beginn des 20. Jahrhunderts – inmitten zweier Weltkriege – erhoben Existenzphilosoph:innen[64] die Existenz des Menschen zum Gegenstand ihrer Betrachtungen und machten damit ihr Menschsein – ihre Existenz – zum Thema. Das Denken, welches dieser neue „Typus" (Möbuß 2015, S. 279) innerhalb der Philosophie hervorbrachte, wird heute als eigenständige Richtung betrachtet, die sich – zumindest ihrem Selbstverständnis nach – nicht schubladisieren lässt. In der folgenden Darstellung werden die philosophiegeschichtlichen Systematisierungsversuche von Vertreter:innen wie Karl Jaspers, Franz Rosenzweig und Emmanuel Lévinas – um einige bekannte Vertreter zu nennen – (siehe dazu ebd.) jedoch ausgespart. Aufgegriffen werden sollen stattdessen Zugänge, mithilfe derer das menschliche Sein in seiner *relationalen* Qualität gefasst werden kann. Elemente, die für die Rahmung des Zwischen geeignet erscheinen, finden sich vor allem in den Werken von Martin Buber und Hannah Arendt, die den Begriff Zwischen auch beide verwenden. Zwar ist die Relationalität (und auch das Zwischen bei Arendt) kein expliziter Gegenstand dieser Ansätze, sie kann aber jedenfalls historisch-systematisch daraus abgeleitet werden.

Was diese personalen Ansätze sowie die in diesem Kapitel aufgegriffenen „Existenzphilosophien" (ebd., S. 278) eint, ist, dass sie von Menschen als Personen sprechen. Sie gehen auf je unterschiedliche Weise davon aus, dass Menschen von Beginn ihres Lebens an in historisch-kulturelle Konstellationen eingebunden sind, welche sie ebenso prägen wie sie umgekehrt von ihnen und ihren Beziehungen hervorgebracht werden. Alle diskutierten Ansätze zeigen auf, dass das,

64 Existenzphilosoph:innen sind bis weit ins 20. Jahrhundert hinein als „Existenzialisten" bezeichnet worden (Möbuß 2015, S. 281). Aus heutiger Perspektive wird unter „Existenzialismus" jedoch eine untergeordnete Strömung innerhalb der Existenzphilosophie verstanden, die von Jean-Paul Sartre, Albert Camus und Simone de Beauvoir vertreten wird. Für diese zeichnet sich die Existenz des Menschen durch den Bezug zum Nichts aus, weshalb die relationale Bezogenheit auf andere nur eine untergeordnete Rolle spielen kann. Daher wird Existenzialismus in den folgenden Ausführungen ausgespart.

was das menschliche Leben ausmacht, weit über das rational sowie objektiv Fass- und Erklärbare hinausgeht. Als in die personale Existenz eingeschlossen werden dabei auch deren natürliche Anlagen betrachtet, die bereits vorgeburtlich historisch-kulturell geformt werden. Alle im dritten Kapitel herangezogenen Zugänge können in das weite Feld der Intersubjektivitätstheorien eingeordnet werden, insofern sie *von den Beziehungen aus auf das Bezogene hin* (Elias) denken. Aus intersubjektiver Perspektive werden Menschen primär in ihrer Sozialität betrachtet; was wiederum mit einer philosophischen Problematisierung der Vorstellung des autonomen Subjekts einhergeht (siehe Kap. 3.1: Elias), die sich mindestens bis zu Georg Wilhelm Friedrich Hegel zurückverfolgen lässt (Todorov 1998, S. 33–35). So geht Hegel nicht von einem autonomen Erkenntnissubjekt aus, sondern überwindet diese individualistische Tradition, indem er in kritischer Abgrenzung zu Kant eine Sozialphilosophie entwickelt, die nicht vom Verstand oder der Vernunft ausgeht, sondern die Angewiesenheit auf andere zum Ausgangspunkt für ein philosophisches Gesamtsystem nimmt. Damit erweiterte Hegel den Subjektivismus der traditionellen Philosophie um die Dimension der Intersubjektivität.

Mit den Existenzphilosophien entstand nun ein konkreter Gegenentwurf zur klassischen Subjektphilosophie und damit zur Vorstellung des autonomen Subjekts, die seit René Descartes' Subjekt-Objekt-Spaltung eine der wirkmächtigsten *Figurationen* der traditionell-abendländischen Philosophie- und Menschheitsgeschichte war. Im Rahmen dieses Denkens der Existenz entstand auch ein spezifisches Verständnis der Person, das bis heute vielfach diskutiert wird.

In existenzphilosophischen Ansätzen wird der Mensch wie gesagt nicht als autonomes Subjekt gefasst, sondern in „Relation zum Anderen“ (Möbuß 2015, S. 281) betrachtet, „deren vollendete Form eine Beziehung von Subjekt und Subjekt ist“ (Mounier 1949, S. 105). Das damit einhergehende Problem der Alterität ist dem französischen Philosophen und Personalisten Emmanuel Mounier (1905–1950) zufolge eine der großen „Eroberungen der existentiellen Philosophie“ (ebd., S. 102). Nach Mounier stellen die existenzphilosophischen Neuerungen einen expliziten Bruch zur Kartesianischen Subjekt-Objekt-Logik dar. Die Existenz, so Mounier, lasse sich nicht in einer solch binären Logik fassen: „Wenn die Existenz und vor allem die menschliche Existenz nicht Objekt eines Systems sein kann, sind die Beziehungen zwischen den Erkennenden und der Welt vollkommen umgeworfen.“ (ebd., S. 23) Mit dieser Umwälzung wurde die philosophische Anerkennung des Anderen gewissermaßen eingeleitet und damit auch ein relationales Menschenbild: Menschen entwickeln sich aus den Beziehungen mit sich selbst, der Welt und mit anderen.[65]

65 In dieser Arbeit geht es vornehmlich um die Beziehungen zwischen Personen, also um die Verhältnisse mit anderen. Die Beziehungen zur Welt und zu sich selbst spielen eine untergeordnete, aber nicht zu vernachlässigende Rolle.

Die „Versuche über das Denken an den Anderen“ (Lévinas 1995) negieren die Vorstellung eines menschlichen Wesenskerns oder einer natürlichen Essenz (Reichenbach 2007, S. 157). Sie gehen von der Faktizität des Menschen aus, der „ohne Natur [...] in die Welt geworfen“ (ebd.) ist. Anders ausgedrückt, Menschen existieren in einer bereits vor ihnen existierenden Welt. Aus der Anerkennung dieser Tatsache ergibt sich eine Fülle an Fragen, die u. a. in geistes- und sozialwissenschaftlichen Untersuchungen über menschliche Sterblichkeit (Mortalität) und ‚Gebürtlichkeit‘ (Natalität), (nicht-)souveräne Lebensführung sowie die (Un-)Kontrollierbarkeit des Miteinander-Handelns, ‚echte‘ Beziehungen und existenzielle (Un-)Freiheit[66] (Reichenbach 2007, S. 155–156) verhandelt werden. Die Bearbeitung dieser und ähnlicher existenzphilosophischer Fragestellungen hat „zu einer anthropologischen Skepsis“ (ebd., S. 157) geführt, die in Kapitel 2.2.2 bereits thematisiert wurde. So finden sich im Feld der Existenzphilosophien denn auch Vorläufer jener Historisch-Pädagogischen Anthropologie, welche aus dem anthropologiekritischen Diskurs der 1970er und 80er Jahre hervorgegangen ist. Das spezifisch Existenzphilosophische in neueren anthropologischen Untersuchungen ist letztlich die Reflexion der menschlichen Ungewissheit – ein Aspekt, an dem die Anschlussfähigkeit der Pädagogik an die Existenzphilosophie besonders offensichtlich wird.

Wie an früherer Stelle ausgeführt, kann in der erzieherischen Praxis nicht von festen Leitlinien ausgegangen werden (siehe Kap. 2.1: Schleiermacher). Für den Umgang mit dieser Unkontrollierbarkeit im zwischenmenschlichen Geschehen kann daher ein existenzphilosophisches Grundverständnis hilfreich sein. Oder wie Roland Reichenbach es formuliert, jede:r Pädagog:in sollte „*auch* Existenzialist bzw. Existentialistin“ (ebd., S. 154; Herv. i. Orig.) sein. Da Reaktionen eigentlich immer erst im Nachhinein verstanden, eingeordnet und kritisch reflektiert werden könnten (ebd., S. 159), könnte existenzphilosophisch geschultes pädagogisches Denken und Handeln u. a. bedeuten, die Unbestimmbarkeit von Reaktionen zunächst einmal anzuerkennen. Als pädagogisch wertvoll könne die Lektüre von existenzphilosophischen Ansätzen deshalb angesehen werden, weil sie – v. a. hinsichtlich pädagogischer Menschenbilder – einen möglichen Umgang mit ‚Nichtwissen‘ (siehe dazu Dederich / Zirfas 2021) und ‚Schweigendem Wissen‘ (siehe dazu Kraus et al. 2017b) eröffne. Mit Reichenbach lässt sich daher festhalten: Gelingt es pädagogisch Denkenden und Handelnden, sich im Sinne der Existenzphilosophie dem Problem der Alterität zu stellen, können sie ihre Denk- und Handlungsräume besser in Abstimmung auf gegebene Ambivalenzen und Widersprüche strukturieren sowie geeignete Umgangsweisen damit leichter anstoßen und begleiten. Wenn sie auch nicht in der Lage sein werden, nachzuweisen, ob

66 Diese Fragen werden in Kapitel 3.4 mit Hannah Arendt aufgegriffen und im Kontext ihrer Auseinandersetzung mit den Bedingungen für zwischenmenschliches Handeln bearbeitet.

und wie ihr zuvor intendiertes Ziel tatsächlich aufgrund einer bestimmten Initiative erreicht worden ist (siehe dazu Kap. 5).

Die Existenzphilosophie stellt also gewissermaßen pädagogisches Orientierungswissen bereit, das auch in der geisteswissenschaftlichen Tradition der Pädagogik eine wichtige Rolle spielt – ganz speziell im Ansatz der in den 1980er Jahren aus der Existenzphilosophie entstandenen personalistischen Pädagogik. Die historische Entstehung dieser Pädagogik wird von einem ihrer Vertreter, Winfried Böhm, u. a. mit Mounier hergeleitet (Böhm 2011, S. 125). Besagter Mounier bietet in seiner „Einführung in die Existenzphilosophie" (1949) eine am christlichen Glauben orientierte Systematisierung verschiedener Existenzphilosophien und ihrer Unterströmungen an. Seine besondere Aufmerksamkeit gilt dabei dem Personalismus und dessen Entstehungskontext in der westlichen Philosophiegeschichte. Mounier trägt unterschiedliche Ausgestaltungen des Personalismus' innerhalb der abendländisch-christlich-jüdischen Philosophie zusammen, kontrastiert religiöse und atheistische Konzepte und entwirft so einen „Stammbaum"[67] (Mounier 1949, S. 11) des Denkens der Existenz, der einen einführenden Überblick über die existenzphilosophische Verortung der Philosophie der Person bietet. Wobei sich die „Vorfahren" (ebd., S. 9) in den Wurzeln und im Stamm befinden und die verschiedenen Ausprägungen des 20. Jahrhunderts in der Baumkrone repräsentiert werden. Ohne im Detail auf das je spezifische „philosophische Erwecken" (ebd., S. 15) der von Mounier dargestellten Existenzphilosoph:innen (u. a. Gabriel Marcel, Karl Jaspers, Martin Heidegger und Jean-Paul Sartre) einzugehen, sollen die philosophischen Vorläufer und Entwicklungslinien einer Philosophie und Pädagogik der Person nun anhand dieses „existenzialistische[n] Stammbaum[s]" (ebd., S. 11) vorgestellt werden.

Zu den Ursprüngen dieses Denkens zählt Mounier die antiken Philosophien der Stoiker und die Philosophie Sokrates', die römische Philosophie von Augustinus und die mittelalterliche Mystik des christlichen Predigers Bernhard von Clairvaux. Im unteren Teil des Stammes steht der Name des Philosophen Pascal, darauf folgen Maine de Biran und Søren Aabye Kierkegaards (1813–1855) – dessen Name bis zum Beginn der Baumkrone hinaufreicht (ebd., S. 9–11). Laut den gängigen Einführungen in die Existenzphilosophie beziehen sich sämtliche Philosophien der Existenz direkt oder indirekt auf Schriften des letztgenannten

67 Im Gegensatz zum Stammbaum entspricht die Vorstellung des „Rhizom[s]" (Deleuze / Guattari 1977) viel eher der Vision von solidarischen Beziehungsweisen jenseits von Herrschaftsverhältnissen. Dieses ‚Pilzgeflecht' gibt nach Angabe der Autoren des Buches „nichts zu verstehen, aber viel, dessen man sich bedienen kann" (ebd., S. 40). Dieser Aufforderung folgend könnte das Rhizom als Metapher entliehen werden, um eine Vorstellung von den Verflechtungen reziproker Beziehungen zu gewinnen. Jeder „beliebige Punkt […] [kann] mit jedem anderen verbunden werden" (ebd., S. 11). Dieses Bild eignet sich besser für das Zwischen als die Vorstellung des Stammbaums, aus dessen Wurzeln das Denken der Person hervorging und ersetzt es durch ein Denken, das „die Dinge von ihrer Mitte her" (ebd., S. 37) wahrnimmt (vgl. auch Adamczak 2017).

Dänen. Von diesem ‚Vordenker' der modernen Existenzphilosophie (Theunissen 1977, S. 257) stammt bspw. der Gedanke, dass wir das Leben zwar vorwärts leben, aber nur rückwärts verstehen können (Reichenbach 2007, S. 158). Womit Kierkegaard „an die Stelle des Seins die Existenz gesetzt" (Flores d'Arcais 2017, S. 24) habe. Mit seiner sog. „Existenzdialektik" – also jener Dialektik zwischen einem Selbst und einer fremden Existenz, die sich dem direkten Zugriff durch das Selbst entzieht – habe er ein grundlegendes Bewusstsein für das philosophische Problem des Zwischen geschaffen (Theunissen 1977, S. 497).

Die Kierkegaardsche Revision der Hegelschen Dialektik spannt gewissermaßen den philosophiegeschichtlichen Bogen zur Betrachtung der Existenz, aus dem die Philosophie der Person hervorgegangen ist. Im Stammbaum Mouniers gelangt man über Kierkegaard zum phänomenologischen Ansatz Edmund Husserls, welcher die „Frage nach der Subjektivität und der in ihr konstituierten Welt" (Theunissen 1977, S. 257) aufwirft – wodurch die Intersubjektivität ins Zentrum der philosophischen Aufmerksamkeit rückt. Was sich bei Husserl jedoch *nicht* findet, ist der Gedanke der Vorrangigkeit der Relation vor den Relata (siehe Kap. 3.3).

Die Krone bilden verschiedene Äste, die am Beginn des 20. Jahrhunderts ‚gewachsen' sind. Ein starker, von den übrigen Ästen weit abstehender Ast, trägt die Namen Nietzsches und Heideggers, sowie Sartres an der Zweigspitze. Dieser Ast repräsentiert die Strömung des Existenzialismus. Für Martin Heidegger, den Mounier als deren Vorläufer betrachtet, „liegt die Mitseinsproblematik gar nur am Rande der Daseinsanalytik, die selbst bloß die eigentlich angestrebte Klärung des Sinnes von Sein vorbereiten soll" (Theunissen 1977, S. 257). Damit ist angezeigt, dass der Bezug zu anderen Menschen nicht im Zentrum des Existenzialismus steht. Vielmehr denken Heidegger und die an ihn anschließenden Existenzialist:innen von den Relata her und nicht umgekehrt *von den Beziehungen ausgehend auf das Bezogene* (siehe Kap. 3.1: Elias). Ähnlich zu „Sartre setzt die [Heideggersche; Anm. TL] Reflexion auf das Für-Andere-sein die Deskription des Für-sich- und des An-sich-seins voraus" (ebd.).

Wie gesagt sind die Ansätze der genannten Vordenker unterschiedlich in ihrem Relationalitätsbezug. Neben dem Existenzialismus sind insgesamt 14 weitere, teils verzweigte, Äste abgebildet. Von den darin aufgeführten Existenzphilosophen[68] soll einer im nächsten Kapitel näher betrachtet werden: nämlich Mar-

68 Aufzählung der Namen aus dem existenzphilosophischen Stammbaum von links: Sartre, La Berthonnière, Blondel, Berson, Péguy, Landsberg, Scheler, K. Barth, Buber, Berdiajew, Chestoff, Solovleff, G. Marcel, Personalismus, Jaspers (Mounier 1949, S. 11). Mounier erwähnt zwar nur Männer, doch es gab auch mindestens eine Existenzphilosophin in dieser Zeit. Die politische Aktivistin und Marx-Kennerin (siehe dazu Weil 2012) Simone Weil (1909–1943), die gegen Ende ihres kurzen und ereignisreichen Lebens zutiefst gläubig wurde, hinterließ ein beachtliches Werk, das erst seit wenigen Jahren nach und nach die verdiente Aufmerksamkeit erfährt (vgl. Eilenberger 2020).

tin Buber, welcher die Denkfigur des Zwischen als zentrale Schlüsselkategorie der Dialogphilosophie ausarbeitet (Kap. 3.3). Auf dem kleinsten Ästchen des Baumes, das sich zwischen den Zweigen von Gabriel Marcel und Karl Jaspers befindet, ist im Unterschied zu allen anderen kein Name, sondern ebendie Strömung des Personalismus vermerkt.

Personalismus

Nach Emmanuel Mounier ist der Personalismus eine philosophische Strömung, die sich innerhalb der Existenzphilosophie herausgebildet hat. Indem Mounier einen theologisch fundierten Personbegriff ‚verphilosophiert', entwickelt er eine Anthropologie der Person, welche trotz ihrer moralisierenden Tendenz zur disziplintheoretischen Verankerung für den Entwurf eines relationalen Menschenbildes herangezogen werden kann. Mounier benutzt in seinem ‚Personalistischen Manifest' (1936) die Bezeichnung Personalismus zunächst als Sammelbegriff für „jede Lehre und jede Kultur, die den Vorrang der Person des Menschen vor den materiellen Bedürfnissen und gesellschaftlichen Einrichtungen vertritt, die ihre Entwicklung bestimmen" (ebd., S. 7). Die stark religiös geprägte Darstellung resultiert in einem philosophischen Aufruf zu einer „Umkehr zur Person" (Mounier 1949, S. 72). Mounier hat die Vision einer „personalistischen Revolution" (Mounier 1936, S. 270), die in eine „personalistische Kultur" (ebd., S. 72) führen könnte und markiert Eckpunkte für diese „neue Zivilisation" (ebd., S. 16) von ‚neuen Menschen', die er durch eine Umkehr hin zu der existenziellen ‚letzten menschlichen Erscheinungsform' ermöglicht sieht.

Wie am Motiv des ‚neuen Menschen' deutlich wird, verlangt die Arbeit mit Mouniers Personalismus-Verständnis nach einer kritischen Kontextualisierung. Dazu sei betont, dass der vorliegende Versuch einer relationalen Anthropologie pädagogischer Beziehungen gerade nicht zum Ziel hat, ein ‚Wesen des Menschen' zu beschreiben und ihn entsprechend zu verändern, sondern eine Sensibilisierung für die Beziehungsweisen *zwischen* Menschen anzustoßen. Durch eine Fokussierung auf eine reziproke Beziehungsweise wird – wie mit Bini Adamczak am Beginn des dritten Kapitels vorausgeschickt – eine *Enthierarchisierung* der bestehenden hierarchischen Bedingungen vorstellbar, ohne dafür die Menschen auf eine bestimmte Weise zu formen (Adamczak 2017). Dementsprechend dient Mouniers Schrift hier vor allem einer ersten groben Charakterisierung des Personalismus, welche anschließend weitergedacht und hinsichtlich der sozialen Dimension konkretisiert wird (siehe Abschnitt zur „Philosophie der Person").

Was sein ‚personalistisches Manifest' betrifft, so gilt dieses als Gründungsschrift einer personalistischen Pädagogik (Seichter 2012, S. 309); wobei sich der große Bogen seines ‚Manifests' als eine Ablehnung des damals verbreiteten (Traditions-)Marxismus erweist (siehe dazu bspw. Burghardt 2020). In Abgrenzung dazu fasst Mounier die Bestrebungen des Personalismus auch als „dritten" (Mounier 1936, S. 269) „Weg jenseits des Faschismus, des Kommunismus und der verfallenden bürgerlichen Welt“ (ebd., S. 7). Entsprechend ‚populistisch‘ fällt die Darstellung aus. Inhaltlich ruft Mounier zu einer personalistischen Wirtschafts- und Lebensweise auf, die auf vier ‚revolutionären Taten‘ beruhen soll: Erstens, so Mounier, müssten sich Personen darüber bewusst werden, *„inwieweit Neigungen und Widerwillen unbewußt* [sic] *auf Instinkt oder auf Interessen beruhen“* (ebd., S. 265; Herv. i. Orig.); zweitens müssten sie selbst beginnen „zu denken und zu leben“ (ebd., S. 267), anstatt sich auf Mythen zu stützen; drittens werde gefordert, den *„richtunggebenden Haltungen den Vorrang vor angelernten ‚Lösungen‘ [zu] geben“* (ebd.; Herv. i. Orig.) und viertens seien Personen gefordert, *„[s]ich zurückzuziehen, sein, bevor man etwas tut, erkennen, bevor man handelt“* (ebd.; Herv. i. Orig.). In der pädagogischen Praxis, so Mounier, könne an diese revolutionären Taten herangeführt werden. Nämlich, wenn die Fähigkeit zur Selbstbestimmung im Rahmen der personalen „Sammlung“ (ebd., S. 77) in den Mittelpunkt gerückt werde. Die dadurch „fortschreitende Vereinheitlichung“ (ebd., S. 81) ihrer Handlungen und Zustände folge dabei „keine[r] systematische[n] und abstrakte[n] Vereinheitlichung“ (ebd.), sondern treibe „die fortschreitende Entdeckung eines geistigen Lebensprinzips“ (ebd.) voran, das jeder Mensch für sich zu entwickeln vermöge. Diese nie-enden-wollende – von Mounier auch als die „Berufung“ (ebd.) einer Person bezeichnete – Aufgabe könne pädagogisch unterstützt werden, indem sich die Zu-Erziehenden in den vier revolutionären Taten übten (Mounier 1936, S. 83–84).

Die mit Mounier vorgetragene Idee der *Sammlung* verweist darauf, dass im Laufe der *Psychogenese* einer Person ein sinnvoller Gesamtzusammenhang aus Erfahrungen, Wünschen und Empfindungen angestrebt wird. Das heißt, Menschen verfolgen unterschiedliche, zuvor gefasste Ziele, die sie im Laufe ihres Lebens jedoch nicht vollumfassend realisieren können, weil Erfahrungen, Träume und Wünsche einander mitunter widersprechen. Mit Guiseppe Flores d'Arcais (1908–2004) ausgedrückt, ist die Einheit einer Person im Kreuzungsbereich von unterschiedlichen (Lebens-)Entscheidungen „andauernd aufs neue zu bestärken, zu bewähren und noch zuvor als ein Lebensplan zu entwerfen“ (Flores d'Arcais 2017, S. 154). Diese Vorstellung der *Sammlung* im Sinne eines nie-endenden Prozesses erlaubt es, das Konzept der personalen Identität als ein Phänomen zu betrachten, das sich zwar selten entsprechend eines konkreten Plans realisiert, aber dennoch auf Vereinheitlichung ausgerichtet ist. Gerade in diesem Prozess, so Flores d'Arcais, liege „ihr personaler Wert beschlossen“ (ebd.). Es war denn auch dieser italienische Kulturphilosoph und Pädagoge, welcher Mouniers Entwurf für eine *personalistische Revolution* in den pädagogischen Diskurs eingebracht hat.[69] Flores d'Arcais betrachtet die Selbstbestimmung des

69 Winfried Böhm nennt neben Flores d'Arcais außerdem Romano Guardini (Theologe) und Giuseppe Catalfamo (Erziehungswissenschaftler) als treibende Kräfte hinter der personalistischen Theoriebildung in der Pädagogik (Böhm 2011, S. 125).

Menschen gewissermaßen als gemeinsames Prinzip der von ihm rezipierten „Personalismen" (ebd., S. 23) bzw. „Theorien der Person" (ebd., S. 35) und bricht mit dem tendenziell dogmatischen Verständnis des Personalismus bei Mounier – wie seine Einführung zu „Die Erziehung der Person" (1987/2017) zeigt. Darin schreibt er durchgängig „von Theorien bzw. von Theorieentwürfen" (ebd., S. 58), die sich allesamt durch eine dreidimensionale Struktur aus Anthropologie, Teleologie und Methodologie auszeichneten (ebd., S. 19). Ausgehend von dieser Trias nähert sich Flores d'Arcais der Systematik eines Prinzips der Person für die Erziehung an. Wobei er betont, dass pädagogische Grundprobleme aufgrund der vielen potentiell möglichen Variationen innerhalb dieser Trias nicht abschließend geklärt werden könnten (ebd., S. 17). Vielmehr eröffneten verschiedene Varianten je konkrete Möglichkeiten, die weiterer Prüfung bedürften (ebd., S. 58). Insofern Flores d'Arcais versucht die menschliche Unbestimmtheit „nicht analytisch-deskriptiv" (ebd.) zu verstehen, kann er keine „erschöpfende[n] und ontologisch definitive[n] Antworten" (ebd., S. 36) auf die Frage nach der Existenz geben. Dass die Personwerdung demgemäß eine immer wieder neu zu bearbeitende Herausforderung bleibt, ist der Aspekt, in dem die existenzphilosophischen Grundzüge deutlich hervortreten. Was die Frage nach einem regulativen Ideal für die Praxis der Erziehung und Bildung betrifft, so ist dieses regulative Maß im Falle einer personalistischen Erziehungstheorie die Person. Gemäß Flores d'Arcais verändert sich die Person im Rahmen des bestehenden *Interdependenzgeflechts,* indem sie lernt, „immer besser auf die Anforderungen ihrer Individualität" (ebd., S. 154) zu antworten. Dabei habe sie mitunter auch Rückschläge zu bewältigen, doch die Möglichkeit der Identifikation mit sich selbst bleibe stets offen. In dieser Hinsicht lässt sich Flores d'Arcais Entwurf als ein praktisches *Fachwerk* (siehe Kap. 2.1: Schleiermacher) für die pädagogische Praxis interpretieren.

***

Tatsächlich ist die oben nachgezeichnete, mit Mounier verbundene, religiös fundierte Traditionslinie nur ein kleiner Ausschnitt der vielschichtigen und interdisziplinären Auseinandersetzungen mit dem philosophischen Menschenbild der Person. Im Folgenden wird die in der Pädagogik des Modernen Personalismus bedeutsam gewordene Anthropologie der Person deshalb in einem größeren philosophiegeschichtlichen Kontext verortet. Reich an Bedeutungsnuancen ist der Begriff der Person philosophiegeschichtlich betrachtet ein besonders schillernder. Einige ausgewählte Aspekte davon sollen im nächsten Abschnitt unter Rückgriff auf die analytisch-philosophischen Studien von Dieter Sturma (bspw. 2008b) freigelegt werden.

Philosophie der Person

Dieter Sturma zufolge beruht das philosophische Konzept der Person auf einer schier unüberschaubaren – den letzten 2000 Jahren der Philosophiegeschichte entstammenden – Anzahl philosophischer Einflüsse und Ansätze (Sturma 2008a, S. 42). Dabei wendet Sturma sich explizit gegen eine Tendenz in der Forschung, welche die „spannungsreichen disziplinären Verflechtungen der Philosophie der Person" (Sturma 2011, S. 460) als eine „Krise des Personbegriffs" (ebd.) auslegt. In Abgrenzung zu dieser Krisenmetaphorik verfolgt er den „systematischen Aufstieg des Begriffs der Person" (ebd.) und entwirft damit eine nicht-reduktionistische *Philosophie der Person*. Die theoretischen Bezüge seiner Systematik umfassen sowohl bewusstseinsphilosophische als auch ethische und psychologische Aspekte (Sturma 2008b, S. 27), welche vielfältigen und divergierenden historischen Strängen zugeordnet werden können. Wie dieses Verfahren zeigt, ist Sturma darum bemüht, Diversität nicht zu reduzieren, sondern eine „Einheit in der Vielfalt" (ebd., S. 41) kenntlich zu machen. Er räumt jedoch ein, dass die vielfältigen Entwicklungslinien mehrfach gebrochen seien bzw. teils auch „weitgehend unbezüglich zueinander" (Sturma 2011, S. 460) verliefen. Dennoch erführe der Begriff etwa seit der zweiten Hälfte des 20. Jahrhunderts eine zunehmende Vereinheitlichung.[70] Bezüglich der begrifflichen Vereinheitlichung unterscheidet Sturma mehr als zehn historische Phasen der Begriffsgenese (Sturma 2008a, S. 30), die er aus der Bewusstseins- und Moralphilosophie, der Alltagspsychologie sowie der Metaphysik ableitet (ebd.). Um das integrative Potential des Personbegriffs zu veranschaulichen (ebd., S. 42), ordnet er diese in anthropologischer, ethischer, geist- und sozialphilosophischer Hinsicht (ebd., S. 32). Diese hier skizzierte Struktur des philosophiegeschichtlichen Kontextes des Personbegriffs muss darauf verzichten, philosophische Debatten rund um die vielfältigen Bezüge im Detail auszuführen. Herausgegriffen werden soll lediglich ein relationaler Aspekt, der für die personalistische Pädagogik auch konstitutiv ist, dort jedoch nicht systematisch entfaltet wird: die Dimension des sozialen Raumes.

In seiner Habilitationsschrift „Philosophie der Person" (2008b) rekonstruiert Sturma moderne „Selbstverhältnisse von Subjektivität und Moralität" – wie es im Untertitel des Buches heißt – im aufklärerischen Subjektverständnis. In der Zusammenschau vielfältiger und miteinander verschränkter Deutungsmöglichkeiten stellt er die *Philosophie der Person* als ein bewegliches Konzept heraus, dessen

70 An dieser Stelle kann angemerkt werden, dass es auch personale bzw. personalistische Ansätze gibt, die „gegenwärtig im Dunstkreis einer utilitaristischen Ethik" (Böhm et al. 2019, S. 178) ein an John Locke anschließendes Verständnis des Personbegriffs vertreten. Dieses bspw. von Peter Singer vertretene Verständnis unterscheidet sich von der existenzphilosophischen sowie insgesamt von nicht-reduktionistischen Lesarten des Personbegriffs durch seine antihumanistische Ausrichtung (Singer 2013; siehe auch Handwerker 2007).

„Konstellation von Argumentationen und Theoriestücken“ (ebd., S. 42) hier *relational* gefasst werden soll. Die Person wird mit Sturma als materielle Entität verstanden, „die ihre eigenen Zustände formt“ (ebd., S. 25) und prinzipiell fähig ist, „in der Welt der Ereignisse unter bestimmten Bedingungen autonom – nach selbst auferlegten Regeln und Gesetzmäßigkeiten – [zu] handeln“ (Sturma 2008a, S. 29). Abschließend bestimmbar, so Sturma, sei der Personbegriff letztlich jedoch nicht, denn die vielen „Bereiche, die der Sache nach in die Philosophie der Person hineinragen, sind zu umfangreich, als daß sie vollständig in einen systematischen Entwurf integriert werden könnten“ (Sturma 2008b, S. 42). Gleichwohl eröffneten sich mit zahlreichen Denker:innen der Philosophiegeschichte neue Einsichten in die höchst komplexe und undurchsichtige Begriffsgenese der Person. Nach Sturma ist dies – neben Descartes und Leibniz – vor allem bei John Locke der Fall welcher „den modernen Begriff der Person im Rahmen der ersten ausgeführten Theorie personaler Identität geprägt“ (ebd., S. 27) habe. In der an Locke anschließenden Tradition werde dem Menschen jene Autonomie zugeschrieben, die es ermögliche, je nach praktischen Beweggründen bewusste Handlungen zu setzen. Diese Autonomie verweist auf die weiter oben bereits thematisierte Figur des autonomen Subjekts. Wie mit Elias ausgeführt, hat eine sukzessive Verlängerung von interdependenten Handlungsketten (siehe Kap. 3.1) die Menschen dazu gezwungen, ihre Affektivität und Emotionalität stärker zu kontrollieren. Fremdzwecke wurden internalisiert und haben sich in Form von Selbstzwängen in ihre Lebensvollzüge eingeschrieben. Nichtsdestotrotz wird im Rahmen der *Philosophie der Person* an der Möglichkeit zum selbstbestimmten Handeln festgehalten, bzw. werden Menschen den Ereignissen gegenüber nicht als komplett ausgeliefert betrachtet. Wenngleich menschliches Tun stets mit der Um- und sozialen Mitwelt vermittelt ist (was bei Sturma theoretisch tendenziell unterbelichtet bleibt), können Handlungsketten sehr wohl intentional angestoßen und vorangetrieben werden. Ebendiese Möglichkeit zur Selbstbestimmung steht in der *Philosophie der Person* in einem Zusammenhang mit dem oben erwähnten sozialen Raum, in dem Personen existieren. Insofern es ohne die anderen auch kein Bewusstsein von sich selbst gäbe, da dies ja dann von nichts zu unterscheiden wäre (Sturma 2008a, S. 27), so Sturma, verwiesen Begriffe wie *Selbst*bewusstsein, Moralität, Affektivität und Anerkennung (ebd., S. 38–39) auf die soziale Dimension und damit auf die Existenz anderer. So wären das Bewusstsein von sich selbst, moralisches Empfinden, Gefühlsäußerungen oder die Möglichkeit zur Anerkennung ohne andere Menschen nicht möglich bzw. notwendig. Das Bewusstsein von sich selbst sei also in ein relationales Gefüge eingebettet, das als Gegenstand jedoch nicht restlos gefasst werden könne (ebd., S. 36). Die Möglichkeit einer Annäherung hingegen bestehe nicht nur, sondern verweise zugleich auf die konstitutive Rolle des personalen Selbstverhältnisses, welches sein Modell in sozialen Beziehungen habe: „Personen können sich in der Welt orientieren, weil sie in der Lage sind, sich in Zuschreibungen und Bezugnahmen […] auf sich selbst zu beziehen.“ (ebd., S. 34)

Ohne die soziale Mitwelt würde eine Betonung dieser Selbstreferenz hinfällig, denn das Selbst kann sich nur in sozialen Räumen von anderen abgrenzen. Dieser mit Mounier als *Sammlung* bezeichnete Prozess schlägt sich in der personalen Identität nieder, die im Bezug zu einer sozialen Umgebung steht und sich fortlaufend verändert. Die Erfahrungen im sozialen Raum würden, so Sturma, in einem „selbstreferentielle[n] Integrationszentrum" (Sturma 1992, S. 123) verarbeitet und in die bestehende Identität integriert oder davon abgespalten. Eine Person könne sich zwar über ihre Identität bewusst werden, eine „irreduzible Komponente personalen Lebens" (ebd.) bleibe jedoch bestehen: nämlich die spezifische Position in Raum und Zeit, welche nur der dort befindlichen Person offenstehe (ebd.). Bei dieser exakt von ihr eingenommenen Position handle es sich um die einzige in der Welt, von der niemand sonst die konkrete Perspektive kenne (die wiederum von ihren Beziehungen zu anderen abhängt).

Den sozialen Beziehungen, in denen die Person ihr relatives Selbstbewusstsein und damit ihre personale Identität ausbildet, wird auch von Sturma auffällig wenig Aufmerksamkeit geschenkt. Eben darin liegt aber – so paradox dies klingen mag – das emanzipatorische Moment seiner *Philosophie der Person*: Ergibt sich doch aus dem Zusammenspiel von Selbstbewusstsein und dem sozialen Raum eine semantische und systematische Unbestimmtheit des Personbegriffs, die durch einen Blick auf das Innenleben der Person reflektierbar wird. Dieser Blick eröffne das Problem der unbewussten Einflüsse auf die personale Identität, die zwar nicht „durchgängig transparent" (Sturma 2008a, S. 33), von der jeweiligen Person selbst aber von Zeit zu Zeit hinsichtlich bestimmter Belange bewusst gemacht werden könnten. Zwar seien dieser Bewusstwerdung Grenzen gesetzt, da die aktiv gesetzten Handlungen das Unbewusste prägten und umgekehrt. Von dieser (postmodernen) Ansicht unterscheidet personales Denken sich jedoch insofern, als hier die „Vorstellungen von Selbstbewusstsein und Autonomie" (ebd., S. 27) noch nicht durch die „konstitutive Bedeutung von unbewussten und anonymen Strukturen" (ebd.) widerlegt sind. Aus Perspektive der *Philosophie der Person* besitzen Menschen vielmehr potentiell die Fähigkeit, sich „ihrer selbst über die Zeit hinweg als identisch bewusst [zu] werden" (Sturma 2008a, S. 37).

Was die Konkretisierung der sozialen Dimension im Kontext eines philosophischen Personverständnisses betrifft, sei hier allerdings noch einmal betont, dass diese Identifikation nicht abgeschlossen werden kann, weil Menschen permanent hinter ihren Möglichkeiten zurückbleiben (Sturma 2008b, S. 33). Gleichwohl wertet Sturma den Begriff Person als „Ausdruck einer eigen gearteten Lebensform" (Sturma 2008a, S. 28), die es erlaubt, die Grenzen möglicher Selbstbestimmung in den Reflexionshorizont zu holen. Auch wenn niemand all seine Potentiale gleichzeitig realisieren könne; so gewinne die personale Lebensform ihren normativen Gehalt letztlich doch aus diesem Spannungsverhältnis zwischen einer idealen Identität und ihrer faktischen Verwirklichung (Sturma 2008b, S. 33).

Zusammenfassend ließe sich sagen, die soziale Dimension in Sturmas *Philosophie der Person* eröffnet Spielräume, die nie gänzlich ausgeschöpft und bestimmt werden können. Damit hat Sturma „zumindest in systematischer Hinsicht das Erbe der traditionellen philosophischen Anthropologie übernommen" (Sturma 2008a, S. 42), ohne sich mit reduktionistischen Antworten zu begnügen. Das ist ein Grund, warum der soziale Raum, in dem die Person ihre Identität relational hervorbringt, hier zur Hinführung an ein relational-anthropologisches Menschenbild genommen wird (siehe Kap. 4).

Personalistische Pädagogik

Die Konkretisierung des Personbegriffs diente der Schaffung eines „integrativen Rahmen[s]" (Sturma 2008b, S. 35), in den die personalistische Pädagogik nachfolgend eingebettet werden soll. Genauer gesagt, soll die mit Sturma konkretisierte soziale Dimension des Personbegriffs in pädagogischen Ansätzen aufgespürt werden, die diesen Rahmen selbst nicht transparent machen. Dazu wird die deutsche Adaption der personalistischen Pädagogik nach Guiseppe Flores d'Arcais durch Winfried Böhm weiterverfolgt. Böhms Theorie personalistischer Erziehung kreist um die Person als regulatives Ideal für die pädagogische Praxis, die nicht nur ein zentrales Motiv in vielen seiner Bücher, sondern auch ein mögliches ‚Maß' für Erziehung ist. Böhms theoretische Grundlage bilden seine Erkundungen der aristotelischen Unterscheidung von Theorie, Praxis und Poiesis (Böhm 2011). Im Anschluss an das Aristotelische Praxisverständnis bezieht sein Verständnis einer personalistischen Pädagogik sowohl die zwischenmenschliche Beziehung von pädagogischen Fachkräften und den Zu-Erziehenden als auch die Verflechtungen von traditionellen Überlieferungen und transformierenden Neuanfängen mit ein (siehe Kap. 2.2.1: Mollenhauer). Deutlich wird dies bspw. an folgendem Zitat:

> Daraus „ergibt sich die logische Forderung, der erzieherische Bezug habe einen Freiraum zu schaffen und zu gewährleisten, in dem eine dialogische Konfrontation der verschiedenen Standpunkte (auch der Streitpunkte) stattfinden kann, die einerseits vom Erzieher und andererseits vom EDUCANDUS aber auch von einer sich hartnäckig behauptenden Tradition hier und dem Bedürfnis nach Veränderung und Innovation dort vertreten und vorgebracht werden" (Flores d'Arcais, zitiert nach: Böhm et al. 2019, S. 192; Herv. i. Orig.) kann.

Es sei hier schon gesagt, dass sowohl die vertikalen Verflechtungen mit dem gesellschaftlichen Kontext als auch die horizontalen Beziehungen zwischen den handelnden Akteur:innen in Böhms theoretischen Reflexionen über die Praxis der Personwerdung nur sehr zurückhaltend thematisiert werden.[71] Vielmehr stellt er das „Ziel der Personwerdung“ (ebd., S. 199) in den Mittelpunkt seiner Betrachtungen einer personalistischen Pädagogik. Um also zeigen zu können, welch transformatives Potential sich aus der Art der Beziehungsweisen für die pädagogische Praxis eröffnet, muss die mit Sturma vorgebrachte Betonung der relationalen Dimension der Person hinzugezogen werden.

Böhm geht davon aus, dass Menschen von Geburt an durch eine „triadische Architektur der Person qua reflexives Denken, Fähigkeit zur sprachlichen Kundgabe und Möglichkeit zu freitätigem Handeln“ (Böhm 2011, S. 131) ausgestattet sind. Den Menschen ist demnach also nicht nur die Fähigkeit zur Freiheit[72] gegeben, sondern auch die potentielle Begabung zu Vernunft und Sprache, welche sie ständig weiter und anders zu verwirklichen haben. Diese Pädagogik, die an der „Ordnungskategorie“ (Seichter 2016) der Person ausgerichtet ist, betrachtet den Menschen somit als Wesen, das nicht zu einer Sache verdinglicht werden darf. Demgemäß adressiert Böhm mit seinen Texten auch pädagogisch Denkende und Handelnde, die ihren Beitrag zur sog. *Aktuierung* der Person leisten wollen. „Aktuierung will dabei besagen, daß das Kind potentiell, d. h. der Möglichkeit nach, immer schon Person ist, es aber aktuell, d. h. der Wirklichkeit nach, erst werden soll“ (Böhm et al. 2019, S. 194). Das Resultat dieser *Aktuierung* sei, dass Menschen als Personen wahrgenommen werden könnten und dabei je nach Situation und Gegenüber anders seien und doch gleichblieben.

> Die „möglichen Menschen [werden] wirklich, d. h. ‚aktuell‘ […]. Diese ‚Erwirklichung‘ (Aktuierung) geschieht in der Weise, dass der Mensch von den Möglichkeiten seiner Vernunft, Freiheit und Sprache tatsächlich Gebrauch zu machen lernt und auf diese Weise Schritt für Schritt immer vernünftiger, freier und kommunikativer – mit einem Wort: immer ‚mündiger‘ – wird“ (ebd., S. 199).

Aus personalistischer Sichtweise umfasst Erziehung demnach all jene Taten und Worte, die einem Menschen helfen, sein Personsein zu *aktuieren* und d. h., (un-)bestimmte Möglichkeiten zu *realisieren*. Welche Aspekte dabei gefördert und welche vernachlässigt werden sollten, gilt es in Anbetracht der individuellen und gesellschaftlichen Anforderungen und Möglichkeiten auf der Ebene zwi-

---

71 So erkennt Böhm (2011, S. 179) zwar den „grundsätzlich dialogischen Charakter der Erziehung“ an, doch diesen Gedanken verfolgt er nicht weiter. Er betont jedoch, dass „der Gedankengang (an anderer Stelle) weitergeführt werden muß“ und zwar in Richtung eines zugrundeliegenden Menschenbildes als auch hinsichtlich einer „didaktischen Konkretisierung jenes pädagogischen Verfahrens“, das er als „Identifizierung des Ganges von Beispiel zu Beispiel“ beschreibt.

72 Freiheit geht auf die Würde der Person zurück, die historisch betrachtet erstmals in der Rede „Über die Würde des Menschen“ von Giovanni Pico della Mirandola (1486/1990; siehe Kap. 1: Einleitung) überliefert wurde (Seichter 2012, S. 310). Jedem Menschen kommt die personale Würde *qua* Geburt zu, worauf eine zentrale normative Setzung der personalistischen Pädagogik gründet.

schenmenschlicher Beziehungsweisen auszuhandeln. Aufgrund der relationalen Bedingtheit der Menschen im sozialen Raum besteht prinzipiell die Möglichkeit, das Bestehende zu überschreiten (d. h. es entsteht potentiell ‚Neues'; siehe Kap. 3.4). Dieser soziale Raum wird in der personalistischen Pädagogik jedoch tendenziell vernachlässigt, denn „sowohl die biopsychischen Anlagen als auch die Ansprüche der Gesellschaft" (Böhm 2011, S. 127) werden dem Maß der Person untergeordnet. Wenn daher, wie bei Böhm etwa, zu lesen ist, dass „weder die Bedeutung der natürlichen (bio-psychologischen) Gegebenheiten noch die gesellschaftlichen (sozio-ökonomischen) Voraussetzungen der Erziehung" (Böhm et al. 2019, S. 180) vernachlässigt werden dürften, dann wird die relationale Struktur der Person damit zwar als Voraussetzung personalistischer Pädagogik benannt. Doch die tatsächliche Verquickung der Person mit den gesellschaftlichen Verhältnissen, die konstitutiv ist für den Prozess relationaler Identitätsbildung, kann damit kaum reflektiert werden. Dies zeigt sich bspw. an dem folgenden Zitat, in dem menschliche Existenz einem Naturalismus gegenübergestellt wird:

> „Im Gegensatz zu jedem natürlichen Wachstum und zu einer mißverständlichen Auffassung der Selbstverwirklichung als eines biologisch-psychologischen Ausfaltungsprozesses muß die Person als eine denkende Selbstverwirklichung begriffen werden, die gerade nicht ihre Bedürfnisse auslebt, sondern diese kritisch zu beurteilen weiß." (Böhm 2011, S. 131)

Was eine vom Personalismus inspirierte Pädagogik jedenfalls fördert ist das Bewusstsein für die Selbstbestimmungsmöglichkeiten der einzelnen Personen. Im Hinblick auf die Verflechtungen von Personen mit den gesellschaftlichen Verhältnissen sowie mit den gegebenen (natürlichen) Bedingungen scheint dagegen eine relationale Erweiterung des personalistischen Horizonts notwendig.

Das aus Perspektive der *Philosophie der Person* beschriebene Spannungsfeld zwischen Selbstbewusstsein und Unbewusstem macht es möglich, diese Verflechtungen miteinzubeziehen, nicht zuletzt um der Grenzen der besagten kritischen Beurteilung gewahr werden zu können. Im Gegensatz dazu geht jedoch eine personalistische Pädagogik davon aus, dass die Person – beschränkt aber dennoch – im Kontext ihrer „kontingenten zufälligen Bedingungen natürlicher, sozialer, ökonomischer, politischer u. a. Art" (Böhm et al. 2019, S. 199) wahrgenommen werden kann und dabei jedoch stets ‚mehr' ist als die Summe ihrer natürlichen und gesellschaftlichen Bedingungen. Dabei gilt „sowohl die Absolutsetzung der Natur als auch jene der Gesellschaft" (ebd., S. 180) als problematisch. Ebenso verbietet sich eine additive Sichtweise der unterschiedlichen Einflussfaktoren.

In der Konsequenz bedeutet das, dass Menschen begrifflich nicht vollumfassend als Personen bestimmt werden können. Der Begriff Person verweist folglich auf einen normativen (und damit nicht weiter reduzierbaren) Gehalt einer relationalen Grundstruktur: „Die Person ist nicht das vortrefflichste Objekt der Welt, ein

Objekt, das wir von außen kennen, wie die anderen. Sie ist die einzige Realität, die wir von innen kennen und die wir zugleich von innen heraus vollbringen. Überall gegenwärtig, ist sie doch nirgends gegeben.“ (Mounier 1949, zitiert nach: Böhm et al. 2019, S. 182) Die ‚natürlichen Anlagen‘ und ‚Funktionen‘ in der Gesellschaft sind dabei Teil der personalen Identität, die relational gefasst werden kann.

Der Vorteil dieser Betrachtungsweise ist, dass mit ihr darum gerungen werden kann, die Kategorie der Person nicht als Objekt der Erkenntnis zu verdinglichen, sondern sie in ihrem Sein und Werden als selbstbezügliche Realität zu begreifen, die eine definitorisch unzugängliche „letzte Erscheinungsform“ (Mounier 1936, S. 73) darstellt. Die Nicht-Abschließbarkeit einer relationalen Betrachtungsweise von Personen hängt damit zusammen, dass Menschen keine natürliche bzw. seelische Substanz besitzen. Diese wäre denknotwendig durch sich selbst bestimmt. Dagegen steht die hier verfolgte These, wonach die Person durch Beziehung zu anderen das wird, was sie ist – womit auf eine relationale Struktur verwiesen ist, die Menschen im Laufe ihrer Biographie mitgestalten. Dieser in der praktischen Pädagogik konstitutive Aspekt der Relationalität wird im Laufe der Annäherungen an das Zwischen weiter konkretisiert (siehe v. a. Kap. 3.4: Arendt).

***

Anders als in der personalistischen Pädagogik, wo das Maß der Erziehung die Person ist, werden in den nächsten zwei Kapiteln (siehe Kap. 3.3 und 3.4) die Beziehungen *zwischen* Personen in den Mittelpunkt gerückt. Ausgehend von ausgewählten Werken der personalen Denker:innen Martin Buber und Hannah Arendt soll ein spezifisches Verständnis für das Zwischen konstruiert werden, wobei die pädagogische Anschlussfähigkeit ein ganz wesentlicher Punkt dieser Konstellation ist. Plausibel ist diese insofern, als das personale Zwischen auf einer reziproken Beziehungsweise basiert, in der sich Personen miteinander einem Thema oder einer Sache zuwenden.

3.3 Das Zwischen im Dialog

Das relationale Sein und Werden der Person in und durch Beziehungen zu anderen wird nun im Kontext der Dialogphilosophie konkretisiert. Ein – wenn nicht sogar *der* bekannteste und wirkmächtigste – Philosoph des Dialogs, in dessen Werken der Begriff Zwischen eine zentrale Schlüsselfunktion einnimmt, ist Martin Buber (1878–1965). Der jüdische Religionsphilosoph entwickelte mit dem Zwischen – allen voran in seinem Hauptwerk „Ich und Du“ (1923/1962c) – ein relationales Menschenbild, das mit dem Verständnis der Person bei Sturma, Mounier, Flores d’Arcais und Böhm weitgehend *d’accord* geht. Neben Buber begaben sich „in der Zeit des ersten Weltkrieges“ (Buber 1962e, S. 299) auch andere Denker:innen[73] auf die „Suche nach dem verschütteten Gut“ (ebd., S. 298). Sie alle versuchten, die im Idealismus tendenziell verdrängte Erfahrung der Unmittelbarkeit zu ergründen. Es ist diese Unmittelbarkeit in Begegnungen, die Buber dazu veranlasste, von einer Sphäre des Zwischen auszugehen, in der die Menschen ganz gegenwärtig und ganz sie selbst seien. Bei Buber stellt diese Sphäre den Kern des Dialogs dar und wird von den relationalen Verhältnissen der Menschen mit der Welt unterschieden. Das Zwischen bezeichnet demnach also jenen Raum, in dem sich *Personen* begegnen.

Mit Buber kann dieser soziale Raum nun dialektisch eingekreist werden. Buber geht von einer anthropologischen „Zwiefältigkeit“ (Buber 1962c, S. 86) der Menschen aus. Diese umfasst einerseits das objektive Verständnis von der Welt, welches Buber mit dem „Grundwort Ich-Es“ (ebd., S. 79) beschreibt: In der *Ich-Es*-Haltung ordneten Menschen Dinge, entwürfen eine Systematik nach bekannten Mustern; kurzum, sie eigneten sich die Welt an. „Das Ich des Grundwortes Ich-Es erscheint als Eigenwesen und wird sich bewußt als Subjekt (des Erfahrens und Gebrauchens).“ (ebd., S. 120) Andererseits umfasst sie das „Grundwort Ich-Du“ (ebd., S. 79), welches Buber in ein Spannungsverhältnis zu dieser Verdinglichung der umgebenden Realität setzt: „Das Ich des Grundworts Ich-Du erscheint als Person und wird sich bewußt als Subjektivität (ohne abhängigen Genetiv).“ (ebd., S. 120) Das heißt, Buber unterscheidet eine ‚orientierende‘ bzw. ‚vergegenständlichende‘ *Ich-Es*-Relation von der „‘realisierenden‘, vergegenwärtigenden Grundhaltung“ (Buber 1962e, S. 299) einer *Ich-Du*-Relation. Die Relationen *Ich-Du* und *Ich-Es* stellen somit zwei unterschiedliche Modi dar, in denen Menschen Beziehungen gestalten. Im ersten Modus interagieren Menschen als *Personen* miteinander, im zweiten treten sie als *Eigenwesen* in Beziehungen zur Welt, aber auch zu anderen Menschen. In den Worten Bubers lebt der Mensch also „im zwiefältigen Ich“ (Buber 1962c, S. 122), das er im Wechsel zwischen *Eigenwesen* und Person immer weiter ausbildet.

Die mit Buber getroffene Unterscheidung dieser zwei Lebenssphären wird hier als dialektisches Spannungsfeld vorausgesetzt, um die *Ich-Du-Relation* in den Blick zu bekommen. Erst diese „zwiefältige[] Haltung“ (ebd., S. 79) erlaubt die „Klärung einer Kategorie der Existenz“ (Buber 1947, S. 9), welche von Buber als die Sphäre der Person bzw. als Zwischen bezeichnet wird:

---

73 Der Philosoph Michael Theunissen nennt neben Bubers Grundlagenwerk der Dialogik „Ich und Du“ außerdem noch „Religion der Vernunft aus den Quellen des Judentums“ (1919) von Hermann Cohen, „Stern der Erlösung“ (1921) von Franz Rosenzweig, „Angewandte Seelenkunde“ (1924) von Eugen Rosenstock-Huessy, „Pneumatologische Fragmente“ (1919) von Ferdinand Ebner, „Metaphysisches Tagebuch“ (1918) von Gabriel Marcel u. a. m. (Theunissen 1977, S. 242; S. 253). Wilhelm von Humboldt (1767–1835), Begründer des modernen Bildungsideals, wird als einer von mehreren Wegbereitern der Dialogphilosophie angeführt (ebd., S. 256).

> „Die Sphäre, mit der Existenz des Menschen als Menschen gesetzt, aber begrifflich noch unerfaßt, nenne ich die Sphäre des Zwischen. [...] Die den Begriff des Zwischen begründende Anschauung ist zu gewinnen, indem man eine Beziehung zwischen menschlichen Personen nicht mehr, wie man gewohnt ist, entweder in den Innerlichkeiten der Einzelnen oder in einer sie umfassenden und bestimmenden Allgemeinwelt lokalisiert, sondern faktisch zwischen ihnen." (Buber 1962a, S. 405)

In der Dialogphilosophie zeigt sich die für existenzphilosophische Ansätze typische Absetzbewegung von der idealistischen Figur des autonomen Subjekts. Buber denkt die Person als Relatum in einem komplexen Beziehungsgeflecht. Im Gegensatz zum Bild des *homo clausus*, d. h. zu der Vorstellung eines klar abgegrenzten Innen und Außen des Menschen, zeichnete sich die Person durch ihre relationale Konstitution aus. Für Buber ist die *Ich-Du*-Beziehung, in der Menschen als Personen agieren, der *Ich-Es*-Relation übergeordnet. In diesem ganz spezifischen Modus des Seins könnten Menschen als Personen in einen ‚echten Dialog' eintreten. Diese „Sphäre *zwischen den Wesen*" (Buber 1962c, S. 160; Herv. i. Orig.) stellt sich ihm dabei gewissermaßen als eine absolute Wirklichkeit dar – als eine Wahrheit, die im religiösen Glauben wurzelt:

> „Der Zweck der Beziehung ist ihr eigenes Wesen, das ist: die Berührung des Du. Denn durch die Berührung jedes Du rührt ein Hauch des ewigen Lebens uns an. Wer in Beziehung steht, nimmt an einer Wirklichkeit teil, das heißt: an einem Sein, das nicht bloß an ihm und nicht bloß außer ihm ist. Alle Wirklichkeit ist ein Wirken, an dem ich teilnehme, ohne es mir eignen zu können. Wo keine Teilnahme ist, ist keine Wirklichkeit. Wo Selbstzueignung ist, ist keine Wirklichkeit. Die Teilnahme ist um so vollkommener, je unmittelbarer die Berührung des Du ist." (ebd., S. 120)

Buber betrachtet den Modus des Zwischen als spezifisch menschliche Lebensweise (ebd., S. 101). Die damit einhergehende Vernachlässigung der „Eswelt" (ebd., S. 100) birgt jedoch die Gefahr einer vereinseitigenden Betrachtung der *zwiefältigen* Grundstruktur von Menschen. Ähnlich zur personalistischen Überbetonung der Person, wird durch den Fokus auf die personale „Begegnung" (ebd., S. 85) die beschreibende und kategorisierende Lebensform des *Eigenwesens* tendenziell in den Hintergrund gedrängt. Um der Grundstruktur des Zwischen näher zu kommen, ist es daher wichtig, die Komplementarität von *Ich-Es* und *Ich-Du* zu berücksichtigen. Oder wie Buber einräumt: „ohne Es kann der Mensch nicht leben" (ebd., S. 101). Zwar ist die „Welt der Beziehung" (ebd., S. 81) durch eine besondere Qualität gekennzeichnet – Buber spricht von „Unmittelbarkeit" (ebd., S. 85). Sie ist jedoch konstitutiv mit der *Eswelt* verbunden. „Das einzelne Du *muß*, nach Ablauf des Beziehungsvorgangs, zu einem Es werden. [...] Aber wer mit ihm [dem Es; Anm. TL] allein lebt, ist nicht der Mensch" (ebd., S. 101; Herv. i. Orig.).

Obwohl Buber quasi anerkennt, dass die dialogischen Beziehungen des Zwischen nicht im luftleeren Raum stattfinden, grenzt er die beiden Sphären doch relativ statisch voneinander ab. Geschuldet ist dies wohl dem Umstand, dass sein Interesse besonders der eher ausgeblendeten „Sphäre [...] zwischen den Wesen" (Buber 1962e, S. 299) gilt. In diesem Zwischen findet gemäß Buber die Einzigartigkeit eines jeden Menschen ihren Ausdruck. In seinem philosophischen Hauptwerk hat er dies auf die klassische Formel gebracht: „Der Mensch wird am Du zum Ich." (Buber 1962c, S. 97) Die personale *Aktuierung*, so Buber, finde „[j]enseits des Subjektiven, diesseits des Objektiven, auf dem schmalen Grat [statt], darauf Ich und Du sich begegnen" (Buber 1962a, S. 406). In diesem Sinne wäre in der Sphäre des Zwischen auch das „Ungedachte" (Theunissen 1977, S. 485) der menschlichen Existenz aufgehoben.

Dialogische Begegnungen mit unterschiedlichen, mehr oder weniger vertrauten Menschen, hinterlassen Spuren in der Biographie, die in der Grundhaltung des *Eigenwesens* geordnet und systematisiert werden. In der *Eswelt* vergegenständlichen Menschen ihre Erfahrungen entlang von gesellschaftlich vermittelten Kategorien. In diesem Aspekt zeigt sich die Verbindung der Erfahrungen des Zwischen mit der historisch-kulturell geprägten Welt am deutlichsten. Erst im Wechsel zwischen den Sphären reift der Charakter bzw. die personale Identität heran. Oder wie Buber diese Personwerdung beschreibt:

> „Gegenüber kommt und entschwindet, Beziehungsereignisse verdichten sich und zerstieben, und im Wechsel klärt sich, von Mal zu Mal wachsend, das Bewußtsein des gleichbleibenden Partners, das Ichbewußtsein. Zwar immer noch erscheint es nur im Gewebe der Beziehung, in der Relation zum Du, als Erkennbarwerden dessen, das nach dem Du langt und es nicht ist, aber immer kräftiger hervorbrechend, bis einmal die Bindung gesprengt ist und das Ich sich selbst, dem abgelösten, einen Augenblick lang wie einem Du gegenübersteht, um alsbald von sich Besitz zu ergreifen und fortan in seiner Bewußtheit in die Beziehungen zu treten." (Buber 1962c, S. 97)

An dieser Passage wird sehr deutlich, dass Buber Beziehungsereignisse als eine „Urkategorie der menschlichen Wirklichkeit" (Buber 1962a, S. 405) versteht. An der Formulierung wird ersichtlich, dass er die relationalen Zusammenhänge mitunter sehr „paradox" (Buber, 1957, zitiert nach: Bourel 2017, S. 854) ausführt. Tatsächlich wird die Nutzbarmachung seines dialogphilosophischen Zugangs erschwert durch die „Undifferenziertheit der argumentativen Operationen und die Unangemessenheit der Begriffe, mit denen Buber sein Thema zu bewältigen sucht" (Theunissen 1977, S. 258). Vor allem unter Rückgriff auf die Interpretationen des Sozialphilosophen Michael Theunissen, können Bubers Ausführungen einer ersten Annäherung an die Sphäre des Zwischen aber dennoch dienlich sein.

Da Theunissen zwischen den „religiös fundierten Gedanken" (ebd.) einerseits und Bubers philosophischen Erkundungen andererseits differenziert, führt der Weg dieser Rahmung des Zwischen über dessen Habilitationsschrift „Der Andere" (1965/1977). Theunissen arbeitet darin die Genese der Buberschen Dialogphilosophie im Kontrast zur transzendentalen Intersubjektivitätstheorie Husserls heraus (ebd., S. 244). Dabei betrachtet Theunissen das Zwischen durchaus als „Schlüsselbegriff" (ebd., S. 259) des ‚neuen Denkens' der „Dialogik" (ebd., S. 243), nur setzt er die Beziehungen zwischen Personen (*Ich-Du*) stärker ins Verhältnis zu den Beziehungen der Menschen zu ihrer Umwelt (*Ich-Es*, wobei auch Beziehungen zu anderen Menschen in diesem Modus ablaufen können). Folgt man Theunissens Lesart, dann bilden das dialogische Zwischen und die verdinglichende Einordnung von Erlebnissen in der *Eswelt* bei Buber zwei unterschiedliche Stadien *eines* relationalen Prozesses. Wobei „aus dem bloß subjekthaften Ich [...] ein Selbst, aus dem Individuum eine Person" (ebd., S. 487) werde. In unmittelbaren Beziehungen zu anderen Menschen – also dialogischen Begegnungen –, die sich mit *Ich-Es*-Momenten abwechselten, bilde die Person demnach ihre relationale Identität aus: „Jede wirkliche Beziehung in der Welt vollzieht sich im Wechsel von Aktualität und Latenz, jedes geeinzelte Du muß sich zum Es verpuppen, um wieder neu sich zu beflügeln." (Buber 1962c, S. 145) Durch den Wechsel von *Ich-Du* und *Ich-Es* verwirkliche sich die je einzigartige Personalität (Theunissen 1977, S. 265–274).

Eine anfängliche Fremdheit gegenüber anderen könne „in die Intimität der persönlichen, der vollendet dialogischen Beziehung umschlagen. Der Andere kann in jedem Augenblick aus seiner Namenlosigkeit heraustreten und sich mir als reines Du offenbaren" [74] (ebd., S. 493). Ergänzend ist zu sagen, dass es sich auch umgekehrt verhalten kann: Aus Personen, die sich vertrauen und Momente des Miteinanders erleben, können Fremde werden. Nicht immer laufen Begegnungen harmonisch ab. Mit der Entäußerung, welche die Hinwendung zu anderen bedingt, setzen Personen sich auch möglichen Irritationen aus. Die Entfernung vom Ich in der Hinwendung zum Du führt zu einer Dezentrierung der subjektiven Perspektive. Wann immer Personen sich einander zuwenden und auf ihr Gegenüber einstellen, sind die Folgen ungewiss. Doch ebendiese Ungewissheit sowie die damit einhergehende *gegenseitige* Angewiesenheit ist essentiell dafür, dass Menschen sich als Personen *aktuieren* können. In diesem relationalen Prozess ist, anders als bei der idealistischen Vorstellung vom autonomen Subjekt, die sog. „Veranderung[75]" (ebd., S. 489) zentral. Bezeichnet wird damit die Vereinheitlichung in der *Ich-Es*-Welt, die sich aus *Ich-Du*-Momenten speist. In diesem Sinn zeichnet sich die Personwerdung dadurch aus, dass kein Subjekt „als

74 Bemerkenswert an diesem Gedanken ist, dass Theunissen ähnlich wie Buber dem „abstoßenden Gewand einer pseudopoetischen Sprache" (Theunissen 1977, S. 497) verhaftet bleibt, was einer systematischen Analyse Grenzen setzt, weil sie rational nicht entschlüsselt werden kann.

75 „Veranderung" bedeutet Entfremdung, Depotenzierung, Dezentrierung des Ichs (Theunissen 1977, S. 489; S. 536).

transzendentaler Ursprung der Welt in deren Mittelpunkt steht“ (ebd., S. 502), sondern durch „etwas völlig anderes“ (ebd.): nämlich durch den sozialen Raum.

Die These, wonach die Person ihren Anfang im Zwischen habe, das „der Konstitution der Welt aus der Subjektivität vorausliegt”, wird laut Theunissen „[d]urch die konkrete Erfahrung derer, die sich gegenseitig zu sich selbst verhelfen, [...] bestätigt.” (ebd.) Das „sachliche[] Fundament” dieses Prozesses sei „das lebendige Bewußtsein der Partner“ (ebd.). Theunissen argumentiert hier entsprechend des Grundgedankens der dialogphilosophischen Personwerdung, demnach „das Ereignis der Begegnung, das ‚Zwischen‘, [...] früher [ist] als die Sich-begegnenden“ (ebd., S. 487). Diese Vorrangigkeit der Relation (Zwischen) vor den Relata (Personen) bildet die Brücke von der Dialogphilosophie zum *Denken in Relationen*, in dem *von den Beziehungen her auf das Bezogene hin* (siehe Kap. 3.1: Elias) gedacht wird. Diese relationale Dimension bezieht Buber nun auf die konkrete Erfahrung des Dialogs *in actu*. Zwar entziehe diese Erfahrungsebene sich der philosophischen „Bewahrheitung“ (ebd., S. 500), wie Theunissen konzedieren muss, sie sei dem Denken aber auch nicht vollkommen verschlossen (ebd.). Obwohl es keine „unperspektivische[] Wirklichkeit des Zwischen“ (ebd., S. 488) gäbe, die gefasst werden könnte, hält Theunissen es „für eine realisierbare Aufgabe [...], die Begegnung als das dialogische Selbstwerden der Partner begrifflich zu denken und von innen aufzulichten“ (ebd., S. 497). Da dialogische Begegnungen wie gesagt eben nicht primär begrifflich zu erfassen sind, liegt der Ausgangspunkt dafür in der subjektiven Erfahrung des Zwischen. Deren Beschreibung ist wiederum von subjektiven Wahrnehmungen abhängig. Die (Un-)Möglichkeit eines objektiven Zugriffs geht mit der Annahme einher, dass sich „hinter der Vorstellung vom unbedingten Vorrang des Zwischen vor der Subjektivität in allen ihren Seinsformen eine bestimmte, aber [...] der Philosophie unerreichbare Wahrheit verbirgt“ (ebd., S. 501). Anders ausgedrückt, kann die „absolute Genesis der Subjektivität aus dem Zwischen“ (ebd., S. 502) demnach rational nicht *erklärt* werden.[76] Bei Buber ist die dialogphilosophische Hinführung zum Zwischen dementsprechend mit religiösen Erweckungserfahrungen verbunden. Im Glauben lässt sich die philosophisch nicht-begründbare Auffassung eines *„vorausliegenden* Anfangs“ (ebd., S. 503; Herv. i. Orig.) sublimieren. Da eine so begründete Vorrangigkeit des Zwischen vor der Person – und damit Bubers dialogphilosophische Grundthese – „überhaupt nicht bewahrheitet werden“ (ebd., S. 489) könne, fordert Theunissen die „Fortbildung einer spezifischen *Theorie der existenziellen Praxis*“ (ebd., S. 497; Herv. i. Orig.). Zwar gelte es auch hierbei wiederum anzuerkennen, dass die „existenzielle Praxis“ (ebd., S. 500) des Zwischen

76 Auch in dieser Studie wird das Zwischen nie abschließend bestimmt. Alle Ausführungen über die reziproke Beziehungsweise können nur Annäherungen sein, die einkreisen, erahnen lassen, Assoziationen wecken usw. Die Rahmung des Zwischen gleicht gewissermaßen einer Asymptote, einer Annäherung gegen Null.

„dem direkten Zugriff theoretischer Auslegung“ (ebd., S. 494) entzogen bleibe, denn auch eine „Theorie der existenziellen Praxis [...] kann das Dunkel nicht ganz in Licht verwandeln. Wohl aber ist sie imstande, das Licht des Verstandes in das Dunkel hineinzutragen. Und das ist sehr viel“ (ebd., S. 500). Theunissen schlägt vor, diese Theorie auf einer Reduktion der dialogphilosophischen Grundprämisse aufzubauen, wonach die Relation den Relata vorausgehe. Indem er also konzediert, dass Menschen schon *vor* der Begegnung Personen sind – auch wenn sie nur in Begegnungen (von anderen) als solche (an-)erkannt werden – entschärft er die von Buber vorgenommene „äußerste Zuspitzung“ (ebd., S. 487).

Dass der Nachweis eines von den kulturellen und gesellschaftlichen Einflüssen bereinigten Anfangs des personalen Seins und Werdens allerdings ebenfalls unmöglich ist, hat bereits Schleiermacher in seinen Pädagogikvorlesungen festgestellt (siehe Kap. 2.2.2). Hörte man deshalb aber auf die Fragen nach ‚dem Menschen‘ zu stellen, ließen sich auch die relationalen Prozesse der *Aktuierung* der Person nicht mehr thematisieren. Dementgegen wird die Frage nach den anthropologischen Bedingungen des Menschseins in der vorliegenden Studie explizit gestellt und ausgehend vom Zwischen in den Blick genommen. Wie in den vorangegangenen Kapiteln argumentiert wurde, führt der Versuch einer relationalen Betrachtungsweise von Menschen über die dialektische Struktur des Zwischen, die nun aus der gemäßigteren Variante der Dialogphilosophie abgeleitet werden soll.

Entscheidend hierbei ist, dass die „Ich-Du-Logik“ (ebd., S. 245), die Buber im Begriff des Zwischen aufgehoben sieht, nicht *an die Stelle* des gesellschaftlichen *Eigenwesens* bzw. eines vermeintlich autonomen Subjekts gesetzt wird. Sondern die in der *Eswelt* vorherrschende „Subjekt-Objekt-Logik“ (ebd.) wird durch die *Ich-Du*-Beziehung um jene Qualität der menschlichen Erfahrung *erweitert*, die mit dem Zwischen gefasst wird. Wichtig ist dabei auch, dass zwischenmenschliche Beziehungen erst vor dem Hintergrund der *Ich-Es*-Welt „als historisch konkrete“ (ebd., S. IX) wahrgenommen werden können, wie Theunissen im Vorwort seiner Studie betont:

> „Die von Buber suggerierte Vorstellung jedenfalls, gegenüber der Unwahrheit der Ich-Es-Relation sei die Ich-Du-Beziehung unter allen Umständen die Wahrheit und nichts als die Wahrheit, verschleiert in unverantwortlicher Weise den realen Schein, in den unter den Bedingungen des Bestehenden auch das dialogische Leben eingehüllt ist.“ (ebd., S. X)

Mit Theunissen werden Menschen daher weder als *Personen* noch als *Eigenwesen* absolut gesetzt. Es wird davon ausgegangen, dass ihre Existenz von beiden Sphären bedingt ist, und also die vom *Grundwort Ich-Du* gestiftete *Welt der Beziehung* auf die *Eswelt* angewiesen ist *et vice versa*. Angesichts dieses Wechselspiels muss offenbleiben, ob die Person aus dem Zwischen oder das Zwischen ursächlich von

Personen hervorgebracht wird. Somit wird die dialektische Vermittlung von Erfahrungen des Zwischen mit den objektivierenden Ordnungsprozessen in der *Ich-Es*-Welt hier als Bedingung gesetzt, um Menschen *relational* fassen zu können.

Zur konstitutiven Asymmetrie in erzieherischen Verhältnissen

Durch die dialektische Vermittlung von Relationen und Relata kann die Dialogphilosophie pädagogisch gewendet werden: „Der Anfang wäre je mein individuelles Ich, das Ziel das aus der Begegnung hervorgehende Selbst." (ebd., S. 488) Dieses erzogene Selbst wäre dann in der Lage, Momente des Zwischen, in denen Personen einander begegnen, zu erleben und als solche zu reflektieren. In der pädagogischen Praxis ist diese konstitutive Wechselseitigkeit jedoch nicht realisierbar. Mit anderen Worten: Pädagogische Beziehungen sind nicht reziprok. Der Grund, warum in pädagogischen Situationen keine volle Gegenseitigkeit bzw. „Mutualität" (Buber 1962c, S. 166) zwischen Ich und Du erreicht werden kann, liegt in der faktisch beobachtbaren Asymmetrie zwischen pädagogischen Fachkräften und Zu-Erziehenden. Erstere seien dazu fähig, die Wirkungen ihres Handelns aus der Perspektive der Zu-Erziehenden zu antizipieren. Den Umstand, dass Pädagog:innen ihre Handlungen vom Gegenüber her zu erfahren vermöchten, auch wenn sie natürlich niemals sicher sein könnten, ob ihre Wahrnehmung mit jenen der Zu-Erziehenden übereinstimmten, beschreibt Buber als „Umfassung" (ebd., S. 168). Buber versteht das erzieherische Verhältnis ausgehend von dieser asymmetrischen Beziehungsweise: „Der Erzieher steht an beiden Enden der gemeinsamen Situation, der Zögling nur an einem." (Buber 1962d, S. 806) Hinsichtlich dieser „einseitigen Umfassungserfahrung" (ebd., S. 804) hebt sich Bubers pädagogischer Zugang deutlich von seiner im Glauben wurzelnden reziproken Auffassung des Zwischen ab. Solch ein „reduzierte[r] Standpunkt" (Theunissen 1977, S. 487) liegt laut Theunissen auch seinen drei „Reden über Erziehung" (1962d) zugrunde, worin die Vorrangigkeit des Zwischen auf die „gemäßigtere[] Form" (Theunissen 1977, S. 487) der personalen Selbstwerdung im Dialog reduziert werde. Die „Reduktion der dialogistischen Hauptthese" (ebd., S. 488), so Theunissen, mache es möglich, die konstitutiven Machtverhältnisse in der Erziehung zu reflektieren. In „Über das Erzieherische" (1925/1962d, S. 787–808), „Bildung und Weltanschauung" (1935/1962d, S. 809–816) und „Über Charaktererziehung" (1939/1962d, S. 817–832) beschreibt Buber das erzieherische Verhältnis jedenfalls als ein Bezugssystem, in dem bereits ein „bestimmtes Seinsniveau" (Theunissen 1977, S. 487) gegeben ist. Pädagogische Fachkräfte seien zwar (wie auch ihre Adressat:innen) Personen, die sich in dialogischen Begegnungen ständig weiterentwickelten und veränderten. Trotzdem seien Erzieher:innen den Zu-Erziehenden in einigen Aspekten ihres Seins und Werdens voraus. Insofern diese „immer wieder eben dieses [ihr] Tun (und wenn es noch so sehr die Gestalt des Nichttuns angenommen hat) von der Gegenseite erfahren" (Buber 1962d, S. 805) müssten, wertet Buber das Phänomen der *Umfassung* als konstitutiv für pädagogische Beziehungen. Demnach dürften pädagogisch Denkende und Handelnde sich nicht damit begnügen, die Interaktionen aus *ihrer* Position heraus wahrzunehmen, sondern müssten sich auch in ihr Gegenüber einfühlen, um zu lernen, „was dieser Mensch in diesem Augenblick braucht und was nicht [und diese Erfahrung] führt [sie] immer tiefer in die Erkenntnis, was der Mensch braucht, damit er werde“ (ebd., S. 806). Diese Erkenntnis gleiche die erziehende Person mit dem ab, was sie „von dem Gebrauchten zu geben vermag, was nicht, – was schon, was noch nicht“ (ebd.). Diese Selbstreflexionen stellen hohe Ansprüche an pädagogisch Denkende und Handelnde, rufen sie ihnen doch ins Bewusstsein, dass ein wesentlicher Teil der pädagogischen Praxis darin besteht, Verantwortung für die Wünsche, Träume, Bedürfnisse und Absichten der Zu-Erziehenden zu übernehmen. Dass die empathische Einfühlung auf die tatsächliche Erfahrung der Zu-Erziehenden zutrifft, ist dabei natürlich nicht garantiert. Trotz oder gerade wegen dieser Grenze an der Erfahrung der anderen sei es wichtig, dass Pädagog:innen die „Verantwortung für diesen [ihnen] zugeteilten und anvertrauten Lebensbereich“ (Buber 1962d, S. 806) und damit für pädagogisches Denken und Handeln kennten und übernähmen.

In Bezug auf das dialogische (d. h. reziproke) Verhältnis kann die *volle Mutualität* gewissermaßen als regulatives Ideal pädagogischer Praxis betrachtet werden. So stellt denn die Aufhebung der konstitutiven Asymmetrie zugleich ein Ziel von Erziehung als auch ihr Ende dar: „In dem Augenblick, wo auch dieser [der Zu-Erziehende] sich hinüberzuwerfen und von drüben zu erleben vermöchte, würde das erzieherische Verhältnis zersprengt oder es wandelte sich zu Freundschaft.“ (ebd.) Entsprechend erscheint das Streben nach einem menschlichen Miteinander, in dem die in-Beziehung-stehenden Personen sich wechselseitig anerkennen, als ein geeigneter Impetus für die Weiterentwicklung jener von Theunissen angestoßenen spezifischen *Theorie der existenziellen Praxis* (siehe Kap. 5). Leider sind in einem Großteil der pädagogischen Entwürfe, welche versucht haben, Bubers dialogisches Prinzip für die pädagogische Praxis fruchtbar zu machen, wichtige Dimensionen für eine solche Theorie vernachlässigt worden. Dies gilt vor allem für die ethischen und politischen[77] Implikationen. Wie Juliane Jacobi in der Einleitung zu den pädagogischen Schriften im achten Band der Martin-Buber-Werkausgabe (2005) erläutert, hat die Buber-Rezeption diese kaum thematisiert bzw. bleibt eine „Diskussion um personale Bezüge, das Verhältnis von Individuum und Gesellschaft und die Problematik der Normativität“ (Jacobi 2005, S. 74) meist ausgeklammert. Wie mit Theunissen erläutert wurde, ist es aus heutiger Perspektive jedoch wichtig, Bubers Dialogphilosophie hinsichtlich der gesellschaftlichen Dimension des Zwischen zu betrachten (Theunissen 1977,

77 Wird der Dialog (und damit das Zwischen) als politische Figur interpretiert, kann auf Möglichkeiten einer reziproken Beziehungsweise verwiesen werden, die als „Ensemble von Mikrorevolutionen“ (Adamczak 2017, S. 238) eine enthierarchisierende Praxis realisieren kann.

S. 492). Wenngleich die unmittelbare Situation der Begegnung eine Intimität zwischen den Beteiligten schafft, in der das Besondere zum Vorschein kommen kann, das eben nicht in gesellschaftlichen Rollen aufgeht, ist die vergesellschaftete Dimension der Person immer auch Teil dieser Praxis, bzw. werden bestimmte Rollenzuschreibungen, mit denen wir als Menschen konfrontiert sind, auch in reziproken Beziehungsmomenten wirkmächtig. In seiner Studie beschreibt Theunissen diese Durchdringung des Zwischen mit den gesellschaftlichen Verhältnissen als „Gegensatz von dialogischer Unmittelbarkeit und dialektischer Vermittlung" (ebd., S. IX). Im Vorwort zur zweiten Auflage von „Der Andere" ergänzt er, dass das Zwischen gesellschaftlich vermittelt sei. Wiewohl dies in den meisten Ansätzen – wie auch in Theunissens eigener Untersuchung – nicht explizit zum Gegenstand gemacht wird, bereitet Theunissen durch seinen Verweis auf die „dialektische[] Struktur der Dialogik" (ebd., S. XI) den Weg für eine relationale Anthropologie pädagogischer Beziehungen.

Nach Theunissen zu urteilen, fehlt bei Buber diese dialektische Konkretisierung des Dialogs. Denn für Buber bilde jede Beziehung mit einem Du die Verlängerung einer Begegnung mit dem sog. „ewigen Du" (Buber 1962c, S. 146), also mit Gott. Zu erklären ist das damit, dass seine Konzeption des Zwischen – wie bereits erläutert – auf existenziellen Glaubenserfahrungen aufbaut. Dieser religiöse Bezugsrahmen macht Bubers dialogphilosophische Annäherung an das Zwischen „notwendig inadäquat" (Theunissen 1977, S. 258). Auch die „Frage, ob dem primär religiös erfahrenen ‚Du' auch eine philosophische Erfahrung zugrunde liegt" (ebd.), kann mit Buber nicht final beantwortet werden. Was sich jedenfalls festhalten lässt, ist, dass das Zwischen sich durch faktische Erfahrungen auszeichnet, die Buber versucht, in eine „philosophische Sprache" (ebd.) zu übersetzen. Seine Spekulationen über die religiös fundierte Vorrangigkeit des Zwischen in der Begegnung mit Gott führen mit Theunissen gesprochen jedoch „entweder aus dem Logos in den Mythos" (ebd., S. 503) oder, so kann im Vorausgriff auf das nächste Kapitel hinzugefügt werden, zu ‚Verlegenheitserklärungen' (Arendt 2016, S. 227–230), mit denen reziproke Beziehungen allzu oft verschleiert werden (Theunissen 1977, S. 504).

***

Die Denkfigur des Zwischen – so wurde gezeigt – stellt am Beginn des 20. Jahrhunderts den Schlüsselbegriff des dialogischen Denkens dar. Angeregt durch Michael Theunissen wurde die in der Dialogphilosophie angelegte Hypostasierung der *Ich-Du*-Beziehungen in ihrer Verschränkung mit den *Ich-Es*-Relationen konkretisiert. Dazu wurden die Verdinglichungen in der *Eswelt* den Beziehungen zwischen Ich und Du gegenübergestellt. Gemäß dieser Vorstellung treten Menschen in ihren gesellschaftlichen Rollen (*Ich-Es*) in Beziehungen ein, können aber trotzdem eine *Unmittelbarkeit* in *Begegnungen* erfahren (*Ich-Du*). Die Person wird dabei nicht an die Stelle des Menschen als *Eigenwesen* gestellt. Vielmehr gelang es gerade durch die Verschränkung der beiden *Grundworte Ich-Du* und *Ich-Es* den Fokus vom autonomen Subjekt (*Eigenwesen*) auf eine relationale Subjektwerdung im Dialog zu verlagern.

Zwar bieten die historischen Referenzen der Dialogphilosophie durchaus einen geeigneten Ausgangspunkt für die inhaltlichen Annäherungen an das Zwischen. Die Verknüpfung des Zwischen mit den gesellschaftlichen Verhältnissen kann mit Buber jedoch nicht mehr angemessen reflektiert werden. Um an die geisteswissenschaftlichen Grundlagen der Pädagogik (siehe Kap. 2.1: Schleiermacher) anknüpfen zu können, ist es aber notwendig, die Eingebundenheit des Zwischen in die gesellschaftliche Gesamtpraxis in den Blick zu bekommen. Mit der politischen Theoretikerin Hannah Arendt sollen die relationalen Verschränkungen mit der gesellschaftlichen Umgebung daher nun in die Rahmung des Zwischen miteinbezogen werden. Und zwar aufbauend auf der *gemäßigten* dialogphilosophischen Grundthese, der zufolge die Grundworte *Ich-Du* und *Ich-Es* sich wechselseitig bedingen.

3.4 Das Bezugsgewebe zwischen Personen

In diesem Kapitel soll die wechselseitige Bedingtheit von Relata (Personen) und Relationen (Zwischen) in einem komplexen Gefüge aus horizontalen und vertikalen Beziehungen (in dem das Zwischen eingebunden ist) weiter ausdifferenziert werden. Fortgesetzt wird die Rahmung des Zwischen dazu im Anschluss an Hannah Arendt. In ihrem Werk „Vita activa oder Vom tätigen Leben“ (1960/2016)[78] dient ihr das Zwischen als Begriff zur Beschreibung des Miteinander-Handelns und -Sprechens[79] von Personen, in dem die individuelle Ebene der Personwerdung – Arendt spricht u. a. von einer „Enthüllung des Wer“ (ebd., S. 224) – und

78 Die englische Fassung "The Human Condition“ (Arendt 1958b) wurde 1960 in einer Überarbeitung auf Deutsch veröffentlicht. Aufgrund der enthaltenen Grundlegung vieler zentraler Begriffe ihrer politischen Theorie des menschlichen Handelns wird dieses Buch als Arendts philosophisches Hauptwerk wahrgenommen (bspw. 1981 von Jürgen Habermas). Es erscheint jedoch angemessener, die „Vita activa“ als „Baustein eines insgesamt fragmentarischen, nicht-systematischen und stets mit sich selbst im Widerstreit stehenden, intervenierenden politischen Denkens“ (Heurer et al. 2011, S. 61) zu interpretieren. Der Text steht – analog zum vorliegenden Untersuchungsgegenstand – in Relation zu ihren anderen Arbeiten, gleichwohl er „als werk- und entstehungsgeschichtlicher Angelpunkt immer noch im Zentrum von Arendts Schriften“ (ebd.) verortet werden kann.

79 Zum Zusammenhang von Sprechen und Handeln hält Arendt fest: „Handeln und Sprechen sind so nahe miteinander verwandt, weil das Handeln der spezifisch menschlichen Lage, sich in einer Vielheit einzigartiger Wesen als unter seines gleichen zu bewegen, nur entsprechen kann, wenn es eine Antwort auf die Frage bereithält, die unwillkürlich jedem Neuankömmling vorgelegt wird, auf die Frage: Wer bist du?“ (Arendt 2016, S. 217).

die gesellschaftliche Ebene des „Bezugsgewebes“ (ebd., S. 226) miteinander verschränkt sind (siehe Kap. 3.4.2).[80] Das Zwischen steht in ihrem Werk für Momente des Neuanfangs im Handeln und Sprechen sowie für die sinnbildlich daraus entstehenden „Fäden“ (ebd.), die sich zu einem Muster in diesem *Bezugssystem* verweben:

> „Der Bereich, in dem die menschlichen Angelegenheiten vor sich gehen, besteht in einem Bezugssystem, das sich überall bildet, wo Menschen zusammenleben. Da Menschen nicht von ungefähr in die Welt geworfen werden, sondern von Menschen in eine schon bestehende Menschenwelt geboren werden, geht das Bezugsgewebe menschlicher Angelegenheiten einem einzelnen Handeln und Sprechen voraus, so daß sowohl die Enthüllung des Neuankömmlings durch das Sprechen wie der Neuanfang, den das Handeln setzt, wie Fäden sind, die in ein bereits vorgewebtes Muster geschlagen werden und das Gewebe so verändern, wie sie ihrerseits alle Lebensfäden, mit denen sie innerhalb des Gewebes in Berührung kommen, auf einmalige Weise affizieren.“ (ebd.)

Damit geht Arendts Verständnis vom Zwischen über die dyadische Konzeption einer dialogischen Begegnung hinaus. Arendt folgend soll dieses „Bezugsgewebe menschlicher Angelegenheiten“ (ebd.; siehe auch S. 222; S. 413) hier ausgehend von der Tätigkeit des Handelns in der antiken *Polis* dargestellt und durch die Konkretisierung von historischen (Arbeiten, Herstellen, Handeln) sowie überhistorischen Bedingungen (Pluralität, Natalität, Weltlichkeit, Leben, Erde) ausdifferenziert werden. Gemäß Arendts Konzeption hinterlassen die Vorgänge des Handelns und Sprechens zwischen Personen keine materiellen Dinge bzw. Gegenstände wie die (re-)produzierenden Tätigkeiten des Arbeitens und Herstellens (siehe Kap. 3.4.1), sondern physisch nicht greifbare Fäden in einem Gewebe.

Dieses *Bezugsgewebe* werde wiederum durchzogen von einem „zweiten Zwischen“ (ebd., S. 225), über das es – in einer für die vorliegende Studie zentralen Stelle – in der „Vita activa“ heißt, es wirke wie eine unsichtbare Macht, die das Netz der Fäden im *Bezugsgewebe* konstituiere, verändere, verschiebe und erweitere:

> „Dieses zweite Zwischen, das sich im Zwischenraum der Welt bildet, ist ungreifbar, da es nicht aus Dinghaftem besteht und sich in keiner Weise verdinglichen oder objektivieren läßt; Handeln und Sprechen sind Vorgänge, die von sich aus keine greif-

80 Ähnlich zur personalistischen Trias von Natur, Gesellschaft und Person (siehe Kap. 3.2) und zu Bubers Verknüpfung von *Ich-Du* und *Ich-Es* (siehe Kap. 3.3) wird mit Arendt das Verhältnis der Personwerdung mit der konkreten Form gesellschaftlicher Praxis betrachtet. In Arendts Verständnis des Zwischen ist eine relationale Verschränkung der personalen Selbstwerdung mit der Gestaltung der zwischenmenschlichen Praxis angelegt.

> baren Resultate und Endprodukte hinterlassen. Aber dies Zwischen ist in seiner Ungreifbarkeit nicht weniger wirklich als die Dingwelt unserer sichtbaren Umgebung." (ebd.)

Dieses nicht objektivierbare Zwischen entsteht laut Arendt immer dann, wenn sich Menschen füreinander interessieren und auf Basis dieses Interesses miteinander Handeln und Sprechen. Ihrer Vorstellung nach geht der Erscheinungsraum des zweiten Zwischen dabei über den sog. „Zwischenraum der Welt" (ebd.) hinaus, in dem er sich ereignet. Zur Beschreibung dieser Überschreitung verwendet sie eben das Bild der Fäden: Durch jede Tat bzw. jedes Wort würden ununterbrochen neue Fäden in das bereits bestehende Gewebe eingezogen wodurch stetig neue Muster entstünden. Gut gewählt ist dieses Motiv insofern, als es ihr damit gelingt, „der physischen Ungreifbarkeit des Phänomens gerecht zu werden" (ebd.), wie auch die politische Dimension der Verflechtungen zu markieren. Folgende Passage aus einem Fernsehinterview mit Günter Gaus demonstriert die politische Dimension ihres Verständnisses vom Zwischen:

> „Wir fangen etwas an; wir schlagen unseren Faden in ein Netz der Beziehungen. Was daraus wird, wissen wir nie. Wir sind alle darauf angewiesen zu sagen: Herr vergib ihnen, was sie tun, denn sie wissen nicht, was sie tun. Das gilt für alles Handeln. Einfach ganz konkret, weil man es nicht wissen kann. Das ist ein Wagnis. Und nun würde ich sagen, daß dieses Wagnis nur möglich ist im Vertrauen auf die Menschen. Das heißt, in einem – schwer genau zu fassenden, aber grundsätzlichen – Vertrauen in das Menschliche aller Menschen. Anders könnte man es nicht." (Arendt 2019a, S. 263)

Anstatt daraus implizite Glaubenssätze abzuleiten, wird der Gottesbezug bzw. der Verweis auf den ‚Herren' hier als Abstraktion für die Unkontrollierbarkeit der Bezüge zwischen Menschen interpretiert. Arendt verwendet die religiös konnotierte Bezeichnung ‚Herr' möglicherweise, um etwas zu beschreiben, das mit den zur Verfügung stehenden Begriffen nicht erklärt werden kann. Demnach bediente sie sich dieses sprachlichen Bildes ganz einfach, um einer schweigenden Dimension des Wissens näher zu kommen (vgl. Kraus et al. 2017b). Die zwischenmenschlichen und d. h. politischen Erfahrungen hinterlassen also Fäden im Gewebe der zwischenmenschlichen Angelegenheiten. Menschen träten „auf die Bühne der Welt" (Arendt 2016, S. 219) und stellten ihre je singuläre Perspektive vor anderen zur Schau bzw. brächten sie ins Bezugsgewebe ein. Das aus diesen Fäden entstehende Muster sei dabei nicht voraussagbar, bzw. könnten die konkreten Aktionen sowie die jeweiligen Reaktionen von den handelnden Personen nicht vorausgesagt werden. Genau darin sieht Arendt die politische Dimension des

Handelns. Im Sinne des Politischen[81] spricht sie von einem „Wagnis“ (Arendt 2019a, S. 263), das jedes Handeln begleite. Dieses *Wagnis*, so könnte man auch sagen, rührt daher, dass zwischenmenschliche Beziehungen nicht auf dyadische Verhältnisse reduziert werden können. In dieser Hinsicht umfassen Momente des Zwischen weit mehr als die *Begegnung* von Ich und Du, die das dialogphilosophische Zwischen (zumindest auf den ersten Blick) auszeichnet (siehe Kap. 3.3). An einem Zwischen, in dem die relationale Personwerdung mit dem *Bezugsgewebe menschlicher Angelegenheiten* verflochten ist, ist eine Vielzahl von Menschen beteiligt – als Anfangende, Zuschauende, Erinnernde, Impulsgebende, etc. Mit Arendts Konzept des Handelns kann die Aufmerksamkeit auf die vielfältigen Verstrickungen der Menschen gelenkt werden, wodurch nicht zuletzt die anschließende Frage nach einer ‚idealeren‘ Gestaltung des *Bezugsgewebes* zwischen Menschen in der Welt gestellt wird (Zerilli 2018, S. 32–34).

Methode: Perlentauchen

Mit ihrer „Vita activa“ stellt Arendt einen theoretischen Rahmen für die relationale Anthropologie zur Verfügung (siehe Kap. 4), welche im Folgenden hinsichtlich der reziproken Beziehungsweise ausformuliert werden soll. Bei Arendt ist das Zwischen in eine umfassende Zeitdiagnose der modernen Gesellschaft eingebunden. Wie sie im Fernsehgespräch mit Günter Gaus ausführt, geht es ihr darum, die Zusammenhänge menschlichen Lebens zu *verstehen*:

> „Wissen Sie, wesentlich ist für mich: Ich muß verstehen. Zu diesem Verstehen gehört bei mir auch das Schreiben. Das Schreiben ist [...] Teil in dem Verstehensprozeß. [...] Worauf es mir ankommt, ist der Denkprozeß selber. Wenn ich das habe, bin ich persönlich ganz zufrieden. Wenn es dann gelingt, es beim Schreiben adäquat auszudrücken, bin ich auch wieder zufrieden.“ (Arendt 2019a, S. 11)

Arendts Ausführungen zum Zwischen erstrecken sich vor allem über das Kapitel zum Handeln (Arendt 2016, S. 213–317) in der „Vita activa“, wobei auch dort Aspekte ihres übergeordneten Forschungsinteresses – und nicht das Zwischen an sich – im Mittelpunkt stehen. Daher hat die anschließende Freilegung des Zwischen nicht nur aus dem Gesamtzusammenhang ihres Denkens zu erfolgen, sondern ist auf eine kritische Rekonstruktion ihrer Zeitdiagnosen angewiesen (siehe Kap. 3.4.3). Wie nachfolgend ausgeführt wird, greift Arendt mit der Rekonstruktion von historischen Kontinuitäten und Brüchen im menschlichen Tätigsein seit der griechischen Antike die Frage auf, was durch die Verdrängung der politischen Tä-

---

81 Unter dem Politischen versteht Arendt ein Durchbrechen des Alltäglichen durch das ‚Außergewöhnliche‘, womit sie ein aristotelisches Politikverständnis vertritt, von dem die Aushandlungen des Sozialen, d. h. das Gesellschaftliche, ausgenommen sind (Elbe 2022). „Auf keinen Fall konnte man daher unter Politik [im antiken Sinne] etwas verstehen, was für das Wohlergehen der Gesellschaft notwendig war“ (Arendt 2016, S. 41).

tigkeit (des Handelns und Sprechens) im Leben von Menschen verloren gegangen ist. Sie untersucht vergessene „Bedeutungsschichten in kritischer Absicht und mit Blick auf die Gegenwart“ (Heurer et al. 2011, S. 64) und schöpft dafür „frei von jeglicher Schubladen- und Schulzuordnung“ (Bohnet/Stadler 2019, S. 9) aus der Geschichte der politischen Philosophie. Arendt verfolgt damit ein „Denken ohne Geländer“ (Arendt 2019a), das ihren methodologischen Zugang insgesamt charakterisiert. Ihre Arbeitsweise zeichnet sich darüber hinaus durch eine „Demontage“ (Arendt 1989a, S. 207) von Begriffen aus, die, so Arendt, heute lediglich als „leere Hülsen“[82] (Arendt 2000, S. 18) erhalten seien (so z. B. der Begriff des Handelns).

> „Mit anderen Worten, ich bin eindeutig denen beigetreten, die jetzt schon einige Zeit versuchen, die Metaphysik und die Philosophie mit allen ihren Kategorien, wie wir sie seit ihren Anfängen in Griechenland bis auf den heutigen Tag kennen, zu demontieren. Eine solche Demontage [...] ist nicht destruktiv; sie zieht nur Konsequenzen aus einem Verlust, der eine Tatsache ist“ (Arendt 1989a, S. 207).

Diesen Verlust von Bedeutungsschichten bezieht Arendt auf die politische Dimension, die sie im zwischenmenschlichen Handeln gründet. Um diese Dimension zu bergen, leitet sie das Handeln und Sprechen aus der immateriellen Sphäre des Zwischen ab. Die Beziehungsweise des Zwischen, welcher in der modernen Gesellschaft kaum Aufmerksamkeit geschenkt werde, stellt für Arendt dabei das eigentlich Menschliche im Leben dar (Arendt 2016, S. 223). Um diese Dimension zu ergründen, bewegt sie sich auf einem „zeitlosen Pfad“[83] (Arendt 1989, S. 208), der doch an Raum und Zeit gebunden ist und „genährt aus dem Heute“ (Arendt 2017b, S. 258) greift sie (immaterielle) Phänomene auf, die sie nach ihren verlorengegangenen Bedeutungsnuancen untersucht. Um es mit einem Bild Arendts auszudrücken, soll ihr theoretischer Eingriff hier als ein Wiederentdecken von vergessenen „Bruchstücken aus der Vergangenheit nach ihrer Veränderung durch die See“ (Arendt 1989a, S. 208) aufgefasst und weiterentwickelt werden.

Angesichts der vielfältigen Themen (vgl. Rebentisch 2022, S. 7–9), aber auch aufgrund der Inkonsistenzen in und zwischen Arendts Werken (vgl. bspw. Elbe 2020, S. 100–110), würde eine umfassende Darstellung ihrer Kritik an der modernen Arbeitsgesellschaft den Rahmen dieser Arbeit übersteigen. Skizziert werden daher nur jene Aspekte, die für das Verständnis des Zwischen wesentlich

82 Arendt geht es um jenen „Geist, der sich gerade aus den Schlüsselworten der politischen Sprache – als da sind Freiheit und Gerechtigkeit, Autorität und Vernunft, Verantwortung und Tugend, Macht und Ruhm, mit denen fast alle Rechnungen ohne Rücksicht auf die dahinter liegende phänomenale Wirklichkeit beglichen werden müssen – so schmählich verflüchtigt und leere Hülsen hinterlassen hat“ (Arendt 2000, S. 18).

83 In ihrem Buch „*Zwischen* Vergangenheit und Zukunft“ (Arendt 2000) führt Arendt ihre Gedanken zur Gegenwart des Denkens aus, in dem sie eine zeitliche (bzw. vielmehr die zeit*lose*) Dimension beschreibt, die ebenfalls als Zwischen bezeichnet werden könnte (Marchart 2005).

erscheinen. Diese Wissensbestände sind die „Perlen" (Arendt 2017b, S. 258), die Arendts Texte so unverkennbar machen und für das ungebrochene Interesse an ihrem Werk mitverantwortlich sind. Mit dem Bild der Perlen, die aus den Muscheln am Boden des Meeres behutsam geborgen werden, beschreibt Arendt das Denken ihres Freundes[84] Walter Benjamin:

> „Dies Denken, genährt aus dem Heute, arbeitet mit den ‚Denkbruchstücken', die es der Vergangenheit entreißen und um sich versammeln kann. Dem Perlentaucher gleich, der sich auf den Grund des Meeres begibt, nicht um den Meeresboden auszuschlachten und ans Tageslicht zu fördern, sondern um in der Tiefe das Reiche und Seltsame, Perlen und Korallen herauszubrechen und als Fragmente an die Oberfläche des Tages zu retten, taucht es in die Tiefen der Vergangenheit, aber nicht um sie so, wie sie war, zu beleben und zur Erneuerung abgelebter Zeiten beizutragen. Was dies Denken leitet, ist die Überzeugung, daß in der ‚Meereshut' – dem selbst nicht-historischen Element, dem alles geschichtlich Gewordene verfallen soll – neue, kristallisierte Formen und Gestalten entstehen, die, gegen die Elemente gefeit, überdauern und nur auf den Perlentaucher warten, der sie an den Tag bringt: als ‚Denkbruchstücke', als Fragmente oder auch als die immerwährenden ‚Urphänomene'." (ebd.)

Die von Benjamin (Benjamin 1991a) inspirierte fragmentarische Methode des *Perlentauchens,*[85] welche auch Arendts eigenen Stil kennzeichnet, prägt gewissermaßen auch die folgenden inhaltlichen Auseinandersetzungen. In ihrem Streben nach einem tieferen Verständnis für das menschliche Leben lenkt Arendt den Blick auf herausragende Weise auf die soziale Dimension der Beziehungen. Wenngleich ihre Ausführungen an manchen Stellen an einen „ursprungsphilosophisch inspirierten und normativ aufgeladenen Rückgang[] zu den Wurzeln einer ungetrübten Erfahrung des Politischen in der antiken Polis" (Heurer et al. 2011, S. 64) erinnern, geht es ihr nicht um die Propagierung vergangener

84 Die Freundschaft zwischen Hannah Arendt und Walter Benjamin steht stellvertretend für die Beziehungen zu Menschen, die Arendts Denken geprägt haben. Die zahlreichen Briefwechsel (exemplarisch hierzu Arendt 2019d) zeugen davon, dass Arendt als personifiziertes Beispiel für ein relationales Verständnis von personaler Identität gelesen werden kann.

85 Mit Seyla Benhabib kann die Methode des *Perlentauchens* von Arendts „phänomenologische[m] Essentialismus" (Benhabib 2011, S. 272) unterschieden werden. Auch Benhabib folgt Arendts von „Benjamin inspirierte[r] Methodologie des Fragments" (ebd.), um ihr politisches Denken von der „Kritik an der modernen Gesellschaft" (ebd.; siehe Kap. 3.4.3) zu befreien. Benhabib lässt sich dabei von der Frage leiten, „was [...] im Licht der heute geübten feministischen Kritik von Arendts Einteilung in einen privaten und in einen öffentlichen Bereich noch gültig" bleibt (siehe Kap. 5). Rahel Jaeggi erachtet Arendts Methode als ‚originell', „geht es ihr doch, wie überhaupt in ihrer Kritik der Moderne, nicht um die Restitution vormoderner, traditioneller Verhältnisse" (Jaeggi 1997, S. 94), sondern um „eine konstitutive Fremdheit und Eigenständigkeit der Gegenstände" (ebd.), durch die die ‚Bedeutsamkeit' von Welt aufrechterhalten werden könne.

Ideale. Vielmehr möchte sie mit ihren Demontagen die „fossilisierten Kontexte" (Masschelein 2000, S. 411) von Begriffen freilegen, um so deren vergessenen Bedeutungsnouancen gewahr zu werden. Bis zu einem gewissen Grad, so Arendt blieben diese zwar „unfaßbar für die Begriffe und Kategorien des menschlichen Verstandes" (Arendt 2016, S. 366) – wie am Zwischen noch deutlich werden wird –, prinzipiell bestehe jedoch die Möglichkeit, „das Konkrete im Denken und Begriff zu transzendieren" (ebd.).

Im Kontext von Arendts Zwischen zeigt sich die Eingebundenheit des Handelns und Sprechens in eine Geschichtsphilosophie (siehe Kap. 3.4.2), aus deren Perspektive reflektiert werden kann, dass ‚die' „Geschichte weder durch ein Ausdenken noch ein Herstellen entstanden ist" (ebd., S. 231), auch wenn Menschen mit ihren Taten und Worten bestimmte Ziele verfolgen. Die faktische Realität, so Arendt, sei vielmehr von den „Re-aktionen" (ebd., S. 237) der Beteiligten abhängig und werde daher von der dem Handeln „inhärenten Tendenz, vorgegebene Schranken zu sprengen und Grenzen zu überschreiten" (ebd., S. 238), bestimmt. Damit vertritt Arendt ein Denken jenseits einer vermeintlichen „Ideologie politischer Alternativlosigkeit" (Marchart 2005, S. 25). Derartige Ausführungen zur Unkontrollierbarkeit von Geschichte machen ihre politische Theorie des Handelns so fruchtbar für das vorliegende Forschungsprojekt.

Ein wichtiger Beweggrund, die Tätigkeit des Handelns und damit die Fähigkeit, neue Anfänge zu setzen, im Rahmen der „Vita activa" erkenntnistheoretisch auszuleuchten (ebd.), war für Arendt die sog. „Anfangsvergessenheit"[86] (ebd., S. 17) in der von der griechischen Antike ausgehenden Tradition politischer Philosophie und konkret im existenzialistischen Denken ihres philosophischen Lehrers Martin Heidegger. Zur näheren Bestimmung des Zwischen werden einige ihrer (theoretischen) Perlen nun aufgenommen. Nicht zuletzt werden damit – ganz im Sinne eines *Perlentauchens* – Dimensionen menschlichen Lebens in den Mittelpunkt gestellt, die im Laufe der Zeit dem Vergessen anheimgefallen sind.

---

86 Oliver Marchart beschreibt Arendts Denken in seiner Studie „Neu beginnen" (2005) als „*Philosophie des Anfangs*" (Marchart 2005, S. 31; Herv. i. Orig.), weshalb die hier zu formulierende relationale Anthropologie auch hinsichtlich relativer Neuanfänge entfaltet werden könnte. Wie Marchart festhält, füllt Arendt damit eine Lücke im Existenzialismus' Heideggers, der sich „auf das berühmte ‚Vorlaufen zum Tode'" (ebd., S. 35) konzentrierte. Dass dadurch der Anfang nicht ausreichend beleuchtet werde, stellt Heidegger selbst am Ende seines Hauptwerkes „Sein und Zeit" (1927) kritisch fest. Philosophische Grundlagen für ihr Denken des Anfangs findet Arendt bei Augustinus und Kant. Mit ihnen erinnert sie an die Möglichkeitsbedingungen des Handelns, die den Anfängen vorausgehen, weshalb Marchart ihre Denkhaltung als eine „quasi-transzendentalistisch[e]" (Marchart 2005, S. 44) kategorisiert.

Freilegung des Zwischen

Wie gesagt steht das Zwischen nicht im Fokus von Arendts Werk „Vita activa“.[87] Sondern es ist vielmehr eingebettet in ihre Diagnose einer neuzeitlichen Weltentfremdung in der modernen Massengesellschaft (siehe Kap. 3.4.3), die sie mit der freien Lebensweise von bestimmten Menschen (‚Bürger‘ mit Eigentum) im antiken Stadtstaat (griech. *Polis*) kontrastiert. Arendt untersucht darin gewissermaßen die historischen Anfänge des *Bezugsgewebes menschlicher Angelegenheiten*, das sich ihr zufolge „auf kleinstem Raum und innerhalb weniger Jahrzehnte […] unvergessen der europäischen Menschheit eingeprägt“ (Arendt 2016, S. 260) hat. Daher setzen die Ausführungen zum Zwischen hier bei der griechischen *Polis* an, die für Arendt „bis heute den ‚individualistischsten‘ und unkonformistischsten politischen Körper darstellt, den wir aus der Geschichte kennen“ (ebd., S. 54).[88] Das menschliche Miteinander innerhalb dieses politischen Raumes, gilt Arendt als Paradebeispiel für die Tätigkeit des Handelns, welche sie ins Zentrum ihrer Überlegungen stellt.

Entstanden sei die politische Sphäre der *Polis*, weil die Gebäude in den Städten nicht direkt aneinandergebaut wurden, sondern durch ein „Niemandsland“ (ebd., S. 421) getrennt waren. Dieses *Niemandsland* erachtet Arendt als konstitutiv für den öffentlich-politischen Raum der *Polis*. Von diesen *Zwischenräumen* aus „erscheint das Private als ein Eingegrenztes und Eingezäuntes, und die Pflicht des öffentlichen Gemeinwesens ist es, diese Zäune und Grenzen zu wahren“ (ebd., S. 78). In diesem Sinne sei die Entstehung des Zwischen bedingt gewesen durch Gesetze zum Schutz des privaten Eigentums bzw. des sog. *Oikos*, in dem die Reproduktion des menschlichen Lebens stattfand. Jene Menschen, die etwas besaßen,[89] konnten sich den reproduzierenden Tätigkeiten im Haushalt entziehen. Diese Freiheit sei aber männlichen Bürgern vorbehalten gewesen, konkret dem „Paterfamilias“ (ebd., S. 44), der allein auf Grundlage von „Zwang und Gewalt“ (ebd., S. 41) die Möglichkeit hatte, die Schwelle zwischen *Oikos* und *Polis* zu überschreiten.

---

87 Das Zwischen spielt auch in der Arendt-Rezeption – anders als bei Buber – eine untergeordnete Rolle. Es ist bemerkenswert, dass das Zwischen zwar häufig erwähnt wird (Rebentisch 2022, S. 43–45; Zerilli 2018, S. 41–42; Marchart 2005, S. 77–95; Jaeggi 1997, S. 59–66), bisher aber keine systematische Untersuchung dazu vorliegt.

88 Die historisch-systematischen Überlegungen, die Arendt in der „Vita activa“ ausführt und die im Folgenden auszugsweise skizziert werden, basieren u. a. auf antiken Philosophien, vor allem auf den Überlieferungen der Lehre Sokrates‘, von dem Arendt das Denken ‚lernt‘ (Heurer et al. 2011, S. 185–187), auf Platon, den sie als „Vater der politischen Philosophie des Abendlandes“ (ebd., S. 187) betrachtet und Aristoteles, der Arendt als zentrale Quelle ihrer Unterscheidungen dient (ebd., S. 189–196). Zudem zieht sie Erkenntnisse aus den Geschichtswissenschaften des 20. Jahrhunderts zurate (bspw. von Fustel de Coulanges).

89 „Die Nicht-Bürger waren immer eine Mehrheit der Bevölkerung, obwohl die Proportion stark wechselte.“ (Arendt 2016, S. 424)

Die antiken Ursprünge des Politischen in den *Zwischenräumen* der privaten Häuser sind der theoretische Ansatzpunkt für Arendts Thematisierung des Zwischen. In ihren Rekonstruktionen stellt sie fest, dass die frühere griechische Bezeichnung des tätigen Lebens (griech. *βίος πολιτικός;* lat. *vita activa*) etymologisch betrachtet ihre politische Bedeutung verloren habe (ebd., S. 34). Folglich versucht sie zu ergründen, wie aus der ursprünglich freien und deshalb politischen Tätigkeit des Handelns jenes zweckgebundene Verhalten werden konnte, welches das Leben der (hauptsächlich) arbeitenden Menschen in der modernen Gesellschaft[90] dominiere. Laut Arendts Diagnose, hat das Zwischen keinen Platz mehr in der Welt, weil die *Zwischenräume* in der modernen Gesellschaft weitgehend verloren gegangen sind. Durch das Fehlen der *Zwischenräume* sei der relationale Prozess der *Enthüllung des Wer* (siehe Kap. 3.4.2) aus dem Blick geraten und das menschliche Leben immer mehr den Anforderungen ökonomischer (Re-)Produktion unterworfen worden (siehe Kap. 3.4.3).

Um Arendts These von der Verdrängung der *Zwischenräume* nachvollziehen zu können, werden drei Tätigkeiten dargestellt, mit denen zugleich das Zwischen konkretisiert wird. Bei diesen „Grundvermögen der Menschen" (Arendt 2016, S. 14) handle es sich um unterschiedliche „Arten einer Beschäftigung mit den Dingen der Welt" (ebd., S. 24), die „innerhalb des Erfahrungshorizonts jedes Menschen" (ebd., S. 14) lägen. Nach Arendt gibt es drei Formen, „in die das Tätigsein überhaupt zerfällt" (ebd.): Arbeiten, Herstellen und Handeln. Im Zuge dieser Tätigkeiten würden sowohl Lebensmittel als auch Dinge des täglichen Bedarfs, Wohnräume, Infrastruktur und das *Bezugsgewebe menschlicher Angelegenheiten* geschaffen. Diese Tätigkeiten – welche insbesondere für die allgemeinpädagogische Konkretisierung des Zwischen bedeutsam sind und deshalb gleich näher ausgeführt werden (siehe Kap. 3.4.1) – unterschieden sich in ihren Voraussetzungen, durch spezifische Modi im Prozess als auch durch die Resultate. Speziell im Kapitel über das Handeln (ebd., S. 213–317, fünftes Kap.), das auf ihre Analysen der (re-)produktiven Tätigkeiten des Arbeitens (ebd., S. 98–160, drittes Kap.) und Herstellens (ebd., S. 161–212, viertes Kap.) folgt, nimmt Arendt wesentliche Aspekte des Zwischen in den Blick, während sie „ihre politische Bedeutung [der Tätigkeiten; Anm. TL] einigermaßen zu bestimmen" (ebd., S. 97) versucht.

Arendt zeichnet die Tätigkeiten im historischen Wandel von der Antike bis in die Moderne nach. Besonders relevant im Hinblick auf das Zwischen ist dabei der Übergang vom Mittelalter zur Neuzeit; wird die Tätigkeit des Handelns doch nach Arendt mit der Entstehung der Industrialisierung von den (re-)pro-

90 Arendt bezeichnet mit ihrem Gesellschaftsbegriff eine bestimmte Form der Organisation menschlichen Zusammenlebens. Sie betrachtet das Gesellschaftliche als Sphäre der politischen Ökonomie (Rebentisch 2022, S. 209), in der „der private Haushalt und das in ihm erforderliche Wirtschaften eine Sache der Öffentlichkeit geworden ist" (Arendt 2016, S. 57). Nähere Ausführungen dazu: siehe Kap. 3.4.3.

duktiven Tätigkeiten des Arbeitens und Herstellens verdrängt, bis schließlich der Arbeitsmodus das menschliche Leben in der Moderne beinah vollkommen dominiert (ebd., S. 120; siehe Kap. 3.4.3). Im Handeln erkennt sie sowohl eine Alternative zum automatisierten bzw. gedankenlosen Verhalten von (arbeitenden) Menschen, als auch die Bedingung für den Aufbau von stabilen und emanzipatorischen Beziehungsweisen auf zwischenmenschlicher Ebene. Mit dem Handeln legt Arendt den Fokus also auf „die politische Tätigkeit par excellence" (ebd., S. 18), die jedoch von den beiden anderen Tätigkeiten abhängt. Ziel ihrer Ausführungen zur *Polis* ist dementsprechend auch eine Rekonstruktion ebenjener politischen Aspekte menschlichen Lebens, die in der 2000-jährigen Geschichte der politischen Philosophie „verwischt oder nicht beachtet worden sind" (ebd., S. 27).

3.4.1 Drei menschliche Tätigkeiten

Die nun folgende Darstellung der drei menschlichen Tätigkeiten Arbeiten, Herstellen und Handeln läuft im Wesentlichen auf eine Konkretisierung der Tätigkeit des zwischenmenschlichen Handelns hinaus, die von den Tätigkeiten des Arbeitens und Herstellens abgegrenzt und im darauffolgenden Abschnitt (3.4.2) weiter ausdifferenziert wird. Wie im zweiten Kapitel bereits angedeutet (siehe Kap. 2.1) eignet dem Handeln (griech. *praxis)* eine politische Dimension, die Arendt u. a. aus antiken Philosophien ableitet. Im Gegensatz zur (politischen, d. h. praktischen) Tätigkeit des Handelns erfahre in diesen antiken Schriften vor allem die Lebensform der Kontemplation (griech. *Vita contemplativa*), in der die Anschauung des Wahren zentral ist (Theorie), eine hohe Wertschätzung. Vom Standpunkt der Kontemplation aus würden die Differenzierungen innerhalb der *Vita activa* jedoch kaum wahrgenommen. Die „mit Plato anhebende Tradition unseres philosophischen wie politischen Denkens" (ebd., S. 371), so Arendt, habe zu einer verkürzten Wahrnehmung und Rezeption der menschlichen Tätigkeiten geführt. Dementgegen interessiert Arendt sich für die Vielfalt von Lebensweisen und dabei speziell für das Handeln, das bereits Aristoteles „als die im eigentlichen Sinne politische Tätigkeit" (ebd., S. 23) bezeichnete. Arendt knüpft an Aristoteles' Unterscheidung der praktischen von der theoretischen Lebensform an (siehe Kap. 2.2.1); wobei sie sich weniger auf die Aristotelischen Ausführungen über das ‚körperliche Genießen und Verzehren, das Erzeugen schöner Taten und das Erforschen und Anschauen des ewig Unveränderlichen' bezieht, das ausschließlich den freien (männlichen) ‚Bürgern' vorbehalten war (ebd., S. 22–23), als auf das tätige Leben – nicht nur der privilegierten ‚Bürger', sondern auch der Handwerker:innen und der Arbeiter:innen. Neben der Erzeugung schöner Taten (um die es im Kontext von Aristoteles' Ausführungen zur *Praxis* geht), fokussiert sie daher auch auf die lebensnotwendige Tätigkeit des Arbeitens und die nützliche Tätigkeit des Herstellens (ebd., S. 23). Diese Dreiteilung von Arbeiten, Herstellen und Handeln stellt eine von Arendt selbst entwickelte Systematik dar. Ihre Darstellung geht dabei zurück auf die antike Sphärentrennung, die mit den Gesetzen zum Schutz des Eigentums verbunden war. Entsprechend ordnet sie das Handeln der *Polis*, das Arbeiten und Herstellen hingegen dem *Oikos* (etymologischer Ursprung von *Ökonomie*) zu. Wie sich mit Aristoteles nachweisen lasse (ebd., S. 39), gehöre diese Trennung zu den axiomatischen Grundlagen des politischen Denkens in der antiken Philosophie.

Im nun Folgenden werden die theoretischen Grundlagen dieser Unterscheidung ausgeführt. Die ehemals selbstverständliche Trennung von *Polis* und *Oikos*, die mit der *Agora*[91] zusammenhingen, mache deutlich, dass die freie Tätigkeit des Handelns von der mühsamen Verrichtung der Arbeit zur Erhaltung des Lebens und von den hergestellten Dingen bedingt sei. Die Anfänge des Politischen lägen demnach nicht in einer Idee des Politischen selbst begründet, sondern in einem wechselseitigen Verhältnis von *Oikos* und *Polis*, welches Arendt im zweiten Kapitel[92] der „Vita activa" ausführlich darstellt. Wie Ingo Elbe und Sven Ellmers in ihrer kritischen Auseinandersetzung mit Arendts „sozialphilosophische[r] Modernediagnose" (Elbe/Ellmers 2020, S. 111) betonen, würden die zentralen Begriffe darin – das Private in Abgrenzung zum Öffentlichen, das Politische in Abgrenzung zum Sozialen bzw. Gesellschaftlichen – jedoch kaum „unter dem Gesichtspunkt klar nachvollziehbarer und konsistenter Kausalzusammenhänge" (ebd., S. 100; vgl. auch Benhabib 2011) erläutert.[93] Da die Differenzierung der zentralen Begrifflichkeiten jedoch eine notwendige Voraussetzung für das Verständnis des Zwischen bildet, erfolgt die einführende Darstellung derselben quasi unter Verweis auf die systematischen Inkonsistenzen in Arendts Verständnis des Arbeitens und Herstellens. Bevor auf die Tätigkeit des Handelns selbst näher eingegangen wird, soll gewissermaßen die dialektische Bedingtheit verdeutlicht werden, die Arendts Konzeption des Handelns auszeichnet. Die Zusammenschau der Sphären *Oikos*, *Polis* und *Agora* mit den menschlichen Tätigkeiten Arbeiten, Herstellen und Handeln macht zudem relationale Verflechtungen sichtbar, an

---

91 Die *Agora* bildete gewissermaßen den *Zwischenraum*, in dem sich politische Aushandlungen ereignen konnten: „Daher bedurfte die Freiheit immer eines eigens für sie erstellten Raumes, in dem Menschen zusammenkommen konnten, des Versammlungsplatzes, der Agora, um den die Polis politisch zentriert war." (Arendt 2019c, S. 37).

92 Dieses Kapitel wurde unter dem Titel „Der Mensch, ein gesellschaftliches oder ein politisches Lebewesen" vor der deutschen Ausgabe von Arendts „Vita activa" veröffentlicht (1960/2017a).

93 Elbe und Ellmers gehen in ihrem Text „Das öffentliche Leben. Zu Hannah Arendts konservativer Theorie wirtschaftlichen Wachstums" (2020) vor allem der problematischen Naturalisierung der Tätigkeit des Arbeitens nach. Im Anschluss daran erklären sie ihre Diagnose der Moderne – das Natürliche würde unnatürlich beschleunigt werden – als verfehlt. Diese Kritik wird in der *pädagogischen* Weiterentwicklung dieser Arbeit aufgegriffen (siehe Kap. 5). Was Elbe und Ellmers in ihren Ausführungen jedoch kaum berücksichtigen, ist Arendts Problematisierung des personalen Miteinanders, das in dieser Arbeit zentral ist.

die pädagogisch angeknüpft werden kann. Sie verdeutlicht jedoch vor allem die Sphäre zwischen Personen als relationalen Knotenpunkt der vorliegenden Untersuchung.

Die Tätigkeit des Animal laborans: Arbeiten

Das Arbeiten ist nach Arendt die lebensnotwendige Tätigkeit innerhalb der *Vita activa*, die im Privaten (griech. *Oikos*) verrichtet wird. Die wiederkehrenden Bewegungen des Arbeitens würden von den menschlichen Bedürfnissen diktiert. Menschen müssten ihren Hunger stillen, um am Leben zu bleiben. Die durch Arbeit hervorgebrachten Konsumprodukte sorgten daher für die Reproduktion des biologischen Lebensprozesses.[94] Deshalb sei Arbeit grundsätzlich „endlos [...] wie der lebendige Organismus, dem es dient" (Arendt 2016, S. 114). Implizit, so Elbe und Ellmers, beschreibe Arendt Arbeit auch als „Ausdruck reiner Naturbefangenheit" (Elbe/Ellmers 2020, S. 92), was den arbeitenden Menschen auf eine Ebene mit den Tieren stelle. Für das „Animal laborans" (Arendt 2016, S. 16), das Arbeitstier, so Arendt, sei die Tätigkeit des Arbeitens eine unfreie Tätigkeit, die mit Schmerzen, der Verunstaltung des Körpers, Mühe und Plage einhergehe.

Dabei stellt Arendt die eher schwerfällige Seite des Arbeitsprozesses dem Verzehr der Arbeitsprodukte gegenüber. Die „Mühsal in der Erarbeitung [...] der Lebensnotwendigkeiten" (ebd., S. 141) sei zwar nicht von der Last der Arbeit zu trennen, sie sei aber ebenso mit dem Genuss der Konsumprodukte verbunden. Auch gehe Arbeiten potentiell mit einer „Intensität des Lustgefühls" (ebd., S. 166) einher, „wenn die Anstrengung rhythmisch verläuft und der Körper die gleiche Lust empfindet, die jeder rhythmisch geordneten Bewegung eigen ist" (ebd.). Da die Arbeitsprodukte von eingeschränkter Beständigkeit seien, müssten sie verzehrt werden, bevor sie verdürben (ebd., S. 115). Daher ist Arbeit für Arendt „wie das Konsumieren primär ein verzehrender Prozeß, in dem Materie nicht verwandelt, sondern zerstört wird. Die Gestalt, die die Arbeit ihrem ‚Material' aufprägt, ist nur die Präparierung für die bevorstehende Vernichtung" (ebd., S. 118). Im Verzehr finde die für das Arbeiten charakteristische Vernichtung der präparierten Natur statt, die im Wachstums- und Verfallsprozess des Arbeitens mit angelegt sei. Die Lebensform des *Animal laborans* gehe somit potentiell in einem „Gleichgewicht zwischen Arbeit und Verzehr, zwischen Tätigsein und Ruhe" (ebd., S. 158) auf.

---

94 Arendt scheint unter dem Begriff Arbeit vor allem jene Tätigkeiten zu fassen, die heute als Hausarbeit bezeichnet werden könnten (Benhabib 2011, S. 215): „Die tägliche Ernährung und Pflege des menschlichen Körpers und die Pflege und Instandhaltung unseres tagtäglich genutzten Wohnraums sind bestimmend für die Hausarbeit. Und in der Tat werden die repetitiven, zyklischen und endlosen Seiten dieser Tätigkeiten vom Rhythmus der Natur, dem unsere Körper unterworfen sind, diktiert sein, solange wir körperliche, bedürftige, schwächliche Geschöpfe sind, die von anderen, gleichartigen Geschöpfen geboren werden und nur für einen begrenzten Zeitraum auf der Erde sind."

Als vorübergehend beendet gelte der Arbeitsprozess, „wenn die benötigten Lebensmittel reproduziert sind, oder, wenn die Arbeitskraft erschöpft ist“ (ebd., S. 146). Um das Leben zu erhalten, müsse der Prozess aber immer wieder von Neuem beginnen (ebd., S. 40). In diesem Sinne hält Arendt die „Befreiung des Menschen von der Arbeit“ (ebd., S. 154) für undenkbar. Denn der „Stoffwechsel des Menschen mit der Natur“ (ebd.) sei „ja doch die Vorbedingung des Lebens selbst“ (ebd.) und müsse daher ständig fortgeführt werden. Für Arendt ist klar: Solange es Leben gibt, finden Arbeitsprozesse in einer Dauerschleife statt.

Eine wesentliche Voraussetzung für die Möglichkeit zum Handeln sieht Arendt darin, dass Menschen potentiell mehr reproduzieren können, als sie selbst für die Reproduktion ihrer Arbeitskraft benötigen. Aufgrund des vom *Animal laborans* erzeugten Überschusses an Konsumgütern sei der „dunkle, verborgene Raum des Privaten“ (ebd., S. 79) in der Antike für manche Menschen schützende Wohnstätte geworden, in der sie frei von der Arbeitslast leben, ihre Bedürfnisse aber dennoch befriedigen konnten. Eigentum, zu dem Grund, Boden, Haus, Sklav:innen und Familie (ebd., S. 77, S. 430) gezählt wurden, habe es möglich gemacht, den privaten Bezirk (ebd., S. 430) des *Oikos* zu verlassen und als ‚freier Bürger‘ in die Sphäre der Öffentlichkeit einzutreten.[95] Die historische Entstehung der *Polis* hätte demnach die ‚Befreiung‘[96] von der reproduktiven Tätigkeit des Arbeitens zur Voraussetzung gehabt. Entstanden sei der politische Raum, weil die ‚Bürger‘ ihre Bedürfnisse im privaten Raum stillen konnten, ohne sich selbst dafür (körperlich) verausgaben zu müssen. So hätten einzelne Menschen die Möglichkeit bekommen, sich in das „Bezugsgewebe menschlicher Angelegenheiten“ (ebd., S. 222) aktiv einzubringen. Obwohl auch ein ‚Bürger‘ den Notwendigkeiten des Lebens unterworfen war, habe es ihm freigestanden, „sein Haus zu verlassen und sich in den politischen Raum zu begeben, wo er unter seinesgleichen war“ (ebd., S. 42). Durch den in seiner Hauswirtschaft produzierten Überschuss an Konsumgütern konnte er, wie gesagt, seine Bedürfnisse stillen[97] (ebd., S. 140), ohne sich selbst an der Arbeit zu beteiligen. Seiner „im Verbor-

95 Seyla Benhabib beschreibt die Unterscheidung des *Oikos* von der *Polis* in ihrer Studie „Hannah Arendt. Die melancholische Denkerin der Moderne“ (1996/2011) als Folge von Arendts „phänomenologische[m] Essentialismus“ (Benhabib 2011, S. 199), den sie als unhaltbar markiert (vgl. Benhabib 2011, S. 272). Benhabib arbeitet heraus, dass das *Bezugsgewebe* nicht nur im öffentlichen, sondern auch im privaten Raum gestaltet werden kann, was einen wichtigen Anknüpfungspunkt für eine pädagogische Lesart bietet. Daher wird die Unterscheidung des Privaten vom Öffentlichen im fünften Kapitel aufgegriffen und kritisch gewendet.

96 In „Über die Revolution“ gewinnt Arendt die aus relationaler Perspektive zentrale „Einsicht in die Wechselwirkung von Befreiung und Freiheit“ (Benhabib 2011, S. 253; vgl. Arendt 2019c, S. 39).

97 Im Altertum waren Sklav:innen im Haushalt beschäftigt, „wo sie ihre Herren von der Last, nämlich der Mühe des reinen *Konsumierens*, befreiten“ (Arendt 2016, S. 140; Herv. TL). Hierbei handelt es sich möglicherweise um einen inhaltlichen Fehler, denn die Befreiung von mit Genuss verbundener Konsumtion erscheint unlogisch.

genen gehalten[en]" (ebd., S. 88) Familie (nach Fustel de Coulanges kann das Wort *familia* mit ,Eigentum' übersetzt werden) hätten neben Frauen und Kindern auch Sklav:innen angehört. Deren Leben sei in erster Linie „von den Funktionen des Körpers" (ebd.) und der Befriedigung der Bedürfnisse (vorrangig vom *Paterfamilias*) bestimmt worden. Menschen mit Uterus mussten schließlich „das physische Fortbestehen der Gattung gewährleisten" (ebd.), d. h. Kinder gebären und erziehen. Die versklavten Arbeiter:innen hätten u. a. durch die Reproduktion von Nahrung (Arendt 2017a, S. 17) für das physische Überleben der dem Haushalt zugehörigen Menschen gesorgt.

Demnach basierte die antike Hierarchie zwischen den Menschen auf der Unterscheidung eines „draußen in der Welt und einem im Innern des Hauses verbrachten Leben" (Xenophon, zitiert nach: Arendt 2016, S. 427), wobei nur ersteres als ein menschenwürdiges Leben galt, das mit Männlichkeit gleichgesetzt wurde. Die Mehrheit der Menschen sei an den *Oikos* gebunden gewesen, in dem „Zwang und Gewalt [...] zu rechtfertigen sind, weil sie die einzigen Mittel bereitstellen, um der Notwendigkeit Herr zu werden – z. B. durch die Herrschaft über Sklaven – und frei zu sein" (ebd., S. 41). ,Gerechtfertigt' ist diese Gewalt für Arendt insofern, als sie den *Paterfamilias* von den Notwendigkeiten des Lebens befreite und ihm Ruhe und Schutz vor den Blicken der anderen gewährte (ebd., S. 77) – eine Voraussetzung für die „Freiheit der Welt" (ebd., S. 41) und damit „Bedingung für das, was sie [die Griechen] Glück nannten" (ebd.).

Wie sich an Arendts Ausführungen über das Arbeiten zeigt, bezieht sie sich vor allem auf die Lebensform der ,Bürger', die die Freiheit besaßen, die Schwelle vom Privaten ins Politische zu überschreiten. Sie skizziert die Gewaltverhältnisse im *Oikos*, um die Bedingungen für die Realisierung der Fähigkeit zum Handeln darzustellen. Demnach existierte die politische Sphäre der *Polis* also nur, weil das Zusammenleben innerhalb des *Oikos* gewaltsam geregelt wurde. Was Arendts Unterscheidung des Privaten vom Politischen deutlich zeigt, ist, dass alle Beziehungen außerhalb der *Polis* hierarchisch strukturiert und von Ungleichheit und Gewaltverhältnissen durchzogen waren. Mit anderen Worten, war die (positiv bestimmte) Freiheit, durch das Miteinander-Handeln und -Sprechen in der *Polis* etwas Neues anzufangen, vom Arbeitszwang bedingt.

Gleichheit, so Arendt, setze prinzipiell die Existenz von Ungleichheit voraus. Politische Gleichheit in diesem Sinn, bezeichnet das „Freisein [...] von der allen Herrschaftsverhältnissen innewohnenden Ungleichheit [und bedeutet,] sich in einem Raum [...] bewegen [zu können], in dem es weder Herrschen noch Beherrschtwerden" (ebd., S. 43) gibt. Die Freiheit der ,Bürger' habe ihnen die Erfahrung von Gleichheit mit anderen ermöglicht, mit denen sie in der *Polis* zusammentrafen:

> „Die Polis unterschied sich von dem Haushaltsbereich dadurch, daß es in ihr nur Gleiche gab, während die Haushaltsordnung auf Ungleichheit geradezu beruhte.

> Freisein bedeutete ebenso ein Nichtbefehlen, wie es die Freiheit von dem Zwang der Notwendigkeit und den Befehlen eines Herrn beinhaltete." (ebd., S. 42)

Arendt führt dieses auf Ungleichheit aufbauende Gleichheitsprinzip der Antike aus, um die Bedeutung der Ungleichheit für die Tätigkeit des Handelns hervorzuheben.

***

In diesem Abschnitt wurde dargelegt, wie die Ungleichheit mit der Tätigkeit des Arbeitens zusammenhängt. Im nächsten Abschnitt wird in die nach Arendts Verständnis damit zusammenhängende Tätigkeit des Herstellens eingeführt.

Die Tätigkeit des Homo fabers: Herstellen

Gemäß Arendts Einteilung besitzen Menschen nicht nur die Fähigkeit zu arbeiten, sondern sie können auch Dinge herstellen. Der „Homo faber"[98] (ebd., S. 161) bringe im Gegensatz zum arbeitenden *Animal laborans* beständige Elemente hervor, die auf irgendeine Art und Weise nützlich seien. Er kann Dinge aus eigenem Antrieb heraus herstellen und verwandelt wertlose Naturdinge in wertvolle Weltdinge. Die Rohstoffe hierfür werden der Natur entnommen, indem bspw. Bäume gefällt werden. Aus dem daraus gewonnenen Holz (ebd., S. 165) können Gegenstände produziert werden. Natürliche Materialien, die ohne menschliches Zutun entstanden sind (ebd., S. 177), werden in künstliche Gegenstände transformiert und die produzierten Dinge werden für den Bau von Häusern und zum täglichen Gebrauch genutzt.

Der herstellende Mensch forme diese Gegenstände entsprechend seiner Vorstellung davon; den künstlichen Dingen geht also eine Idee voraus, die den Herstellungsprozess anleitet. Das fertige Produkt sei die Realisierung eines Plans und erfülle im besten Fall einen zuvor intendierten Zweck.[99] Diese utilitaristische Logik begleite jeden Herstellungsprozess und gehe mit einem zentralen Merkmal des Herstellens einher: Die Tätigkeit habe „einen definitiven Anfang und ein definitives, voraussagbares Ende" (ebd., S. 169). Insofern sei der *Homo faber* „Herr seiner selbst, seines eigenen Tuns und Lassens" (ebd., S. 170). Er kann sich unabhängig von anderen Menschen betätigen, indem er seine Idee umsetzt und entscheidet, ob bestimmte Dinge einen Platz in der Welt bekommen oder wieder zerstört werden.

---

98 Die Tätigkeit des *Homo faber* entspricht – wie sein Name sagt – bereits einer menschlichen Tätigkeit im Gegensatz zum tierischen Tätigsein des *Animal laborans*.

99 Arendts Verständnis des Herstellens stimmt in weiten Teilen mit einer poietischen Logik überein, die im zweiten Kapitel in Abgrenzung zu Praxis angesprochen worden ist (siehe Kap. 2.1.1).

Die hergestellten Gegenstände erhielten, neben ihrer Funktion für den subjektiven Gebrauch, abhängig von ihrem Aussehen und ihrer Qualität, einen *Platz in der Welt*. Denn die vom *Homo faber* erschaffenen Dinge seien in der Regel dauerhafter als die vergänglichen Konsumprodukte der Arbeit (ebd., S. 162). Sie werden auch gebraucht und abgenutzt, aber sie werden nicht verzehrt wie die Erzeugnisse der Arbeit. Demnach bestehe die Welt also

> „nicht aus Gütern, die verbraucht und verzehrt werden, sondern aus Gegenständen und Dingen, die gebraucht werden können. So wie die Natur und die Erde die Bedingungen menschlichen Lebens bereitstellen, so stellen die Welt und die Weltdinge die Bedingungen her, unter denen dies Leben als ein spezifisch menschliches auf der Erde wohnen kann" (ebd., S. 159).

Weltdinge besäßen die Eigenschaft, die „nur ‚subjektiven' Bedürfnisse[]" (ebd., S. 211) derer zu überschreiten, die sie gebrauchen. Durch den Gebrauch gingen die Dinge „ein in eine von ‚objektiven' Maßstäben bestimmte Welt von Gegenständlichem" (ebd.). Arendt fasst diesen objektiven Charakter der *Dingwelt* wie folgt:

> „Die Umwelt des Menschen ist die Dingwelt, die Homo faber ihm errichtet, und ihre Aufgabe, sterblichen Wesen eine Heimat zu bieten, kann sie nur in dem Maße erfüllen, als ihre Beständigkeit der ewig-wechselnden Bewegtheit menschlicher Existenz standhält und sie jeweils überdauert, d. h. insofern sie nicht nur die reine Funktionalität der für den Konsum produzierten Güter, sondern auch die bloße Nützlichkeit von Gebrauchsgegenständen transzendiert." (ebd., S. 211)

Die produzierten Güter bilden somit die von Menschenhand geschaffene Umgebung. Diese von Arendt sog. Welt bietet eine „Behausung [...], die beständiger und dauerhafter ist als sie [die Menschen; Anm. TL] selbst" (ebd., S. 180). Etwas pathetisch ausgedrückt ist diese Welt „das Haus, das der Mensch sich selbst auf Erden baut und verfertigt von dem Material, das die Natur der Erde ihm in die Hand gibt" (ebd., S. 159). Nach Rahel Jaeggi (1997; 2005/2019) lässt sich Arendts Weltbegriff in doppelter Hinsicht interpretieren. Erstens verstehe sie Welt als eine Bedingung menschlicher Existenz (siehe Kap. 4) und zweitens als *Zwischenraum*, in dem das *Bezugsgewebe menschlicher Angelegenheiten* gestaltet werden könne (siehe die Ausführungen zum Handeln im nächsten Abschnitt und in den folgenden). Der *Homo faber* errichtet also die Welt, um dem menschlichen Leben Dauerhaftigkeit zu verleihen. Der durch Arbeit aufrechterhaltene Kreislauf des biologischen Lebens finde durch die Kunst des *Homo faber* einen Ort, der dem *Animal laborans* – das zwar im „Gleichgewicht von Arbeit und Verzehr" (Arendt 2016, S. 158) etwas finden könne, das sich „Glück" nennt – Bestand verleihe und damit ein genuin *menschliches* Leben ermögliche (ebd., S. 159).

> „Nur weil wir aus dem, was die Natur uns gibt, die objektive Gegenständlichkeit einer eigenen Welt errichtet, weil wir in den Umkreis der Natur eine nur uns eigene Umgebung gebaut haben, die uns vor der Natur schützt, sind wir imstande, nun auch die Natur als einen ‚Gegenstand' objektiv zu betrachten und zu handhaben. Ohne eine solche Welt zwischen Mensch und Natur gäbe es ewige Bewegtheit, aber weder Gegenständlichkeit noch Objektivität." (ebd., S. 162–163)

Die Dinge der Welt sorgten für Schutz vor Naturgewalten als auch für Stabilität im menschlichen Generationenwechsel (ebd., S. 180). Die hergestellten Produkte schafften Beständigkeit sowohl im Privaten als auch im *Zwischenraum der Welt*, in dem die Menschen zusammenkommen können, um miteinander zu handeln und zu sprechen.

In der Antike wurden die Handwerker:innen und die bildenden Künstler:innen daher nicht ausschließlich dem *Oikos* zugeordnet, sondern auch dem Gebiet des Nützlichen. Denn das Herstellen fand im privaten *Oikos*, der Austausch der Produkte jedoch am öffentlichen Marktplatz, der sog. *Agora*, statt. Dieser nichtpolitische aber dennoch öffentliche dritte Bereich (neben dem *Oikos* und verschränkt mit der *Polis*) ist für Arendt der historisch älteste „öffentlich-weltliche Bezirk" (ebd., S. 191) und somit gewissermaßen ein Vorläufer zur modernen Gesellschaft (im Arendtschen Sinn; siehe Kap. 3.4.3). Entstanden sei er dort, wo Menschen zusammengekommen seien, um ihre Werke vorzuzeigen und um „vorzumachen, was man machen kann" (ebd., S. 193). Wie Handwerker:innen und Künstler:innen bspw., die ihre hergestellten Werke zur Schau stellten und verkauften (ebd., S. 190). Arendt zufolge begründete der *Homo faber* somit „einen ihm angemessenen öffentlichen Bereich [...], obzwar dies nicht ein politischer Bereich im eigentlichen Sinne des Wortes" (ebd., S. 191) war. Die künstliche Welt des *Homo faber* sei zudem unter dem Maßstab der Nützlichkeit im *Oikos* hergestellt worden; in der *Agora* seien die fertigen Dinge anderen Menschen dann öffentlich vorgeführt worden.

Diese beiden Tätigkeiten (Arbeiten und Herstellen) und ihre Zuordnung zu den Sphären (*Oikos* und *Agora*) bilden für Arendt die Grundlage, um die davon bedingte Tätigkeit des Handelns in der *Polis* zu verstehen.

***

Bevor die Darstellung mit der Tätigkeit des Handelns weitergeführt wird, soll anhand eines kurzen „Exkurses" Einblick in zwei Kontroversen der Arendt-Rezeption gegeben werden, die für die vorliegende Untersuchung relevant sind.

Kontroverse Aspekte

> „Unstimmigkeiten, grobe Widersprüche [...] führen ins eigentliche Zentrum der meisten großen Denker, wo sie zu den aufschlußreichsten Anhaltspunkten für ein Verständnis gehören." (Arendt 1953, zitiert nach: Benhabib 2011, S. 200)[100]

In der folgenden Darstellung wird auf zwei Debatten der aktuellen bzw. jüngeren Arendt-Rezeption eingegangen, die inhaltlich miteinander ins Verhältnis gesetzt werden sollen.[101] Diese betreffen (1.) die Unterscheidung des Arbeitens vom Herstellen sowie (2.) die Sphärentrennung des Politischen vom Sozialen. Der geistesgeschichtliche Kontext, auf den diese Kontroversen sich beziehen, ist ein Verständnis, das in der ersten Hälfte des 20. Jahrhunderts von scheinbar ‚kulturkritischen' Intellektuellen vertreten wurde und auch Arendts Denken in den 1950er Jahren prägte. Wie deutlich gemacht werden soll (siehe Kap. 3.4.3), handelt es sich bei diesem Verständnis um eine Voraussetzung für Arendts Konzeption des Handelns, weshalb die Kontroversen auch das Zwischen tangieren. Da die Ausformulierung einer relationalen Anthropologie im Anschluss an das Zwischen erst durch die Problematisierung dieser ‚kulturkritischen' Einflussnahme auf Arendts theoretischen Entwurf des Handelns möglich erscheint, sollen nun die Bedingungen in den Blick genommen werden, die Arendt zur Entfaltung einer Theorie politischen Handelns veranlasst haben. Wobei es nicht zuletzt darum geht, die – für die vorliegende Untersuchung maßgebliche – Frage zu klären, ob Arendts Konzept des Handelns als theoretisches Fundament für das Zwischen (siehe Kap. 5) taugt.

Die erste Kontroverse dreht sich um die teilweise „unvereinbare[n] Kriterien" (Elbe/Ellmers 2020, S. 110), anhand derer Arendt die beiden Grundvermögen Arbeiten und Herstellen unterscheidet, obwohl diese doch – wie Arendt selbst betont – miteinander verschränkt seien und daher nicht unabhängig voneinander beschrieben werden könnten.

> „Wiewohl Gebrauchen und Verbrauchen so wenig dasselbe sind wie Herstellen und Arbeiten, kommen sie sich doch oft so nahe, gehen so fast unmerklich ineinander über, daß die öffentliche und gelehrte Meinung, die diese Sachen miteinander identifiziert, gerechtfertigt zu sein scheint." (Arendt 2016, S. 163)

Arendt konstatiert, dass Arbeitsprodukte *ver*braucht, während Dinge *ge*braucht würden. Die Unterscheidung dieser beiden Tätigkeiten folgt John Lockes Differenzierung zwischen ‚arbeitenden Körpern' und ‚werkenden Händen' (ebd., S. 99). Aufgrund dieses Begriffsverständnisses stößt Arendts Unterscheidung jedoch leicht auf Unverständnis (Elbe/Ellmers 2020), denn in der profanen Wahrnehmung der Menschen bestehen keine wesentlichen Unterschie-

100 Dieses Zitat entstammt den Hannah-Arendt-Papieren in der Library of Congress, so Benhabib, und wurde 1953 auf Englisch verfasst. Ein ähnlicher Gedanke findet sich im Vorwort zur Tätigkeit des Arbeitens in der „Vita activa" (Arendt 2016, S. 98).

101 Es werden nicht alle Kontroversen aufgenommen, die in der aktuellen Arendt-Forschung verhandelt werden. Hier und in den folgenden Ausführungen werden punktuell jene Aspekte beleuchtet, die zur Klärung der Kategorie des Zwischen beitragen bzw. damit in Zusammenhang stehen.

de zwischen dem Arbeiten und dem Herstellen. Im Anschluss an die vorangegangenen Rekonstruktionen des Arbeitens und des Herstellens bei Arendt soll daher auf drei Tendenzen verwiesen werden, die deren Unterscheidung als eine „graduelle Klassifizierung" (Cameron/ Kourabas 2013, S. 269) interpretierbar machen: (1.) Die hierarchische Organisationsstruktur der Arbeit ist mit dem Zwangscharakter im *Oikos* verbunden und befindet sich auf einem Spektrum mit der weitgehend selbstgestalteten Produktion von Dingen durch den *Homo faber* im Übergang von *Oikos* und *Agora*. (2.) Die primäre Funktion des Arbeitens ist die Aufrechterhaltung des Lebens, die fließend in die Funktion des Herstellens übergehen kann, die dann der Nützlichkeit untergeordnet wird. (3.) Die (Un-)Beständigkeit der Endprodukte bzw. die kurze Haltbarkeit der Konsumgüter kann graduell von der Dauerhaftigkeit von Werkstücken unterschieden werden – auch Gebrauchsgüter nutzen sich ab (Arendt 2016, S. 111).

Gemäß der hier vertretenen Ansicht ist diese *graduelle* Unterscheidung von Arbeiten und Herstellen das Ergebnis einer relationalen Lesart; die durch eine Kritik an Arendts „Dichotomien von Welt und Leben, von Öffentlichkeit und Privatheit und von Politischem und Sozialem" (Rebentisch 2022, S. 238) potentiell verhindert wird. Geht man hingegen von relationalen Verhältnissen anstatt von Dichotomien aus (siehe Kap. 3.1), lassen Arendts Darstellungen eine graduelle Klassifizierung zu.

Diese relationale Lesart stellt gewissermaßen eine Weiterentwicklung der dialektischen Systematik der Pädagogik als praktischer Wissenschaft dar, denn über Arendts Zwischen lässt sich sagen, dass dieses – wie noch deutlicher werden wird – zwar bedingt ist durch den *Zwischenraum der Welt*, die Erfahrungen des reziproken Miteinanders aber auch auf diesen *Zwischenraum* zurückwirken. Beides steht in einem Wechselverhältnis ohne klar verlaufende Grenzen. Diese Systematik legt eine graduelle Klassifizierung nahe, die bspw. in der Studie von Juliane Rebentisch einseitig aufgelöst wird, wenn sie Arendts Denken in „Polaritäten" (Rebentisch 2022, S. 238) grundsätzlich ablehnt. Demgegenüber werden die vermeintlichen Polaritäten in der vorliegenden Arbeit – wie gesagt – als relative Unterscheidungen betrachtet. In Zusammenschau mit den ebenfalls nicht unproblematischen Zügen von Arendts übergreifender *Modernediagnose* sollen diese im letzten Abschnitt dieses Kapitels (siehe Kap. 3.4.3) als relationale Voraussetzungen für das Zwischen präzisiert und im letzten Kapitel (siehe Kap. 5) noch weiter ausdifferenziert werden.

***

Wie im Abschnitt über das Arbeiten dargestellt wurde, betrachtet Arendt die präpolitische (und damit animalische) Tätigkeit des *Animal laborans* als Bedingung für die Freiheit der ‚Bürger' in der *Polis*. Vor allem in feministischen Ansätzen wird Arendts Darstellung der Arbeit im *Oikos* häufig aufgegriffen und mit dem epochemachenden Slogan der Zweiten Frauenbewegung – „Das Private ist Politisch" – konfrontiert.[102] Anlass dafür sind die impliziten Darstellungen patriarchaler Unterdrückungsverhältnisse, die „von Arendt selbst völlig ‚unausgelotet' stehen gelassen" (Benhabib 2011, S. 215) würden. Eine Erörterung dieser fehlenden Analyse

102 Vgl. bspw. die Studie „Feminismus oder der Abgrund der Freiheit" (2005/2018) von Linda M. G. Zerilli, welche u. a. mit Arendt die (im Kontext des Arbeitens ausgeführte) enge Verknüpfung der sozialen Nützlichkeit mit dem Politischen deutlich macht, die vor allem in queerfeministischen Ansätzen „vollkommen unangetastet" (ebd., S. 25) bleibt.

von Geschlechterrollen von Hanna Pitkin enthält einen besonders vernichtenden Kommentar:

> „Kann es sein, daß Arendt eine so chauvinistische Lehre vertrat, die die Möglichkeit von Freiheit, eines wahrhaft menschenwürdigen Lebens und sogar der Wirklichkeit allen verweigert bis auf einer Handvoll von Männern, die alle anderen beherrschen und mit Gewalt von Privilegien ausschließen?" (Pitkin 1981, p. 336, zitiert nach: Benhabib 2011, S. 220).

Diese Auslegung deutet zum einen auf eine Ratlosigkeit im Umgang mit Arendts Unterscheidung zwischen dem Gesellschaftlichen und dem Politischen hin, zum anderen auf Arendts Affirmation von Ungleichheit (bzw. Zwang und Gewalt) als Voraussetzung für ihre Konzeption des Handelns. Ungeachtet der unkritischen Rekonstruktion von hierarchischen Strukturen im privaten *Oikos* zeigt Arendt aber auch, wie „die Möglichkeit von Freiheit als Handeln minimiert" (Zerilli 2018, S. 27) wird: Dadurch, dass das Streben nach politischer Gleichheit wie die (Re-)Produktion menschlichen Lebens und der Welt einer instrumentellen Logik folgen, expliziert Arendt die (re-)produktiven Tätigkeiten in ihrer konstitutiven Funktion für das Politische und stellt dabei – implizit – die gewaltvoll gesicherte Ungleichheit als Bedingung für Gleichheit heraus. Dass sie selbst in ihren Werken keine Konsequenzen daraus zieht, mag damit zu erklären sein, dass sie aus ihrer Perspektive gar keine Vorschläge für ein gutes Zusammenleben ableiten kann, ohne ihr Konzept des Handelns zu verleugnen. Die Vorschläge – wenn man dies vor dem Hintergrund von Praxis denn so nennen kann – welche sie in ihrer Rolle als Intellektuelle macht, sind eher allgemeiner bzw. mittelbarer Natur: „Wenn jeder gedankenlos mitschwimmt in dem, was alle andern tun und glauben, dann stehen die Denkenden nicht mehr im Hintergrund, denn ihre Weigerung ist nicht zu übersehen und wird damit zu einer Art Handeln." (Arendt 1989a, S. 191) Im letzten Kapitel, wo diese Kontroverse noch einmal aufgegriffen wird, sollen pädagogische Implikationen daraus abgeleitet werden (siehe Kap. 5).

***

Die genuin menschliche Tätigkeit des Handelns zwischen Personen

Handeln (griech. *Praxis*) ist eine Tätigkeit, die sich direkt unter Menschen abspielt, weshalb Arendt das Handeln auch als genuin menschliche Tätigkeit bezeichnet. Nach Arendt ist die Möglichkeit zum Handeln überhaupt erst dadurch gegeben, dass Menschen soziale Wesen sind, die gemeinsam mit anderen die Welt bewohnen. Damit ist die relational-zwischenmenschliche Dimension ausgewiesen, die das Zwischen kennzeichnet. Wie bereits erwähnt nähert Arendt sich jener Sphäre des im eigentlichen Sinne menschlichen Zusammenlebens im Zuge der Unterscheidung zwischen Arbeiten und Herstellen an. Bestimmend für das Handeln sei, dass es frei ist von der

> „zwingende[n] Lebensnotwendigkeit, die sich in der Arbeit kundgibt, und es [...] nicht in dem Reich von Mitteln und Zwecken gefunden werden [kann], das maßgebend ist für die Herstellung der Weltdinge und maßgeblich noch für den Gebrauch, den wir von ihnen machen" (Arendt 2016, S. 212).

Die Tätigkeiten des Arbeitens und Herstellens gehen dabei dem Handeln voraus. Sowohl die Reproduktion des biologischen Lebensprozesses als auch die Schaffung einer Welt, in der Menschen leben können, bilden je spezifische Voraussetzungen für diese Tätigkeit. Gemäß Arendts Unterscheidung (re-)produzieren handelnde Personen weder Konsumgüter für das tägliche Leben noch weltliche Dinge. Die Besonderheit ihrer Tätigkeit liege „einzig und allein in der Art ihrer Durchführung, in dem Modus des Tuns selbst“ (ebd., S. 261). In diesem „Vollzug“ (ebd.) könnten Momente des Zwischen entstehen, die sich über den Moment hinaus im *Bezugsgewebe menschlicher Angelegenheiten* ausbreiteten. Vor allem wechselseitig anerkennende Beziehungen zwischen Personen scheinen dafür prädestiniert zu sein. Diese könnten das bestehende Bezugsgewebe erweitern, insofern sie Geschichten stifteten (ebd., S. 227), die sich durch die menschliche Fähigkeit zur Erinnerung ins Bezugsgewebe einschreiben können. Mit dem Begriff des Zwischen rückt Arendt genau jene Beziehungsweise in den Fokus, die genuin menschliche Geschichte(n) hervorbringt (siehe Kap. 3.4.2). Die Reziprozität oder Wechselseitigkeit, wodurch diese sich auszeichnet, entsteht Arendt zufolge, wenn Personen voreinander erscheinen und damit die Routinen des Alltags unterbrechen. Dieses Vor-anderen-Erscheinen geht nicht automatisch mit Akzeptanz einher. Personen können in Momenten des Zwischen durchaus unvereinbare Ansichten vertreten; Arendt konzipiert das Zwischen weder als harmonistisch verklärtes Miteinander noch als konstitutiv konfliktgeladen – es kann ganz unterschiedlich erfahren werden. In Momenten des Zwischen würden jedoch immer die „gemeinhin gültigen Maßstäbe[] des täglichen Sichverhaltens“ (ebd., S. 261) durchbrochen. Solche Momente würden durch die Tätigkeit des Handelns hervorgebracht, die zwar im Gegensatz zu den (re-)produzierenden Tätigkeiten des Arbeitens und Herstellens keine greifbaren Produkte herstelle, aber dennoch darauf abziele, bestimmte Ideen zu realisieren. Die Realisierung dieser Ideen, Wünsche und Träume wird jedoch nicht hergestellt im poietischen Sinne (was der Tätigkeit des *Homo fabers* entsprechen würde). Vielmehr ergeben sich die Folgen von Taten und Worten aus den Verflechtungen der Menschen bzw. resultieren sie aus der Art der Beziehungsweise. Die „eigentümliche Fähigkeit, Beziehungen zu stiften“ (ebd., S. 238), so Arendt, könne Erfahrungen „reine[r] Aktualität“ (ebd., S. 263) stiften, deren Folgen nicht voraussagbar seien.

> „Weil dies Bezugsgewebe mit den zahllosen, einander widerstrebenden Absichten und Zwecken, die in ihm zur Geltung kommen, immer schon da war, bevor das Handeln überhaupt zum Zug kommt, kann der Handelnde so gut wie niemals die Ziele, die ihm ursprünglich vorschwebten, in Reinheit verwirklichen“ (ebd., S. 226).

Demgemäß werden die Folgen von Taten und Worten nicht, wie es bei dem *Homo faber* der Fall ist, entsprechend eines vorgefassten Plans verwirklicht. Zwar folgten auch Personen bewussten oder unbewussten Idealen, an denen sie ihre Taten und Worte ausrichteten. Doch die Konsequenzen ihres Handelns seien nicht nur unberechenbar, sie entzögen sich jedweder Kontrolle:

> „Nichts ist flüchtiger und vergeblicher als menschliche Worte und Taten; wenn sie nicht erinnert werden, überleben sie kaum den Augenblick des Vollzugs. Da ferner das Handeln immer in ein Netz einander widersprechender Ziele und Absichten hineinhandelt, kann eine Tat niemals wirklich der Erwartung des Täters voll entsprechen, so wie etwa das hergestellte Ding den Erwartungen des herstellenden Handwerkers oder Künstlers entsprechen kann; ja, der Urheber einer Tat kann diese seine Tat niemals mit der gleichen selbstverständlichen Gewißheit für sich in Anspruch nehmen und als sein Eigenes erkennen wie der Hersteller sein Produkt." (Arendt 2000, S. 105)

Für Arendt steht daher auch nicht die Wirksamkeit des Tuns im Vordergrund. Da man eben nicht voraussagen kann, wann oder wodurch das Handeln endet oder welchen Zwecken es gedient hat (Arendt 2016, S. 170), setzt die Tätigkeit des Handelns einen Anfang und ist in ihren Auswirkungen auf die Welt gewissermaßen endlos. „Es liegt in der Natur eines jeden Anfangs, daß er, von dem Gewesenen und Geschehenen her gesehen, schlechterdings unerwartet und unerrechenbar in die Welt bricht." (ebd., S. 216)

Etymologisch betrachtet setzt sich das Wort Handeln denn sowohl im Griechischen als auch im Lateinischen aus zwei Verben zusammen, die auf unterschiedliche Stadien *eines* Prozesses hinweisen. Es wird „etwas [...] begonnen oder in Bewegung gesetzt von einem einzelnen, der anführt, woraufhin ihm viele gleichsam zu Hilfe eilen, um das Begonnene weiter zu betreiben" (Arendt 2016, S. 235). Damit werde etwas angefangen, angeführt bzw. befohlen oder beherrscht, und es werde etwas ausgerichtet bzw. es komme etwas zu Ende (ebd.). Diese Gliederung des Handelns in zwei Phasen – die sich auch überschneiden können – orientiert sich an den Dialogen Platons (Arendt 2017a, S. 8), die Arendt zufolge am „Höhepunkt des griechischen Philosophierens" (Arendt 2019b, S. 43) entstanden sind. Platon unterscheidet darin zwischen Menschen, die etwas wissen, aber nichts tun und anderen, die zwar etwas tun, aber nicht wissen, was sie tun (Arendt 2016, S. 282). Damit reißt nach Arendt eine Kluft „zwischen Gedanke und Tat", die sich

> „seitdem nie wieder geschlossen hat. Alles Denken, das nicht lediglich die Mittel zur Erreichung eines Zieles kalkuliert, sondern sich mit einem Sinn (in des Wortes allgemeinster Bedeutung) befasst, wurde zu einem ‚Nachdenken', einem Denken, das nachträglich erfolgte – nach dem das Handeln die Wirklichkeit bestimmt und entschieden hatte. Das Handeln andererseits, die Aktion, wurde in den sinnlosen Bereich des Akzidentiellen verwiesen" (Arendt 2019b, S. 35).

Seither werde das praktische Tätigsein begrifflich vom Nachdenken über dieses Tätigsein getrennt. Wenn eine Person aber durch Taten und Worte etwas Neues beginnt, führt dies gewissermaßen zu einer Art Kettenreaktionen: Andere Personen kommen mit den Folgen dieser Taten und Worte in Berührung und müssen diese erdulden bzw. antworten darauf auf einzigartige Weise. Je nachdem, welche Erfahrungen sie in ihrem bisherigen Leben gemacht haben, ‚re-agieren' (Arendt 2016, S. 237) sie unterschiedlich. Im Bezugsgewebe treffen also agierende und reagierende Menschen aufeinander und jede Person ist potentiell beides zugleich. Folgt man Arendt, so sind die (Re-)Aktionen der Menschen, wie gesagt, unvorhersehbar – und auch für sie selbst manchmal überraschend:

> „Jeder, der anfängt zu handeln, muß wissen, daß er etwas begonnen hat, dessen Ende nicht mehr bei ihm steht, das er nicht mehr voraussagen kann, und dies schon darum nicht, weil gerade durch seine Tat sich alle bisher geltenden Konstellationen, unter deren Voraussetzungen er selbst handelte, völlig geändert haben. Wo immer wir wirklich tun, wissen wir nicht, was wir tun." (Arendt 2000, S. 105)

Demnach gibt es keine Perspektive, von der aus man die Folgen von Taten und Worten voraussehen könnte. Denn der Beginn von etwas Neuem und dessen praktischer Vollzug fallen auseinander. Mit diesem Konzept der zwei Stadien des Handelns lässt sich an das (pädagogische) Theorie-Praxis-Problem anknüpfen, demgemäß erst die (gedankliche) Spaltung „zwischen Tun und Wissen" (Arendt 2016, S. 283) eine progressive Transformation des Bestehenden möglich macht (siehe Kap. 2.2.1). Anders ausgedrückt: In der distanzierten Reflexion der bestehenden Verhältnisse können potentielle Wege aus der Reproduktion des Bestehenden erdacht werden, die über eine konservierende Reproduktion im praktischen Tun hinausgehen. Historisch betrachtet seien die zwei voneinander getrennten Entitäten jedoch beliebig „vom Kopf auf die Füße" (ebd., S. 371) gestellt worden. Indem Arendt die Verschiebungen dieses Verhältnisses von der griechischen Antike über das christlich geprägte feudalistische Mittelalter bis in die moderne Neuzeit nachzeichnet, weist sie die Kontinuität dieses (auch pädagogischen) Grundproblems nach, das durch die Verdrängung des Handelns in der Moderne aus dem Blick geraten ist.

In der Antike seien die öffentlichen politischen Angelegenheiten Teil des tätigen Lebens gewesen, wohingegen jedoch in antiken philosophischen Schriften die Bedeutung des Handelns für das menschliche Leben abgewertet und als eine der Kontemplation untergeordnete Betätigung betrachtet worden sei. Die Vielfalt der *Vita activa* außer Acht lassend hätten die Philosophierenden der Antike im Rahmen einer theoretischen Lebensweise einen denkenden Dialog mit sich selbst praktiziert, in dem sie sich für die Betrachtung des Wahren vorbereiteten. Von diesem Weg zum höchsten menschlichen Vermögen hätten sie sich die Anschauung des – mit Worten nicht fassbaren – Wahren erhofft (ebd., S. 370). Gemäß dieser Vorstellung enthüllt Wahrheit sich nämlich in der Negation aller Tätigkeiten, d. h. in der absoluten Ruhe – der Kontemplation –, die „unvergänglich und unveränderlich in sich selbst schwingt von Ewigkeit zu Ewigkeit" (ebd., S. 25–26). Diese Suche nach Wahrheit habe den Philosophierenden die einzig sinnvolle Tätigkeit bedeutet. Schließlich hätten sie es sich leisten können, frei von den Sorgen und Mühen der Arbeit zu leben, die Herstellung der Welt auszulagern und die „Bürde des öffentlichen Lebens" (Arendt 2017a, S. 27) an andere abzugeben (sie mussten weder arbeiten, noch herstellen oder handeln), wie Arendt bemerkt. In der Antike jedenfalls galt ihre Lebensweise als das höchste menschliche Vermögen, entsprechend betrachtete man die Philosophie damals auch als die „Mutter und Königin der Wissenschaften" (Arendt 2016, S. 374). Demgegenüber werde das Handeln heute im Modus des Herstellens betrachtet, bzw. geht das aufgeklärte Denken laut Arendt auf philosophische Schriften zurück, die diese verkürzte Wahrnehmung des aktiven Tätigseins verfestigten. Im Zuge dessen sei das Handeln mit der Logik des Herstellens (griech. *poiesis*) gleichgesetzt worden, wodurch die Qualität von zwischenmenschlichen Beziehungen fast in Vergessenheit geraten sei.

3.4.2 Ausdifferenzierungen des Handelns

Wie oben ausgeführt umfasst Arendts Analyse des menschlichen Tätigseins, im Zuge derer sie die drei Tätigkeiten Arbeiten, Herstellen und Handeln unterscheidet und in ihren Verflechtungen miteinander betrachtet, historische Entwicklungsprozesse von der Antike bis in die Moderne. In diesem Abschnitt soll ihre These, wonach das Handeln seit der Antike zunehmend durch vorhersagbare Tätigkeiten ersetzt worden ist, nachvollzogen werden. Wie gesagt ist das Zwischen, das zwischen handelnden Personen entstehen kann, geprägt von einer konstitutiven Unbestimmbarkeit. Laut Arendts pessimistischer Diagnose hat die daraus resultierende Ungewissheit in der modernen Gesellschaft zu einer Vereinnahmung des Handelns durch die Tätigkeit des Arbeitens geführt. Um diesen Gedanken im Gesamtzusammenhang ihrer „Vita activa" verstehen zu können, gilt es zu erläutern, was Arendt damit meint, dass Menschen sich im Akt des Handelns als Personen enthüllen und dabei das *Bezugsgewebe menschlicher Angelegenheiten* potentiell verändern. Und inwiefern diese Effekte ihrer Einschätzung nach in der Neuzeit durch die Logik des Herstellens erklärt – „die Welt schöner oder nutzbringender gestalten" (ebd., S. 264) – und später, seit der Moderne, durch den Modus des Arbeitens – „das Leben erleichtern und verlängern" (ebd.) – verdrängt worden sind.

Die Enthüllung des Wer: Person

Menschen bestreiten ihr Leben nicht ausschließlich im Modus des arbeitenden *Animal laborans* und des herstellenden *Homo faber*, sondern sie sind potentiell immer auch *Personen*, die fähig sind, zu handeln und zu sprechen. Handelnde und sprechende Personen bringen Impulse hervor, die sich nicht einfach ver- bzw. gebrauchen lassen. Vielmehr schaffen sie Momente, in denen sie in ihrer „reinen Aktualität" (ebd., S. 261) vor anderen in Erscheinung treten. Nach Arendt geht diese Enthüllung des *Wer* – in der personalistischen Pädagogik existenzphilosophischer Provenienz wird von der *Aktuierung* der Person gesprochen (siehe Kap. 3.2) – mit spezifisch „objektiv-weltlichen Interessen" (ebd., S. 224) einher. Anders ausgedrückt die zwischenmenschliche Praxis ist *sachlich vermittelt*. In diesem Aspekt wird mit Arendt über die im Personalismus zentrale Dimension der dialogischen Begegnung hinausgegangen. Den Impuls zum Handeln führt Arendt u. a. auf die Interessen zurück, welche die sich begegnenden Personen für ein Thema oder einen Gegenstand haben. Immer seien Personen durch etwas miteinander verbunden:

> „In der Welt zusammenleben heißt wesentlich, daß eine Welt von Dingen zwischen denen liegt, deren gemeinsamer Wohnort sie ist, und zwar in dem gleichen Sinne, in dem etwa ein Tisch zwischen denen steht, die um ihn herum sitzen; wie jedes Zwischen verbindet und trennt die Welt diejenigen, denen sie jeweils gemeinsam ist." (ebd., S. 52)

Gemäß ihres Wortursprungs „inter-est" (ebd., S. 224) befänden sich die objektiven Interessen *zwischen* den Menschen, die wiederum gar nicht anders könnten, „als sich selbst in ihrer personalen Einmaligkeit zum Vorschein und mit ins Spiel zu bringen [...]" (ebd., 225–226), „auch wenn sie nur ihre Interessen verfolgen und bestimmte weltliche Ziele im Auge haben" (ebd., S. 225). Arendt spricht auch von einer Sphäre, die sich „ohne die Vermittlung von Materie, Material und Dingen direkt zwischen Menschen abspielt" (ebd., S. 17). Das Interesse der Personen kreise zwar um den Gegenstand bzw. das Thema – die miteinander Handelnden und Sprechenden verfolgen ein bestimmtes Ziel – doch wenn sie „miteinander *über* etwas sprechen und einander etwas weltlich-nachweisbar Gegebenes mitteilen" (ebd., S. 224; Herv. i. Orig.), gäben sie „unwillkürlich in solchem Sprechen-über" (ebd.) auch etwas von sich selbst preis. Wobei handelnde Personen nicht nur den Blicken anderer ausgesetzt sind, sondern zugleich selbst Facetten von anderen wahrnehmen, die sich kaum in Worte fassen lassen. Dass „wir unwillkürlich in solchem Sprechen-über auch noch Aufschluß darüber geben, wer wir, die Sprechenden, sind" (ebd., S. 224), mag auf den ersten Blick vielleicht unwichtig erscheinen. Doch gerade diese „unwillkürlich-zusätzliche Enthüllung des Wer" (ebd.) zeichnet laut Arendt das Handeln aus. Menschen, die miteinander zu tun haben, interessieren sich häufig für das *Was*, dem das gemeinsame Interesse zufällt. Sie geben darüber hinaus aber immer auch Aufschluss über ihr *Wer* und damit über das, was sie als Personen auszeichnet.

Wer eine Person für andere ist oder sein kann, lässt sich dabei nicht in Kategorien, Eigenschaften, Gaben, Talenten oder Defekten fassen, bzw. ist die Bedeutung einer Person nicht objektiv feststellbar, sondern ergibt sich auf je individuelle Weise aus den Beziehungen. Mit Arendt gesprochen manifestiert sich das unverwechselbare und einmalige „Wer-einer-ist“ (ebd., S. 222) überhaupt nur in der unmittelbaren Begegnung.

> Es „entzieht sich jedem Versuch, es eindeutig in Worte zu fassen. Sobald wir versuchen zu sagen, wer jemand ist, beginnen wir Eigenschaften zu beschreiben, die dieser Jemand mit anderen teilt und die ihm gerade nicht in seiner Einmaligkeit zugehören. Es stellt sich heraus, daß die Sprache, wenn wir sie als ein Mittel der Beschreibung des ‚Wer‘ benutzen wollen, sich versagt und an dem Was hängen bleibt, so daß wir schließlich höchstens Charaktertypen hingestellt haben, die alles andere sind als Personen“ (ebd., S. 222–223).

Das *Wer* eines Menschen führt Arendt zufolge über die objektiv-weltlichen Interessen hinaus und in die „sachlich nicht festlegbaren, ungreifbaren und immer äußerst zerbrechlichen Bezüge zwischen den Menschen“ (ebd., S. 246) ‚hinein‘. Diese Überschreitung des Materiellen gründet auf einem relationalen Verständnis der Person (Arendt 1989a, S. 184), die in ihrem personalen Werden – in der Enthüllung des *Wer* im Handeln und Sprechen vor und mit anderen – gerichtete, jedoch nicht kontrollierbare Anfänge setzt, die von anderen weitergeführt, irritiert, verändert oder unterbrochen werden können. Nach Arendt vollziehen sich diese nicht-bestimmbaren „Re-aktionen“ (Arendt 2016, S. 237) im Bezugsgewebe als einheitsstiftende Prozesse. Und zwar insofern als sich daraus Momente des Zwischen ergäben, in denen ein Mensch nicht mehr ‚für sich‘ sei – was Platon ein „stummes Zwiegespräch [...] zwischen mir und mir“ (Arendt 1989a, S. 184) nennt – sondern ‚mit anderen‘. In diesen Beziehungen werde der innere Dialog bzw. der Denkvorgang durch die Außenwelt unterbrochen bzw. der Mensch von anderen als Person angesprochen. Er werde „bei seinem Namen in die Erscheinungswelt zurückgerufen, wo er immer Einer ist; es ist, als führ[t]en die zwei Teile, in die ihn das Denken gespalten hatte, wieder zusammen“ (ebd.). Im Zwischen erscheine die Person als Einheit, die wiederum in Relation zur dualen Struktur der inneren Realität des denkenden Menschen stehe. Deshalb verortet Arendt diese Enthüllung des *Wer* wohl auch in einer Art „zeitlose[n] Zeit“ (2000, S. 206) zwischen Vergangenheit und Zukunft. Die Beziehungen seien dementsprechend schwierig zu bestimmen: „Jede neue Generation, jedes neue Menschenwesen muß, indem ihm bewußt wird, daß es zwischen eine unendliche Vergangenheit und eine unendliche Zukunft hineingestellt ist, den Pfad des Denkens neu entdecken und mühsam bahnen“ (Arendt 1989a, S. 206). Im Denken[103] sei es möglich, die menschliche „Endlichkeit zu transzendieren“ (Arendt 2000, S. 206). In diesem Sinn versteht

103 Trotz Arendts Wertschätzung des Denkens – als „höchste[s] und vielleicht reinste[s] Tätigsein“ (Arendt 2016, S. 14) – stellt die Thematik eine Leerstelle in der „Vita activa“ dar. Mit ihrer Studie „Vom Leben des Geistes 1: Das Denken“ (1979/1989a) füllt sie diese Lücke. Sowohl darin als auch in ihren „Übungen im politischen Denken 1“, wie der Untertitel des Buches „Zwischen Vergan-

Arendt die „Tätigkeit des Denkens“ (Arendt 2016, S. 14) als Praxis des Transzendierens.[104] Dass Menschen, wie Arendt behauptet, für diese Tätigkeit des Denkens jedoch „weder ausgestattet noch auf sie vorbereitet“ (Arendt 2000, S. 17) seien, erscheint dabei problematisch – was sich u. a. an der Erfahrung von Einsamkeit zeige: „Das Denken ist, existentiell gesehen, etwas, das man allein tut, aber nicht einsam: allein sein heißt mit sich selbst umgehen; einsam sein heißt allein sein, ohne sich in das Zwei-in-einem aufspalten zu können. Ohne sich selbst Gesellschaft leisten zu können; bei Jaspers heißt es: ‚Ich bleibe mir aus, oder man könnte sagen: Ich bin Einer und ohne Gesellschaft.“ (Arendt 1989a, S. 184) Ein Weg aus der Einsamkeit sei demnach, dass Menschen zwar lernen können, zu Denken. Wer diese Fähigkeit jedoch nicht erlernt – nicht erlernen kann, aufgrund nachteiliger Grundvoraussetzungen –, könne die Endlichkeit niemals transzendieren und keine neuen Fäden in das Bezugssystem einfädeln. Hierher gehört denn auch die grundlegende Bedingung der Pluralität. In Arendts Worten heißt es, dass Menschen „zwar alle dasselbe sind, nämlich Menschen, aber dies auf die merkwürdige Art und Weise, daß keiner dieser Menschen je einem anderen gleicht, der einmal gelebt hat oder lebt oder leben wird“ (Arendt 2016, S. 17). Als Exemplare der Gattung seien Menschen sich zwar in vielen Aspekten ähnlich, als Personen seien sie jedoch einzigartig:

> „Ohne Gleichartigkeit gäbe es keine Verständigung unter Lebenden, kein Verstehen der Toten und kein Planen für eine Welt, die nicht mehr von uns, aber doch immer noch von unseresgleichen bevölkert sein wird. Ohne Verschiedenheit, das absolute Unterschiedensein jeder Person von jeder anderen, die ist, war oder sein wird, bedürfte es weder der Sprache noch des Handelns für eine Verständigung“ (ebd., S. 213).

Demnach ist die Tatsache der Pluralität nicht nur eine Bedingung menschlicher Existenz, sondern auch eine „Implikation menschlichen Miteinanders im Sprechen und Handeln“ (Rebentisch 2022, S. 29), auf Basis derer sich das Zwischen allererst entfalten kann. Insofern Menschen „aus einander entstehen“ (Arendt 2000, S. 214), stünden sie zudem von Geburt an in Beziehungen mit anderen. Sie seien „im Singular gar nicht vorstellbar“ (ebd.) und „überall, wo es eine Mehrzahl – von Lebewesen, von Dingen, von Ideen – gibt, da ist Unterschied, und dieser kommt […] aus seinem Zusammenhang mit anderen Dingen heraus“

genheit und Zukunft“ 2000 lautet, wird die „Tätigkeit des Denkens“ (Arendt 2000, S. 17) etwa zwanzig Jahre später zu ihrem zentralen Forschungsgegenstand: Ein gedankenloses Leben sei zwar ein mögliches, aber kein eigentlich menschliches Leben. Ein solches wäre „nicht nur sinnlos, es ist gar nicht recht lebendig. Menschen, die nicht denken, sind wie Schlafwandler“ (Arendt 1989a, S. 190).

104 In dieser Auffassung des Denkens lassen sich Spuren der bereits angesprochenen mittelbaren Konsequenzen erkennen, d. h. im Denken sieht sie die Möglichkeit einer praktischen Konsequenz ihrer epistemologischen Erkenntnisse (vgl. dazu Arendt 1989a, S. 191).

(Arendt 1989a, S. 183). Mit Sokrates fasst Arendt die innere Struktur von Personen entsprechend als „die Dualität des Zwei-in-einem“ (ebd., S. 186). In diesem Zusammenhang fügt Arendt in Klammern an: „(Diese ursprüngliche Dualität erklärt übrigens, warum die so beliebte Identitätssuche vergeblich ist. Unsere moderne Identitätskrise ließe sich nur dadurch lösen, daß man nie allein wäre und nie zu denken versuchte.)“ (ebd.) Somit stellt sich die Person also auch aus Arendts Perspektive als eine *zwiefältige* Realität (siehe Kap. 3.3: Buber) dar, die nur in Beziehungen als Einheit in Erscheinung tritt. Durch den „Ruf der Welt und der Mitmenschen [wird] die innere Dualität des Zwei-in-einem wieder zum Einen [ge]macht“ (ebd., S. 194). Dieser Ruf durch Andere(s) macht die Bedeutsamkeit von Beziehungen deutlich, wenn man im anthropologischen Sinne nach dem *Wer* des Menschen fragt.

Mit Arendt kann das Zwischen somit als *Ort der Realisation einer personalen Einheit* gefasst werden, die *dual* strukturiert ist. Die Person erlebt sich selbst als Dualität, wobei sich in einer bestimmten Art der Beziehungsweise ihre relationale Identität als Einheit entfaltet und zugleich das *Bezugsgewebe* gewebt bzw. verändert wird. Diese Enthüllung des *Wer* einer Person in Beziehungen hängt mit dem *Bezugsgewebe menschlicher Angelegenheiten* auf gesellschaftlicher Ebene zusammen. Das *Wer* werde von anderen Personen „in äußerster Verschiedenheit“ (Arendt 2016, S. 72) wahrgenommen. Die anderen würden – je nachdem wie sie davon jeweils affiziert werden – diese Verschiedenheit als implizites Wissen in ihr Bild von diesem Menschen integrieren und von diesem Bild erzählen. Insofern hänge es von der menschlichen Mitwelt ab, ob die „Erzeugnisse des Handelns und Sprechens“ (ebd., S. 112–113) dauerhaft in der Welt verankert werden. Ob und wie bestimmte Taten und Worte auf Resonanz stoßen, ist dabei (im politischen und d. h. praktischen Sinne) wie gesagt nicht kontrollierbar.[105] Jedenfalls bestehe grundsätzlich die Möglichkeit, sie weiterzuerzählen, sie als Geschichten zu sammeln und zu ordnen. Arendt zufolge hängt die personale Identität sogar ab von dieser „Vergegenständlichung“ (ebd., S. 114) zwischenmenschlicher Erfahrungen, „da nur das Gesehenwerden, das Gehörtwerden und schließlich das Erinnertwerden ihnen [den Personen] überhaupt die schiere Existenz bezeugen“ (ebd., S. 113) könne.

In diesem Sinn könne die personale Einzigartigkeit – das *Wer-einer-ist* – eigentlich erst „ex post facto“ (ebd., S. 231), also nach dem Tod eines Menschen „in eine Bio-graphie verdinglicht“ (ebd., S. 116) werden. Mit der Geburt und dem Tod konstituiere sich das *Wer* schließlich „zwischen zwei Grundereignissen“

105 Diese Unkontrollierbarkeit trifft selbstverständlich nur zu, wenn das oberste Kriterium des Handelns nicht ihr Zweck ist (Zerilli 2018, S. 18–19). Demnach scheint es Arendts übergeordnetes Anliegen zu sein, vor der Dominanz von instrumentellen Einstellungen in gegenwärtigen Gesellschaften zu warnen. Sie ruft dazu auf, die Dinge, die wir tun, stets nachzuvollziehen, um dadurch „auch zu verstehen, d. h. denkend über sie zu sprechen“ (Arendt 2016, S. 10).

(ebd., S. 116), nämlich dem „Erscheinen in der Welt und seinem Verschwinden aus ihr“ (ebd.). In der (retrospektiven) Zusammenschau von unterschiedlichen Perspektiven auf die vielen unzähligen handelnd begonnenen, aber nicht ersonnenen Ereignisse, ist das *Wer* – die Einzigartigkeit der Person – gewissermaßen aufgehoben. Jene Fäden, die erinnert und rückblickend in einen sinnvollen Zusammenhang gebracht werden, wirken in der Lebensgeschichte fort. Erst wenn eine Person verstorben ist und also keine neuen Anfänge mehr setzen kann, enthüllt sich Arendt zufolge die umfassende Bedeutung ihres Wirkens (ebd., S. 240). Durch das Erinnern werde eine verstorbene Person zwar nicht wieder lebendig, doch ihre Einzigartigkeit bleibe im Bezugsgewebe erhalten. Ihre Lebensgeschichte entspreche der „ungreifbar flüchtigen und doch unverwechselbaren Manifestation […], in der die Person durch Handeln und Sprechen einer Mitwelt gegenwärtig ist“ (ebd., S. 231). Der „lebendigen Wirklichkeit“ (ebd., S. 227), in der eine Person in ihrer *reinen Aktualität* erfahren werden könne, werde diese Manifestation zwar niemals gerecht, dafür mache die „Verwandlung des Nichtgreifbaren in die Handgreiflichkeit eines Dinghaften“ (ebd., S. 113) es möglich, Gedanken und Taten weiterzuerzählen und sie dabei zu würdigen bzw. zu kritisieren.

Über die Vergegenständlichung des Zwischen in der Welt

Durch die Verknüpfung der Ebene der personalen Selbstenthüllung mit dem *Bezugsgewebe menschlicher Angelegenheiten* wird an das Zwischen herangeführt, das nur mittels der Denkfigur der *Vergegenständlichung* eingekreist werden kann. Denn die begriffliche Annäherung ist auf Formen der Verschriftlichung, auf Abbildungen oder ähnliche Artefakte angewiesen, mittels derer Worte und Taten in eine materialisierte Gegenständlichkeit überführt werden können. Erst durch nachträgliche *Vergegenständlichung*, so Arendt, gehe die *reine Aktualität* des Handelns „in den gegenständlichen Bestand der Welt ein[…]“ (ebd., S. 227). Wenn sich Menschen an Personen erinnern, wird das *Wer* dieser Personen in einer Bedeutungsfülle greifbar, die nach Arendt gerade nicht mit der Kenntnis von individuellen Meinungen, Eigenschaften, Werken und Kompetenzen gleichzusetzen ist (ebd., S. 232). Auch immaterielle Ereignisse könnten „Gegenstandscharakter“ (ebd., S. 113) bekommen und sich bspw. in Form von „Denk- und Mahnmäler[n] des menschlichen Geistes“ (ebd.) verewigen. Durch diese „verwandelnde Vergegenständlichung“ (ebd., S. 114), so Arendt, könnten Erfahrungen als „ein Weltding weiter bestehen“ (ebd., S. 116). „Um in die Welt als Dinge einzugehen“ (ebd., S. 113) müssten Taten und Worte nicht nur von anderen wahrgenommen werden, sondern auf irgendeine Art von Antwort (oder Widerhall bzw. Resonanz) stoßen. Nur wenn Menschen über Ereignisse sprächen, sei es möglich, „Gedanken, Gedankenformen und Ideen […] in der Welt anzusiedeln“ (ebd.).

Die fragilen ‚Produkte' des Handelns und Sprechens werden also *qua* Mitwelt in das Bezugsgewebe eingefädelt. Nur wenn Handlungen „gesehen, gehört, erinnert und dann verwandelt, nämlich verdinglicht werden" (ebd., S. 113), können sie dauerhaft erhalten und in Gedichten, Büchern, Bildern, Skulpturen oder ähnlichem verstetigt werden. Für die Dauerhaftigkeit des Handelns sei jedoch ein hoher Preis zu bezahlen, denn an die Stelle, an der „einen flüchtigen Augenblick lang wirklich ‚lebendiger Geist' war [tritt] immer ein ‚toter Buchstabe'" (ebd., S. 114; S. 204). Dies gilt sowohl bzgl. der Biographie eines einzelnen Menschen als auch im Hinblick auf die unzähligen Taten und Worte, die wie Fäden ins *Bezugsgewebe menschlicher Angelegenheiten* eingehen.

Vor dem Hintergrund dieser *Vergegenständlichung* von Beziehungserfahrungen kann nun die politische Dimension[106] von Arendts Handlungstheorie ausgelotet werden. Dass Geschichte gemäß dieser Theorie nicht in der Logik des Herstellens verstanden werden kann, – weil der geschichtliche Prozess eben nicht ‚gemacht',[107] sondern von zum Handeln fähigen Menschen gestaltet wird (Arendt 2000, S. 109) – dürfte im Hinblick auf das bisher Ausgeführte mehr als schlüssig sein. Was nun die politische Dimension betrifft, so geht die „dem Handeln eigentümlichen Fähigkeit, Beziehungen zu stiften", Arendt gemäß auch mit einer Tendenz einher, „vorgegebene Schranken zu sprengen und Grenzen zu überschreiten" (Arendt 2016, S. 238). Was u. a. bedeutet, dass spezifische Konstellationen des Bezugsgewebes „durch ein einziges Wort oder eine einzige Geste radikal geändert" (ebd., S. 237–238) werden könnten. Wie bereits erwähnt, impliziert die Initiative zum Handeln ja immer auch den Anfang von etwas Neuem. Da weder der Anfang von Geschichte(n) noch ihr Ende nach objektiven Kriterien bestimmt werden könnte, sei es unmöglich, einen „eigentlich Verantwortlichen für den Gesamtbereich der zwischen den Menschen sich ergebenden Angelegenheiten" (ebd., S. 228) zu ermitteln. Prägnant formuliert findet sich dieser Gedanke in Arendts These, der zufolge Geschichte zwar von Menschen *begonnen*, aber nicht *ersonnen* wird. Demnach erzeuge die Enthüllung des *Wer* in Beziehun-

---

106 Arendt subsumiert ihre Betrachtungen der Politischen Theorie und nicht der Philosophie. Philosophierenden attestiert Arendt eine gewisse „Weltverdrossenheit und Weltabgeschiedenheit" (Benhabib 2011, S. 300), darum ordnet sie das (bzw. ihr eigenes) Engagement für das *Bezugsgewebe menschlicher Angelegenheiten* in der Welt auch der Politischen Theorie zu.

107 „Wenn Geschichte gemacht, nämlich hergestellt werden kann, mag sie zwar schließlich dem Entwurf und den Zwecken der Politiker entsprechen; sie wird aber immer gerade durch die eindeutige Verwirklichung des Zweckes, durch die Herstellung des Fertigfabrikates, sich selbst aus dem Wege räumen. So könnte gerade das Geschichte-Machen radikal jenen anderen geschichtlichen Prozeß, den in eine unendliche Zukunft und eine unendliche Vergangenheit sich erstreckenden Zeitraum [...] ruinieren und zerstören. Alle Theorien, in welchen Handeln als Geschichte-Machen, und also als Herstellen, verstanden wird, führen letztlich zu der in Marx' Werk so klar ersichtlichen Konsequenz, in einer so oder anders beschaffenen, endgültig festgelegten Gesellschaftsordnung das Handeln, und damit das eigentlich Politische im Menschen, abzuschaffen." (Arendt 2000, S. 109)

gen „gar nicht intendierte[] Geschichten“ (ebd., S. 226), die „im Gedächtnis der Generationen wieder und wieder nacherzählt und in allen möglichen Materialen vergegenständlicht werden“ (ebd., S. 227). Den Prozess der personalen Selbstenthüllung denkt Arendt somit verschränkt mit dem „unendlich erweiterbaren Geschichtenbuch der Menschheit“ (ebd., S. 228). Und die Geschichte ist für sie „natürlich ihrem Wesen nach politisch, was heißt, daß sie nicht aus Ideen oder Tendenzen oder allgemeinen, gesellschaftlichen Kräften entsteht, sondern aus Handlungen und Taten, die als solche durchaus verifizierbar sind“ (ebd., S. 230).[108]

Dieses Geschichtsverständnis werde von der (naturwissenschaftlich orientierten) Suche nach kausalen Ursache-Wirkungs-Zusammenhängen verdrängt. In den neuzeitlichen Wissenschaften werde versucht, mit Erklärungen die Verlegenheit des eigenen Nicht-Wissens zu verdecken.[109] Dabei würden die handelnd und sprechend erzeugten Geschichten durch die „uralte Hypothese des Drahtziehers“ (ebd., S. 231) umgedeutet. Mächte und Dynamiken würden konstruiert, die „hinter dem Rücken der Menschen“ (ebd., S. 229) die Verhältnisse hervorbrächten. Die Platonische Erklärung des „Puppenspiels“, wonach die Menschen wie Marionetten an „Drähte[n] von unsichtbarer Hand gezogen“ werden, die vermeintlich göttliche Vorsehung der Religionen, die „unsichtbare Hand“ des Marktes bei Adam Smith, das Klasseninteresse bei Karl Marx, der Hegelsche Weltgeist oder schlicht ‚die Natur‘ seien Beispiele für diese imaginierten ‚Verfasser:innen‘ der Geschichte (ebd.). Doch weder Gott, noch die unsichtbare Hand, der Weltgeist oder die Natur können nach Arendt der Vielfalt der handelnd und sprechend begonnenen Geschichten gerecht werden. Sie alle übergingen die Nichtverfasstheit, welche die von Menschen angestoßenen Geschichten auszeichne. „Die wirkliche Geschichte, in die uns das Leben verstrickt und der wir nicht entkommen, solange wir am Leben sind, weist weder auf einen sichtbaren noch auf einen unsichtbaren Verfasser hin, weil sie überhaupt nicht verfaßt ist.“ (ebd., S. 231) Mit diesem Verständnis, wonach Geschichten aus Taten und Worten hervorgehen, die im Handeln und Sprechen zwischen Menschen entstehen, schafft Arendt einen theoretischen „Rahmen, innerhalb dessen die unendlichen,

---

108 „Es liegt in der Natur eines jeden Anfangs, daß er, von dem Gewesenen und Geschehenen her gesehen, schlechterdings unerwartet und unerreichbar in die Welt bricht. Die Unvorhersehbarkeit des Ereignisses ist allen Anfängen und allen Ursprüngen inhärent.“ (Arendt 2016, S. 216) Die Antworten, die Menschen auf diese Anfänge geben – die Reaktionen auf die Fäden im *Bezugsgewebe menschlicher Angelegenheiten* – können Beziehungen initiieren aber auch beenden. Ein Beispiel wäre, dass aus Freund:innen Fremde werden und zwischen Fremden Freund:innenschaften entstehen können. Auch Schweigen und scheinbare Reaktionslosigkeit sind Formen des Antwortens, die Veränderungen im Gewebe zwischen Personen initiieren.

109 Eine mögliche Begründung für solche Verlegenheitserklärungen gibt Arendt in ihrer „Apologie der Pluralität“ (1950er/2019b): Menschen formulieren „Meinungen über Gegenstände, zu denen der Mensch keine Meinung haben kann (weil die allgemeinen und allgemein akzeptierten Maßstäbe des gesunden Menschenverstandes nicht auf sie anwendbar sind)“ (ebd., S. 79).

erzählbaren Geschichten der Menschen gesammelt und niedergelegt werden" (ebd., S. 228) können. Arendts These, der zufolge die Geschichte der Menschheit „keinen von uns wißbaren Anfang und kein von uns erfahrbares Ende hat" (ebd.), stellt damit eine Alternative zur neuzeitlichen Idee der *Menschheitsgeschichte* dar.

Die Aporien des Handelns

Mit ihrem Verständnis für die personale Selbstveränderung in Relation zum *Bezugsgewebe* bietet Arendt eine Alternative zu den oben beschriebenen *Verlegenheitserklärungen*. Die handelnd begonnenen Geschichten und ihre Folgen im Bezugsgewebe unterstreichen dabei die zentrale politische Dimension in ihrer Analyse der Tätigkeiten. Mit Arendt wurde gezeigt, dass das *Bezugsgewebe menschlicher Angelegenheiten* von den unvorhersehbaren *Re-aktionen* der miteinander handelnden Personen abhängt. Es wurde ausgeführt, dass die Folgen von Taten und Worten ungewiss sind, da sie sich aus den Wahrnehmungen durch andere ergeben bzw. daraus, wie diese das jeweils Begonnene weiterführen (Arendt 2016, S. 235).

Insofern das menschliche Zusammenleben auf unzähligen Bezügen zwischen Menschen basiert, konstituiert sich Arendts Bezugsgewebe – und damit das Zwischen – im Wesentlichen aus den verschiedenen Standpunkte der Menschen, von denen aus auf „ein Selbiges" (ebd., S. 72) geblickt wird. Die „gemeinsame Welt verschwindet, wenn sie nur noch unter einem Aspekt gesehen wird; sie existiert überhaupt nur in der Vielfalt ihrer Perspektiven" (ebd., S. 73). Indem sich die handelnden Personen über ihre unterschiedlichen Perspektiven austauschten, so Arendt, „erhöht sich der Grad der Gemeinsamkeit" (Arendt 2019b, S. 50) zwischen ihnen. Obwohl ihre Perspektiven auf die Welt „verschieden und ungleich sind" (ebd., S. 51), könnten sie sich einander annähern. Der *Zwischenraum der Welt* stellt somit einen Raum der Aushandlung dar: „So wie das Essen nicht das Leben ist, sondern dessen Bedingung, ist das Zusammenleben in der Polis nicht bereits das gute Leben, sondern dessen materielle Voraussetzung" (ebd., S. 52). Je nach Art der konkreten Beziehungsweise könne darin eine „Angleichung" (ebd., S. 51) der unterschiedlichen Perspektiven auf die Welt bzw. auf eine bestimmte Sache hin stattfinden. Diese könne jedoch niemals abgeschlossen werden, weil „ständig neue Bezüge in ein schon bestehendes Bezugsgewebe" (Arendt 2016, S. 306) ‚geschlagen' würden.

Dieser Unberechenbarkeit des Handelns trägt Arendt Rechnung, indem sie sog. „Aporien des Handelns" (ebd., S. 279) beschreibt. Als Ausweis für die „vielen unlösbaren Aporien, die dem Miteinander der Menschen anhaften und ihren Verkehr untereinander auf eigentümliche Weise zugleich erschweren und bereichern" (ebd., S. 224), führt Arendt u. a. Verzeihen und Versprechen an. Dabei handele es sich um Modi, die „in dem Vermögen des Handelns verwurzelt" (ebd., S. 302) seien und „durch die der [bzw. die; Anm. TL] Handelnde von einer Vergangenheit, die ihn [bzw. sie; Anm. TL] auf immer festlegen will, befreit wird und sich einer Zukunft, deren Unabsehbarkeit bedroht, halbwegs versichern kann" (ebd.).

Das menschliche „Doppelvermögen" (ebd., S. 303) „der Verzeihung, des Vergebens und Vergessens" (ebd., S. 306) ermögliche es den Menschen, auf die „Unwiderruflichkeit und Unabsehbarkeit" (ebd., S. 301) des Zwischenmenschlichen zu *re-agieren* und eröffne ihnen einen Umgang mit ungewünschten Folgen vergangener Taten und mit Ungewissheiten in der Zukunft. Beide Vermögen finden im *Zwischenraum der Welt* – in Beziehungen mit anderen – statt, in denen Menschen immer wieder mit Verfehlungen und Unsicherheiten rechnen müssen.

Wenngleich oder gerade weil die *Aporien* – entgegen historischer und aktueller Bemühungen – nicht aufgelöst werden können, stellt die Fähigkeit zum Handeln gemäß Arendt so etwas wie „Heilmittel" (ebd.) bereit. Durch das *Heilmittel* der Vergebung bspw. werde an der Tatsache der Verfehlung selbst zwar nichts geändert. Denn das getane Unrecht bleibe Unrecht: „Das Vergeben bezieht sich nur auf die Person und niemals auf die Sache" (ebd., S. 308), weshalb jemandem zu vergeben letztlich bedeute, die Bereitschaft zu haben, seine Reaktionen in Bezug auf eine bestimmte Handlung zu revidieren. Da sie auf ungleichen Positionen basiert geht die Geste des Verzeihens denn auch mit einem asymmetrischen Beziehungsgefüge einher. Wer verzeiht verzichtet im Grunde auf Rache und stellt damit eine, wenn auch fragile, Gleichheit zwischen sich und seinem Gegenüber wieder her. Daher weise der Akt des Verzeihens „die gleichen Person-enthüllenden und Bezug-stiftenden Charaktere" (ebd.) auf wie das Handeln selbst. Dabei sei das Verzeihen „die einzige Reaktion, auf die man nicht gefaßt sein kann, die unerwartet ist, und die daher, wiewohl ein Reagieren, selber ein dem ursprünglichen Handeln ebenbürtiges Tun ist" (ebd., S. 307). Somit sieht Arendt in der Vergebung eine spezifische Form des Handelns, die – wie jedes Handeln – zwar auch scheitern kann, den Menschen aber jedenfalls die Möglichkeit gibt, sich

> „ständig gegenseitig von den Folgen dessen [zu] befreien [...], was sie getan haben, ohne zu wissen, was sie tun. Nur durch dieses dauernde gegenseitige Sich-Entlasten und Entbinden können Menschen, die mit der Mitgift der Freiheit auf die Welt kommen, auch in der Welt frei bleiben, und nur in dem Maße, in dem sie gewillt sind, ihren Sinn zu ändern und neu anzufangen, werden sie instand gesetzt, ein so ungeheueres [*sic*] und ungeheuer gefährliches Vermögen wie das der Freiheit und des Beginnens einigermaßen zu handhaben" (ebd., S. 306).

Wie das Vergeben stellt auch das *Heilmittel* des Versprechens nach Arendt eine Spezialform des Handelns dar. Anders als beim Verzeihen ist die Beziehung, welche mit dem Versprechen gestiftet werden soll, auf ein reziprokes Miteinander in der Zukunft ausgerichtet. Die „Unabsehbarkeit des Zukünftigen" (ebd., S. 311) verursache einen „Nebel des Ungewissen und Nichtwißbaren" (ebd.), der durch ein Versprechen ‚aufgehellt' bzw. „zerstreut" (ebd.) werden könne. Versprechen würden von Menschen als Sicherheit in einem „Meer der Ungewissheit" (ebd., S. 313) erfahren. Trotz einer „grundsätzliche[n] Unabsehbarkeit menschlicher

Angelegenheiten und [der] grundsätzliche[n] Unzuverlässigkeit der Menschen" (ebd., S. 312) könnten damit „Inseln des Voraussehbaren" (ebd., S. 313) geschaffen werden. Zwar werde das Zusammenleben deshalb nicht durchschaubar, doch durch die Fähigkeit zu versprechen könnten relative Gewissheiten geschaffen werden, die die „Unzuverlässigkeit des menschlichen Wesens, das niemals heute dafür einstehen kann, wer es morgen sein wird" (ebd., S. 311), handhabbarer machten. Versprechen schaffen Verbindlichkeiten zwischen Menschen, die ein wichtiges Element für tragfähige Beziehungen darstellen.[110] Arendt betrachtet sie als „Wegweiser in ein noch unbekanntes und unbegangenes Gebiet" (ebd., S. 313), die Menschen stärkten, selbst initiativ zu werden und sich mutig (ebd., S. 232) vor anderen zu zeigen, um „jenseits des vermittelnden, stabilisierenden und objektivierenden Mediums der Dingwelt" (ebd., S. 224) ihre eigenen Geschichten zu beginnen. In ihrem späteren Werk „Über die Revolution" (1963/2019c) bezeichnet sie die „Versprechenskapazität" (ebd., S. 227) sogar als „die im politischen Bereich vielleicht [...] höchste und bedeutendste aller menschlichen Fähigkeiten" (ebd.):

> „Gerade in der Fähigkeit, Versprechen zu geben und zu halten, offenbart sich die weltbildende Fähigkeit des Menschen. Denn so wie jedes Versprechen und jede Vereinbarung auf die Zukunft zielt, die unabsehbar und unvoraussagbar alles verschlingen würde, wenn der Mensch in sie nicht Absehbares und Voraussagbares werfen könnte, so betrifft ja auch das Gründen und Stiften wie alle anderen weltbildenden Fähigkeiten des Menschen niemals so sehr ihn selbst und seine Gegenwart als seine ‚Nachfolger' und ‚Nachkommen'." (ebd.)

Die Macht des Zwischen

Neben diesen *Heilmitteln* die ungewissen Folgen bzw. Konsequenzen des Handelns betreffend, beschreibt Arendt das Phänomen der Macht, welches den Worten und Taten eine besondere Geltung im *Bezugsgewebe menschlicher Angelegenheiten* verleiht. Macht ist insofern eng an Arendts Konzept des Handelns gebunden, als diese zwischen Menschen entsteht, „wenn sie zusammen handeln und [...] verschwindet, sobald sie sich wieder zerstreuen" (Arendt 2016, S. 252). Arendt zufolge äußert sie sich als eine besondere Kraft in Beziehungen zwischen Personen, welche „den öffentlichen Bereich, den potentiellen Erscheinungsraum zwischen Handelnden und Sprechenden, überhaupt ins Dasein ruft und im Dasein erhält" (ebd.) und ist dementsprechend auf der Ebene von Beziehungsweisen zu verorten. Auf horizontal verlaufende Beziehungen bezogen ereigne sich Macht im *Zwischenraum der Welt* und realisiere ein Gefühl der Verbundenheit. Zwischen den Menschen entstehe eine Verbindung, die „die Welt als ein gegenständliches Gebilde von Menschenhand wortwörtlich am Leben hält, nämlich

110 Damit stellt das Versprechen eine Alternative zu den weit verbreiteten Strategien der Herrschaft über sich selbst und über andere dar.

überhaupt erst lebendig macht" (ebd., S. 258). Machtvolle Beziehungen umfassten die Enthüllung des *Wer* vor anderen, durchwebten das „Geflecht menschlicher Angelegenheiten" (ebd.) und ließen neue Geschichten entstehen:

> „Mit realisierter Macht haben wir es immer dann zu tun, wenn Worte und Taten untrennbar miteinander verflochten scheinen, wo also Worte nicht leer und Taten nicht gewalttätig stumm sind, wo Worte nicht mißbraucht werden, um Absichten zu verschleiern, sondern gesprochen sind, um Wirklichkeiten zu enthüllen, und wo Taten nicht mißbraucht werden, um zu vergewaltigen und zu zerstören, sondern um neue Bezüge zu etablieren und zu festigen, und damit neue Realitäten zu schaffen" (ebd., S. 252).

Diese neuen Bezüge beruhten auf der Macht, „die den Erscheinungsraum – der als ein Zwischen jedesmal [*sic*] aufleuchtet, wenn Menschen handelnd und sprechend beieinander sind, um sich urplötzlich wieder zu verdunkeln, wenn sie sich zerstreuen – überhaupt im Dasein hält" (ebd., S. 259). Ebendiese machtvolle Dimension in Beziehungsweisen ist die Schlüsselfigur, wenn es um die praktische Relevanz ihres Konzepts für die pädagogische Praxis geht. Macht (lat. *potentia*) verdeutlicht „den potentiellen Charakter des Phänomens" (ebd., S. 252) des Zwischen, wenn der Blick vom Subjekt auf die Beziehungen *zwischen* Personen verlagert wird. Diese Blickverschiebung eröffnet Arendts Verständnis von Macht und kennzeichnet zugleich ihre theoretische Perspektive, mit der sie die Ungewissheiten zwischenmenschlicher Praxis in Worte zu fassen versucht und (Um-)Wege für einen möglichen Umgang damit aufzeigt. Um diesen unvorhersehbaren, aber dennoch auf Handeln basierenden Modus des menschlichen Zusammenlebens in pädagogische Kontexte zu übertragen, soll Arendts Machtverständnis in ein produktives Gespräch mit Bini Adamczaks solidarischen Beziehungsweisen gebracht werden. Denn machtvolle Beziehungskonstellationen können „weder bloß Mittel einer emanzipatorischen Transformation noch deren bloßes Ziel [sein], das sich zum Mittel indifferent verhielte, sondern beides zugleich in einem Transformationsprozess, der revolutionär gerade darin ist, dass er den Prozess einer synaptischen Konstruktion bezeichnet" (Adamczak 2017, S. 265).

Synaptische Konstruktionen beschreiben nach Adamczak jene Dynamiken menschlichen Handelns, die zwar nicht instrumentell gesteuert werden, aber dennoch *gerichtet* sind. Arendts Konzeption des Zwischen, gemäß der die Resultate des Handelns nicht „wirklich zuverlässig auf die unmittelbar Betroffenen" (Arendt 2016, S. 237) eingegrenzt werden können, macht diese gerichtete Ungewissheit auf der Ebene der Beziehungsweisen begreifbar. Wie im Abschnitt über die *Aporien* des Handelns erläutert, entsprechen die Endresultate des Handelns meist nicht dem, was die Menschen sich vorgestellt haben, denn die Folgen einer bestimmten Tat oder eines bestimmten Wortes seien „unabsehbar, weil das gerade eben noch Absehbare, nämlich das Bezugsgewebe mit den ihm eigenen

Konstellationen, oft durch ein einziges Wort oder eine einzige Geste radikal geändert werden kann" (ebd., S. 237–238). Das heißt aber nicht, dass Menschen ihr Leben nur „erleiden und erdulden" (ebd., S. 264) müssten. Ihre Fähigkeit zum Handeln versetzt sie in die Lage, an der Etablierung und Festigung von Bezügen mitzuwirken.

> „Die Art und Weise, in der Menschen Wirkliches als wirklich erfahren, verlangt, daß sie die schiere Gegebenheit der eigenen Existenz realisieren, nicht etwa weil sie sie ändern könnten, sondern um zu artikulieren und zu aktualisieren, was sie sonst nur erleiden und erdulden würden. Und diese artikulierende Aktualisierung vollzieht sich in den Tätigkeiten, die selbst reine Aktualitäten sind." (ebd.)

Demnach kann man das eigene In-der-Welt-sein aktiv mitgestalten, anstatt es bloß passiv zu erdulden. Das setzt voraus, dass die verdrängten – weil risikobehafteten – Bezüge zwischen Personen hinsichtlich ihrer Unkontrollierbarkeit reflektiert werden. Zwar folgt daraus keine Abschaffung der Ungewissheit, doch zeigt Arendt mit den *Heilmitteln* Verzeihen und Versprechen mögliche Umgangsweisen auf, die geeignet sind, das menschliche Miteinander bis zu einem gewissen Grad zu stabilisieren. Wie das Handeln im Allgemeinen so können auch diese *Heilmittel* potentiell scheitern, und doch stärken sie gleichzeitig jene Möglichkeitsräume, in denen reziproke Beziehungserfahrungen gemacht werden können, die den Menschen relative Handlungsmacht ermöglichen. Arendt macht deutlich, dass Menschen in den seltenen Momenten des Zwischen ihr Leben *artikulieren* und *aktualisieren* können, indem sie sich „die sachlich nicht festlegbaren, ungreifbaren und immer äußerst zerbrechlichen Bezüge zwischen den Menschen" (ebd., S. 246) bewusst machen.

***

Wie gezeigt wurde, bietet Arendt in der „Vita activa" vielfältige Anknüpfungsmöglichkeiten für einen Umgang mit „solch vieldeutiger und unnennbarer Ungewißheit" (ebd., S. 224). Bevor nun endlich eine relationale Anthropologie abgeleitet (Kap. 4) und auf die pädagogischen Konsequenzen dieser Ausführungen eingegangen wird (siehe Kap. 5), soll im letzten Abschnitt dieses Kapitels noch darauf eingegangen werden, „ was im Laufe einer mehr als zweitausendjährigen Geschichte aus ihnen [den Momenten des Zwischen; Anm. TL] geworden ist" (ebd., S. 263).

3.4.3 Vereinnahmung des Handelns durch Arbeit

Die Ausdifferenzierungen der Tätigkeit des Handelns – die Enthüllung des *Wer* in Relation mit dem *Bezugsgewebe menschlicher Angelegenheiten*, das damit verknüpfte Geschichtsverständnis, die unterschiedlichen *Re-aktionen* auf die Ungewissheiten im Zusammenleben und die Erschaffung neuer Realitäten durch die Macht des Zwischen – machen deutlich, dass zwischenmenschliche Beziehungen von einer konstitutiven Ungewissheit geprägt sind. Arendts Verständnis des Zwischen baut auf den Reflexionen dieser Ungewissheit von zwischenmenschlichen Beziehungsweisen auf. An früherer Stelle wurde bereits darauf hingewiesen, dass ihr übergeordnetes Konzept des Handelns mit einer *Modernediagnose* verflochten ist, der ein problematisches Verständnis von Gesellschaft zugrunde liegt. Arendt leitet dieses Verständnis mit ihrem Konzept von Arbeit her (siehe Kap. 3.4.1: Arbeit). Demnach habe die Arbeit durch eine Ausbreitung auf das „Gattungsleben des Menschengeschlechts" (ebd., S. 409) auch „die letzte Spur von Handeln aus dem Tun der Menschen" (ebd.) verdrängt. Vorstufe für diese Entwicklung war die Vereinnahmung des Handelns durch Tätigkeiten, die frei von Störungen vonstattengehen können und die „sich wie ein roter Faden durch die uralte Geschichte der Polemik gegen die Demokratie [ziehen]" (ebd., S. 279), so Arendt.

> „Die dem Handeln eigenen Aporien, die Unabsehbarkeit der Konsequenzen, das Nicht-wieder-rückgängig-machen-Können der einmal begonnenen Prozesse und die Unmöglichkeit, für das Entstandene je einen Einzelnen verantwortlich zu machen, sind so elementarer Natur, daß sie die Aufmerksamkeit sehr früh auf sich gezogen haben." (ebd.)

Was davon im „Endstadium der Gesellschaft" (ebd., S. 409) übrig geblieben sei, so Arendt, sei die „Selbsterhaltung menschlichen Lebens auf der Erde" (ebd.), die nicht auf der Verrichtung menschlicher Taten und Worte beruhe, sondern vom „lebendigen Stoffwechsel" (ebd.) mit der Natur aufrechterhalten werde – d. h. von der Tätigkeit des Arbeitens.

Um von der Figur des Zwischen zu einer relationalen Anthropologie der Person überleiten zu können, soll an dieser Stelle Arendts Unterscheidung des Arbeitens vom Herstellen wieder aufgegriffen (siehe „Exkurs" in Kap. 3.4.1) und gezeigt werden, dass ihre „genealogischen Rekonstruktionen und Zeitdiagnosen, die über die gesamte Vita activa verstreut sind" (Elbe / Ellmers 2020, S. 110) und sich von den Leser:innen „nur mit viel Mühe in eine Ordnung bringen lassen" (ebd.), in eine fragwürdige Kritik münden. Arendts Analyseergebnis ist eine Kritik am neuzeitlichen „Erfahrungsschwund" (Arendt 2016, S. 412). Diesbezügliche Ausführungen sind zudem mit „vielen zeitgenössischen Diskursen" (Elbe / Ellmers 2020, S. 110) verwoben, bspw. mit einer konservativen Theorie der Massengesellschaft (ebd., S. 97–110), die im Kontext der nun folgenden Annäherung an Arendts Gesellschaftsbegriff skizziert – und historisch kontextualisiert – werden soll.

Arendts Verständnis von Gesellschaft baut auf der eigentümlichen Unterscheidung des Sozialen vom Politischen auf. Nach Arendt zu urteilen hat sich die soziale bzw. gesellschaftliche Sphäre am Übergang zur Neuzeit als ein „merkwürdige[s] Zwischenreich"[111] (Arendt 2016, S. 45) etabliert. Dabei sei der *Zwischenraum der Welt* durch die Tätigkeit des Arbeitens gewissermaßen ‚kolonialisiert' (Elbe 2015, S. 451) worden. In der im Zuge der Industrialisierung entstandenen gesellschaftlichen Sphäre kommt, wie bereits erwähnt, den „privaten Interessen öffentliche Bedeutung" (Arendt 2016, S. 45) zu. Diese Ausbreitung des Privaten im Raum des Öffentlichen habe, so Arendt, dazu geführt, dass das Zusammenleben zwischen Menschen wie eine überdimensionale Familie organisiert werde. Die Tätigkeit des *Animal laborans* dominiere das personale Miteinander, wodurch die politische Sphäre, die sich in der Idealform der *Polis* durch die (negative) Freiheit von der Arbeitslast und die (positive) Freiheit zu neuen Anfängen auszeichnete, nahezu vollständig verschwunden sei. Arendt konstatiert, dass die „Angelegenheiten und täglichen Geschäfte wie ein ins Gigantische gewachsener Haushaltsapparat verwaltet und erledigt" (ebd., S. 39) würden. Denn in der modernen Gesellschaft sei alles, „was immer ‚ökonomisch' war" (ebd.) und daher im privaten *Oikos* stattgefunden habe, zu einer öffentlichen Angelegenheit geworden. Folglich diene das gesellschaftliche Leben nur noch dem biologischen Lebensprozess, von dem es gleichzeitig „unmittelbar diktiert" (ebd., S. 59) werde.

Seit die reproduktive (Haus-)Arbeit zum Maßstab des menschlichen Miteinanders geworden sei (ebd., S. 51), sei auch die verdinglichte Welt des *Homo faber* zu einer „Pseudowelt" (ebd., S. 180) verkommen, in der die Gegenstände nicht mehr für den *Ge-*, sondern hauptsächlich für den *Ver*brauch produziert würden.[112] Arendt beschreibt den Verlust des ehemaligen „älteren Handwerksstolz [...] [durch die] Entstehung der Arbeitsgesellschaft, in der nur noch das eitle und müßige Zurschaustellen dessen, was man sich zu konsumieren leisten kann, die Maßstäbe der Gesellschaft bestimmt" (ebd., S. 194). In der Konsumgesellschaft würden nicht mehr die Gebrauchswerte der Dinge betrachtet, sondern lediglich ihr (Tausch-)Wert. Dabei werde auch das Handeln jener Zweck-Mittel-Logik unter-

111 Hier taucht der Begriff „Zwischen" chronologisch betrachtet zum ersten Mal in der „Vita activa" auf, bedeutet jedoch etwas anderes als das titelgebende Zwischen. Die argumentative Darstellung des gesellschaftlichen Zwischenreichs beinhaltet jedoch einen wichtigen Aspekt für die Hinführung an die Bedeutung des Zwischen, das sich durch seine dezidiert politische Qualität auszeichnet.

112 Arendt räumt ein, dass „das Machen, Herstellen, Fabrizieren und Weltbilden weiter[geht]; aber es ist nicht zu leugnen, daß diese herstellenden Vermögen sich in wachsendem Maße auf die spezifisch künstlerisch Begabten beschränken, was zur Folge hat, daß die eigentlichen weltorientierenden Erfahrungen sich mehr und mehr dem Erfahrungshorizont der durchschnittlichen menschlichen Existenz entziehen" (Arendt 2016, S. 414).

geordnet, die für die Tätigkeit des Herstellens leitend sei. Vergesellschaftete Menschen verhielten sich entsprechend ihrer Rollen und erzeugten damit quasi selbst einen „Zweckprogressus ad infinitum“ (ebd., S. 183): Jeder Zweck verwandele sich sofort wieder zum Mittel für einen anderen Zweck und jedes Tätigsein gleiche sich dem rhythmischen Modus des Arbeitens an (ebd., S. 120).

Diese Gesellschaftsdiagnose fasst Arendt als Herausbildung einer modernen „Arbeitsgesellschaft“ (ebd., S. 180), die mit einer Verarmung des menschlichen Lebens einhergehe: Die öffentlich-politische Sphäre werde nicht mehr von der Ungewissheit eines miteinander Sprechens und Handelns bestimmt, sondern von störungsfreien Abläufen im poietischen Sinne. Arendt beschreibt nämlich die „Physiognomie des öffentlichen Raumes“ (ebd., S. 59) seit der Moderne als eine Form von Bürokratisierung, mit der ein Konformismus durchgesetzt würde, der in eine sog. „Herrschaft des Niemand“ (ebd., S. 57) münde. Menschliches Leben verkomme so „mehr und mehr zu einer Abart des Lebensprozesses“ (ebd., S. 181), in dem das Maß allen Tätigseins das „Prinzip des Lebens selbst“ (ebd., S. 396) sei. Die Folge sei, dass in der modernen Arbeitswelt die Reproduktion des Lebens und damit die Intensivierung des Lebens Einzelner[113] sowie der Erhalt der Gattung im Mittelpunkt stehe (ebd., S. 397). Durch die Logik der lebensnotwendigen und zweckrationalen (Re-)Produktion vereinnahme die Etablierung der Gesellschaft die Kapazitäten der Menschen, sodass diese kaum mehr die „mannigfaltigen Formen des Sich-aneinander-Bindens“ (Benhabib 2011, S. 227) kennen lernten.

An dieser *Modernediagnose*, wonach der Modus des Arbeitens das miteinander Handeln und Sprechen verdrängt hat, lässt Arendts These vom Verschwinden „faktisch bestehende[r] Ungerechtigkeiten“ (Arendt 2016, S. 277) besonders aufhorchen. Demnach seien die der arbeitenden Mehrheitsbevölkerung angehörenden Menschen „im Verlauf der Umwandlung der Klassengesellschaft in eine Massengesellschaft“ (ebd.) zu „vollberechtigte[n] Mitgliedern der Gesellschaft“ (ebd.) geworden. Arendt schreibt dbzgl., dass „ein garantiertes Jahreseinkommen sehr bald an die Stelle des Tages- oder Wochenlohnes treten wird“ (ebd., S. 277) und Arbeiter:innen schließlich zu „vollberechtigte[n] Bürger[:innen]“ (ebd.) würden. Bis heute hat sich diese Prophezeiung nicht bewahrheitet (Benhabib 2011, S. 230), weshalb dieser „etwas seltsam anmutende[] Optimismus“ (ebd.) einen problematischen Aspekt ihrer Kritik an der modernen Massengesellschaft markiert. Nach Elbe und Ellmers liegt es daher nahe, diese These auf den „allgegenwärtigen Massengesellschaftsdiskurs“ (Elbe/Ellmers 2020, S. 97) der

113 Das „Ideal des Freiseins konnte jetzt, da sich der Akzent so entscheidend vom Handeln-Können auf das Wollen verschoben hatte, nicht mehr die Virtuosität des Mit-anderen-zusammen-Handelns sein, das Ideal wurde vielmehr die Souveränität, die Unabhängigkeit von allen anderen und gegebenenfalls das Sich-Durchsetzen gegen sie. Politisch hat sich vermutlich kein anderer Bestandteil des traditionellen philosophischen Freiheitsbegriffs als so verderblich erwiesen wie die ihm inhärente Identifizierung von Freiheit und Souveränität“ (Arendt 2000, S. 213).

1950er Jahre zurückzuführen, vor dessen Eindruck Arendt ihre *Modernediagnose* formuliert hat:

In der Theorie der Massengesellschaft wird davon ausgegangen, dass die gesellschaftliche Funktionalisierung prinzipiell durch besagte *Herrschaft des Niemand* erklärt werden könne (ebd., S. 109). Das Problematische an dieser Vorstellung ist – mit Elbe und Ellmers gesprochen – die „bildungsaristokratische und konservative Schlagseite, die Massenkonsum, große Zahlen von Menschen und Alltäglichkeit per se, ungeachtet ihres jeweiligen Inhalts, ablehnt" (ebd., S. 110). Der Tausch des Begriffs der Klassengesellschaft durch die Bezeichnung *Massengesellschaft* lässt sich durch „Reflexionen zur Klassentheorie" (Adorno 2003)[114] zwar durchaus nachvollziehen, doch aus ökonomiekritischer Perspektive im Sinne der Neuen Marxlektüre (vgl. bspw. Mau 2021) basiert die gesellschaftliche Organisation der Arbeit bis heute – wie im antiken *Oikos* – darauf, dass einige Menschen andere zwingen, für sie zu arbeiten. Für die Analyse dieser Zwangsverhältnisse leitet bspw. der Dänische Philosoph Søren Mau in seiner Studie „Stummer Zwang" (2021) einen begrifflichen Rahmen her, „um eine der Arten zu verstehen, in denen das Leben der Gesellschaft der Verwertung des Werts untergeordnet wird" (ebd., S. 314). Die von ihm beschriebene verwertungslogische Organisation des menschlichen Zusammenlebens basiert u. a. auf dem Konzept der Klassengesellschaft und auf „bestimmten natürlichen Bedingungen" (ebd., S. 313), unter denen Menschen fähig sind, „mehr zu produzieren, als für ihr eigenes Überleben notwendig ist" (ebd.).

Arendt führt die ökonomische Macht nicht auf die Zusammenhänge der kapitalistischen Ökonomie zurück, sondern auf die Tätigkeit des Arbeitens selbst, die sie als nicht enden wollend beschreibt.[115] Obwohl sie ihr Verständnis von Arbeit aus der theoretischen Auseinandersetzung mit Texten von Karl Marx gewinnt (Arendt 2016, S. 98), verkennt sie die historisch-spezifische Form dieser Tätigkeit in der kapitalistischen Neuzeit. Zwar stimmt es, dass Tätigkeiten im Haushalt wie auch die Reproduktion der Gattung durch Fortpflanzung und Erziehung immer wieder von Neuem durchgeführt werden müssen und sich der kapitalistischen Kommodifizierung bis zu einem gewissen Grad entziehen; doch für Arendt ist Arbeit prinzipiell etwas Natürliches, das automatisch auf ökonomisches Wachstum hinausläuft. Dieses Wachstum werde in der modernen Arbeitsgesellschaft aufgrund des individuellen Distinktionsgewinns weiter beschleunigt (Elbe / Ellmers

---

114 „Die Nivellierung der Massengesellschaft, die von kulturkonservativen und soziologischen Helfershelfern bejammert wird" (Adorno 2003, S. 376), wird von Adorno mit dem Marxschen Fetischcharakter erklärt. „Die herrschende Klasse verschwindet hinter der Konzentration des Kapitals" (ebd., S. 380), wodurch die Beziehungen zwischen Menschen „als solche von Sachen zurückgespiegelt" (ebd.) werden.

115 Arendts Verständnis von Gesellschaft sei daher „allenfalls marxisierend[]" (Zwarg 2022), aber nicht ‚marxistisch'; im Arendt-Handbuch wird sie dennoch als „[d]ie ‚seltsame' Marxistin" (Heurer et al. 2011, S. 234) bezeichnet.

2020, S. 95). Die von Arendt naturalisierten Prozesse könnten jedoch – theoretisch betrachtet – auch eine Form annehmen, die nicht auf Gewalt und Zwang aufbaut (siehe Kap. 3.4.1: Arbeit).

In Abgrenzung zu Arendts ahistorischer Lesart des Arbeitens wird das *merkwürdige Zwischenreich* namens Gesellschaft daher dezidiert als eine historisch spezifische Organisation des Zusammenlebens von Menschen betrachtet, die im Kapitalismus durch das „herrschaftliche soziale Verhältnis von Privateigentümern" (ebd., S. 111) in Machtpositionen gekennzeichnet ist. Laut Elbe und Ellmers hat Arendt für diese Erkenntnis keinen angemessenen „Begriff von Kapital" (ebd.) zur Verfügung, weshalb sie ‚kulturkritisch' verfahre: Sie kritisiere nicht die ökonomischen Zusammenhänge, sondern eine Kultur der modernen Arbeitsgesellschaft, was sich in einem regelrechten „Horror vor einer durchschnittlichen Existenz mit bloß niederen leiblichen Genüssen" (ebd.) ausdrücke.

Darüber hinaus begründet sie die Verfallsgeschichte des selbstzweckhaften Handelns ‚wissenschaftskritisch'. Sie demontiert die Verwissenschaftlichung von Welt, infolge derer sich die philosophische Suche nach Wahrheit am Übergang zur Neuzeit in ein Denken in Zweck-Mittel-Kategorien verwandelt habe. Durch diese „Umkehrung der überkommenen hierarchischen Ordnung von Vita contemplativa und Vita activa" (Arendt 2016, S. 367) sei das Nachdenken im Sinne der philosophischen Wahrheitssuche von der wissenschaftlichen Überzeugung abgelöst worden, dass nur gewusst werden kann, was selbst erzeugt worden ist (ebd., S. 369). Obschon die Grundanliegen der *Vita activa* jenen der *Vita contemplativa* „weder überlegen noch unterlegen" (ebd., S. 27) seien, laute die neuzeitliche Devise: Zugreifen! Das Zuschauen, das schließlich „zur Kontemplation, dem Anschauen des Wahren" (ebd., S. 369) führe, sei im Zuge dieser Entwicklung von einer evidenzbasierten Wissensgenerierung zunichte gemacht worden. Dabei produziere das neuzeitliche (und bis heute bestehende positivistische) Wissenschaftsverständnis im Gegensatz zu antiken und mittelalterlichen Philosophien tendenziell das, was selbstreferenziell erklärt werden könne (ebd., S. 368). Infolge dessen habe sich die antike Vorrangstellung der *Vita contemplativa* in ihr Gegenteil verkehrt und die strengen Kausalitäten in den (Natur-)Wissenschaften hätten den „alten philosophischen Begriff von Wahrheit" (ebd., S. 369) zu Grabe getragen. Die Philosophie sei so zur „Dienstmagd" (ebd., S. 374) der „exakten Wissenschaften" (ebd.) degradiert und die unabschließbare Suche nach Wahrheit im Sinne eines regulativen Ideals von der Vorstellung einer objektiv erfassbaren Wirklichkeit abgelöst worden. Aus diesem „Wahrheitsverlust selbst, nämlich d[em] Verschwinden eines Wahrheitsbegriffes, der für die gesamte abendländische Tradition maßgebend gewesen ist" (ebd., S. 375), ist Arendt zufolge das „Primat des Tätigseins vor allen anderen menschlichen Vermögen" (ebd., S. 375) hervorgegangen. Was nunmehr zähle, sei die Betätigung – mit der Folge, dass die politische Dimension des menschlichen Lebens – die gerichtete aber dennoch ungewisse zwischenmenschliche Praxis – kaum mehr reflektiert werde.

Die gesellschaftlich dominante Zweckrationalität auf kultureller und wissenschaftlicher Ebene hat nach Arendt vor allem eines erzeugt: „Sinnlosigkeit" (ebd., S. 183). Um entgegen dieser Sinnentleerung „das menschliche Treiben zu erhellen und zu erleuchten" (ebd., S. 414) setzt sie das routinierte Sich-Verhalten[116] der automatisch funktionierenden *Jobholder* der modernen Arbeitswelt in Relation zu den Erfahrungen zwischenmenschlicher Praxis, die durch ihre Unvorhersehbarkeit dem menschlichen Leben Sinn[117] verliehen. Wobei sie zu dem Ergebnis kommt, dass das aus personalen Beziehungen entstehende

> „allzu zerbrechliche Bezugsgewebe, in dem die Angelegenheiten der Menschen untereinander sich verstricken, durch die so viel verläßlicheren und solideren Tätigkeiten, mit denen wir der Natur entgegentreten und die Welt der Dinge errichten, [ge]stützt und verstärkt [wird], bis es [das Bezugsgewebe] zerreißt" (ebd., S. 292–293).

Der Subtext in der „Vita activa" stimmt optimistisch, denn er nährt den Anschein, dass dieser Riss doch noch nicht gänzlich durchtrennt ist, wie im folgenden Abschnitt nachgezeichnet werden soll: Zwar erstarrt das *Bezugsgewebe menschlicher Angelegenheiten* nach und nach und verschwindet aus dem menschlichen Bewusstsein, wenn Menschen nur noch arbeiten, um ihre eigene Existenz und die Reproduktion der Gattung zu sichern. Deshalb stehe die Tätigkeit des Handelns ja auch in Gefahr, vollkommen verloren zu gehen und „ein ungehindertes und kritikloses Denken im Begriff der Zweck-Mittel-Kategorie [drohe sich] auf dem Gebiet des Politischen" (ebd., S. 185) auszubreiten – wodurch weder der Stolz für das Handwerk noch die Selbstzweckhaftigkeit von zwischenmenschlichen Beziehungen erkannt werden könne. Um diesen Entwicklungen entgegenzuwirken erinnert Arendt an die unterschiedlichen Qualitäten der menschlichen Grundvermögen. Sie lenkt die Aufmerksamkeit vor allem auf den immateriellen *Zwischenraum der Welt*, in dem sich Personen vor anderen enthüllen und mit ihren Taten und Worten neue Fäden in das Bezugsgewebe einziehen. Denn diese Tätigkeit, das Handeln und Sprechen, gehöre genauso zur Grundstruktur der Menschen wie ih-

---

116 „Was immer man daher gegen den Behaviorismus und seine Lehren vorbringen mag, man wird schwerlich seine Relevanz für die Wirklichkeit, in der wir leben, leugnen können. Je mehr Menschen es gibt, desto richtiger werden seine ‚Gesetze' des Sich-Verhaltens, des ‚Behaviors', d. h. desto wahrscheinlicher wird es, dass Menschen sich wirklich nur noch verhalten und desto unwahrscheinlicher, dass sie solche, die sich anders benehmen, auch nur tolerieren." (Arendt 2016, S. 55)

117 Buber (siehe auch Kap. 3.3) beschreibt diese Sinndimension einer „reinen Beziehung" so: „Zum ersten die ganze Fülle der wirklichen Gegenseitigkeit, des Aufgenommenwerdens, des Verbundenseins; ohne daß man irgend anzugeben vermöchte, wie das beschaffen sei, womit man verbunden ist, und ohne daß das Verbundensein einem das Leben irgend erleichterte, – es macht das Leben schwerer, aber es macht es sinnschwerer. Und das ist das zweite: die unaussprechliche Bestätigung des Sinns." (Buber 1962c, S. 111)

re Fähigkeit zu arbeiten und Dinge herzustellen. Schließlich ist es laut Arendt die im Zwischen begonnene (aber nicht ersonnene) Geschichte, die

> „ein Menschenleben spannt und in Atem hält und ohne die es vor Langeweile förmlich in sich zusammenfallen müßte. Es ist diese Spannung, mit der wir den Ausgang einer Geschichte erwarten, die mit dazu beiträgt, daß wir so unbeirrbar uns auf die Zukunft ausrichten und an ihr uns orientieren, obgleich wir doch nur zu gut wissen, daß das allein sichere Ende dieses Zukünftigen der eigene Tod ist" (ebd., S. 239).

Und es sind die Momente des Zwischen, die die Menschen vor „Lebensüberdruß" (ebd.) schützen.

Die Einbettung dieser These im Diskurs der Massengesellschaft überdeckt das eigentliche Potential des Handelns jedoch tendenziell. Unter den konservativen Vorzeichen der Massengesellschaftstheorie ist Arendt nämlich zu der Ansicht gekommen, dass das Zwischen kaum mehr Platz im „Erfahrungshorizont der durchschnittlichen menschlichen Existenz" (ebd., S. 412) finde. In ihrer „Vita activa" gibt es jedoch auch Argumentationsstränge, in denen sie die Untilgbarkeit dieser Erfahrungsdimension betont – bspw. in ihren Reflexionen über die Arbeiter:innenbewegung im 18. und 19. Jahrhundert. Auf Basis von „faktisch bestehenden Ungerechtigkeiten und Verlogenheiten" (ebd., S. 277) hätten die Arbeiter:innen es geschafft, neue politische Maßstäbe zu etablieren, die sie zu vollberechtigten Mitgliedern der Gesellschaft – zu Bürger:innen – machten. Das habe nur gelingen können, weil sie „die Macht, die sich zwischen ihnen im Verlauf einer bestimmten Unternehmung gebildet hat, intakt" (Arendt 2019c, S. 227) hielten. Somit verliehen sie dem Zwischen durch Verdinglichung im *Zwischenraum der Welt* „eine sichtbare und feste Form" (Benhabib 2011, S. 263).

***

Im Zuge der Darstellung von Arendts „Vereinnahmung des Handelns durch Arbeit" (Kap. 3.4.3) wurden theoretische Unstimmigkeiten in ihrem voraussetzungsreichen Verständnis der reziproken Beziehungsweise sichtbar gemacht. Die sich daraus ergebende Problematisierung von Arendts Gesellschaftsbegriff wird im fünften Kapitel wieder aufgegriffen und hinsichtlich pädagogischer Anschlussmöglichkeiten untersucht, wobei die zentrale Frage dann lautet, ob es vor dem Hintergrund der (theoretischen) Trennung des Gesellschaftlichen vom Politischen möglich ist, das Konzept des Zwischen mit den asymmetrischen Bedingungen der pädagogischen Praxis in Verbindung zu bringen.

Zuvor soll – aufbauend auf dieser Problematisierung – noch auf das in Arendts *Modernediagnose* zugrundeliegende normative Fundament geblickt werden. Aus diesen normativen Grundlagen wird nämlich im folgenden Kapitel die relational-anthropologische Betrachtungsweise der Person abgeleitet.

4 Entwurf einer relationalen Anthropologie

> „Nur wenn niemandem vorgeschrieben wird, was es für ihn heißt Mensch zu sein, kann ein jeder damit rechnen, in seiner Menschlichkeit nicht elementar verletzt zu werden. Seine Unbestimmtheit ist die einzige mögliche Garantie einer Unversehrtheit.“
>
> (Andreas Steffens 1999, S. 51)

Momente des Zwischen, so wurde im dritten Kapitel deutlich gemacht, sind ein sinnstiftender Teil des menschlichen Lebens, wenngleich sie etwas umfassen, das nicht ins Auge springt. Dafür wurde die besondere Qualität von reziproken Beziehungsweisen mit dem dialogphilosophischen Denker Martin Buber skizziert und mit Hannah Arendt als ein für die (Selbst-)Wahrnehmung der Menschen eminent wichtiger, wenn auch nicht objektivierbarer Modus des Zusammenseins konkretisiert. In der Enthüllung ihrer je spezifischen Perspektive auf die Welt stellen Personen in dieser Beziehungsweise des Zwischen die bestehende Ordnung sowie deren Sinn und Reichweite zur Disposition (siehe dazu Rebentisch 2022, S. 225). Diese Verfügbarmachung von bestehenden Mustern findet in Aushandlungsprozessen einer gemeinsamen Perspektive auf eine Sache oder ein Thema statt. Diese Aushandlungsprozesse können wiederum Momente des Zwischen beinhalten, die das bestehende Bezugsgewebes auf enthierarchisierende Weise verschieben.

Derartige Momente sind nicht instrumentell herstellbar, denn es lässt sich nicht voraussagen, durch welche Taten und Worte eine Perspektive erschüttert bzw. auf welche Weise ein Mensch berührt oder irritiert wird, geschweige denn wie er sich an solche Erfahrungen erinnert und sie auf Basis seiner Erinnerung an andere weitergibt. Auch wenn diese reziproken Erfahrungen im Arendtschen Sinne ‚vergegenständlicht‘ (siehe Kap. 3.4.2) werden, ist deren Integration im *Bezugsgewebe menschlicher Angelegenheiten* niemals abgeschlossen. Vielmehr affizieren sie die individuellen Selbst- und Weltverhältnisse derart, dass der dadurch angeregte Prozess nicht (mehr) zum Stillstand kommt. Die mit diesen Bewegungen im Muster einhergehende Unverfügbarkeit des Zwischen soll nun in ein relational-anthropologisches Verständnis des Menschen überführt werden. Dieser Vorschlag für eine relationale Anthropologie ist zwar von den Beziehungsweisen zwischen Personen inspiriert, im Mittelpunkt stehen jedoch die theoretischen Verflechtungen, aus denen das Zwischen geborgen wurde (siehe Kap. 3.3 und 3.4).

Im Sinne einer negativen Anthropologie (siehe Kap. 2.2.2) werden etwaige Vorstellungen vom ‚Wesen des Menschen‘ durch eine Beschreibung der Bedingungen ersetzt, unter denen Menschen relational gedacht werden können (vgl. Lechner 2022). Folglich stellt der Vorschlag einer relationalen Anthropologie eine *Annäherung* an ein Verständnis von Menschen in ihrem personalen Sein dar (Seichter 2016, S. 408), das im Sinne des mit Jörg Zirfas eingebrachten theoretisch-methodologischen „Zwischen" (Zirfas 2021, S. 178) weder zu eng noch zu weit gefasst werden soll. Die Grundprämisse dieses relationalen Verständnisses ist der Faktor der Sozialität sowie die daraus resultierende Erkenntnis, dass sich menschliches Sein und Werden immer in Beziehungen vollzieht. Dementsprechend wird eine Perspektive ausgearbeitet, die etwaige ‚natürliche Anlagen' in Relation zu den Bedingungen begreift und deren Geschichtlichkeit reflektierbar macht. Es geht gewissermaßen um eine relational-anthropologische Perspektive auf etwas „bestimmt Unbestimmte[s]" (ebd., S. 180), das aus den Bedingungen für Momente des Zwischen abgeleitet wird und vor dessen Hintergrund die theoretische Konstellation dieser reziproken, d. h. symmetrischen Beziehungsweise zugleich ein regulatives Ideal im Sinne einer ethischen Zieldimension darstellt (siehe dazu Kap. 5).

Die Bedingungen menschlicher Existenz

Der Entwurf dieser relationalen Anthropologie wird aus den „Bedingungen menschlicher Existenz" (Arendt 2016, S. 21) abgeleitet, die Arendt in der „Vita activa" ausführt. Um vor deren Hintergrund die „Condition humaine, die menschliche Bedingtheit im Ganzen" (ebd., S. 18) zu fassen, sollen ihre Veränderungen im Verlauf der abendländischen Geschichte schlaglichtartig beleuchtet werden.

Inhaltlicher Ausgangspunkt ist das Zwischen, mit dem die subjekttheoretische Betrachtungsweise der Person (siehe Kap. 3.2) auf die Ebene der Beziehungsweise zwischen Personen verschoben werden konnte. Die leitende These dabei lautet, dass das ‚Wesen' der Menschen aus ihren Beziehungserfahrungen hervorgeht.[118] Zur Untersuchung einer wechselseitigen Qualität dieser Bezie-

118 Diese *Aktuierung* der Person in Beziehungen wird von Arendt nicht explizit thematisiert, konnte jedoch mit Buber inhaltlich konkretisiert werden (siehe Kap. 3.3): „Gegenüber kommt und entschwindet, Beziehungsereignisse verdichten sich und zerstieben, und im Wechsel klärt sich, von Mal zu Mal wachsend, das Bewußtsein des gleichbleibenden Partners, das Ichbewußtsein. Zwar immer noch erscheint es nur im Gewebe der Beziehung, in der Relation zum Du, als Erkennbarwerden dessen, das nach dem Du langt und es nicht ist, aber immer kräftiger hervorbrechend, bis einmal die Bindung gesprengt ist und das Ich sich selbst, dem abgelösten, einen Augenblick lang wie einem Du gegenübersteht, um alsbald von sich Besitz zu ergreifen und fortan in seiner Bewußtheit in die Beziehungen zu treten." (Buber 1962c, S. 97) Ansätze einer relationalen Herleitung der Person finden sich in ähnlicher Weise auch in pädagogischen Subjektivierungstheorien, bspw. bei Norbert Ricken, der Subjektivität mit Käte Meyer-Drawe relational fasst und für diese „Inter-Subjektivität" den Begriff „Zwischen" verwendet: „Im ‚Zwischen' und als ein ‚Zwischen' zu existieren, ist daher ein immer auch prekärer Ort, der sich weder zu der einen noch zu der anderen Seite vereindeutigen lässt. Theoretisch formuliert könnte man zuspitzen, dass es um ein Denken von ‚Subjektivität' geht, ohne diese zu einem ‚Subjekt' – zu einer Grundlage oder gar Letztgrundlage – hypostatieren zu können." (Ricken 2020, S. 29)

hungserfahrungen, wurde Bubers Version des Zwischen mit den Überlegungen von Arendt verbunden. Letztere ermöglichten die Analyse der historisch-gesellschaftlichen Eingebundenheit des zwischenmenschlichen Handelns, wodurch die reziproke Qualität tendenziell verdrängt wird. Durch die Verortung des Zwischen im *Zwischenraum der Welt* wurde dennoch sichtbar gemacht, dass reziproke Beziehungserfahrungen das Muster im *Bezugsgewebe menschlicher Angelegenheiten* verschieben können. Diese relationale Eingebundenheit des Zwischen im *Bezugswebe* verweist auf eine bisher vernachlässigte normative Dimension in Arendts „Vita activa". Denn obwohl Arendt sich in existenzphilosophischer Manier dezidiert von anthropologischen Wesensbeschreibungen distanziert (Elbe 2015, S. 447) und Versuche, „das Wesen des Menschen zu bestimmen" (Arendt 2016, S. 21) bzw. es „eindeutig in Worte zu fassen" (ebd., S. 222) für verfehlt[119] erklärt, geht sie davon aus, dass Menschen grundsätzlich „bedingte Wesen" (ebd., S. 18) seien: Ihre jeweilige Einzigartigkeit werde von Bedingungen affiziert, über die, „wenn auch noch so unzureichende, Aussagen" (ebd., S. 20) getroffen werden könnten und die also den normativen Hintergrund von Arendts Überlegungen darstellen. Diese Aussagen sollen nun freigelegt und im Folgenden als *Bedingungen menschlicher Existenz* explizit gemacht werden.

Arendt unterscheidet in der „Vita activa" folgende Bedingungen: „das Leben selbst und die Erde, Natalität und Mortalität, Weltlichkeit und Pluralität" (ebd., S. 21).[120] Hinzu kommen die von Menschen geschaffenen Bedingungen, die in und aus dem Kontakt mit diesen Grundbedingungen entstehen. Die vorgefundenen Bedingungen werden von jeder Generation wiederum neu hervorgebracht und somit permanent verändert, wobei heute agierende Menschen das Muster so verändern, wie es dann wiederum in das Bezugsgewebe für zukünftige Generationen eingeht usw.:

> „[E]in jegliches, womit sie [die Menschen; Anm. TL] in Berührung kommen, [verwandelt] sich unmittelbar in eine Bedingung ihrer Existenz [...]. Die Welt, in der die Vita activa sich bewegt, besteht im wesentlichen [*sic*] aus Dingen, die Gebilde von Menschenhand sind; und diese Dinge, die ohne den Menschen nie entstanden wären, sind wiederum Bedingungen menschlicher Existenz" (ebd., S. 18–19).

---

119 Arendt lehnt konkret jene Anthropologien ab, die in „irgendwelchen Konstruktionen eines Göttlichen enden, [weil sie] sich bei näherem Zusehen immer als eine Art Urmodell oder platonische Idee vom Menschen enthüll[en]" (Arendt 2016, S. 21). Derartige Menschenbilder muteten „‚göttlich' an [...], weil sie offenbar Übersteigerungen eines Menschlichen beinhalten" (ebd.). Die Festlegung des Menschen auf eine Wesensanthropologie übersteige nicht nur die menschliche Vorstellungskraft – was von den Wissenschaften wie „Anthropologie, Psychologie, Biologie usw." (ebd.) jedoch lange nicht gesehen worden sei – sondern reduziere das menschliche Leben zudem auf ein „in die Länge eines Menschenlebens gezogenes Sterben" (ebd., S. 215).

120 Über diese Grundbedingungen menschlicher Existenz wurde in den Ausdifferenzierungen der menschlichen Grundvermögen bereits einiges gesagt (siehe Kap. 3.4).

In diesem Zitat wird die Tätigkeit des Herstellens hervorgehoben, doch die wechselseitige Bedingtheit der menschlichen Existenz steht auch mit der Tätigkeit des Arbeitens und des Handelns in Verbindung: Das Arbeiten ist nach Arendt die Bedingung dafür, dass das *Leben selbst*, der lebendige Organismus des Körpers, weiterhin funktioniert. Die *Erde* stellt materielle Grundstoffe zur Verfügung, mit denen der *Homo faber Weltlichkeit* herstellt und damit den *Zwischenraum der Welt* schafft (ebd., S. 173) und das Handeln, das auf diesen (re-)produzierenden Tätigkeitsformen beruht, ist nur möglich, weil nicht einzelne Menschen, sondern viele gemeinsam die Erde bewohnen. Dementsprechend hängen die Bedingungen eng mit den Tätigkeiten zusammen.

Die im Arendtschen Sinne politische Tätigkeit des (Sprech-)Handelns, insbesondere vom Faktor der *Pluralität* bedingt, fußt also auf der Tatsache, dass „nicht ein Mensch, sondern viele Menschen auf der Erde leben und die Welt bevölkern" (ebd., S. 17). Im Handeln *vor und mit anderen* enthüllen Menschen immer auch ihr *Wer* und affizieren in diesem Miteinander potentiell das *Bezugsgewebe*. Doch durch die „Beherrschung der Lebensnotwendigkeiten innerhalb des Haushaltes" (Arendt 2017a, S. 18) und durch die Okkupierung des Öffentlichen durch die Tätigkeit des Arbeitens haben sind die Bedingungen verändert. Die herrschenden Beziehungsweisen, so Arendts Fazit, haben ein *Bezugsgewebe* hervorgebracht, in dem reziproke Beziehungserfahrungen schwerlich zu machen sind (siehe Kap. 3.4.3, vgl. auch Elias 1997).

Das menschliche Vermögen zum Handeln und Sprechen – in dessen Vollzug jene reziproke Beziehungsweise entstehen kann – gibt jedoch Anlass zur Hoffnung, dass Menschen, solange sie existieren, immer voreinander erscheinen werden und dabei auch reziproke Erfahrungen machen können (Benhabib 2011, S. 206). Um es in Arendts Worten auszudrücken: Der in der „Moderne feststellbare Erfahrungsschwund [kann] natürlich nicht bedeuten, daß der moderne Mensch die dem Menschen und seiner Bedingtheit eigenen Vermögen verloren habe oder im Begriff stehe, sie zu verlieren" (Arendt 2016, S. 412). Aus den Analysen des Zwischen lässt sich somit ableiten, dass Menschen einander ansprechen und miteinander handeln können, solange die Möglichkeit zum Handeln und Sprechen in Wirklichkeit überführt wird. Das gelingt, wenn objektiv-weltliche Interessen in den Hintergrund treten (ebd., S. 192) und sich die reziproke Beziehungsweise des Zwischen realisiert.

Die Bedingungen des Zwischen

Arendt Ausführungen über die „Bedingtheit des Menschen" (ebd., S. 20) stellen die Grundlage ihrer systematischen Dreiteilung der *Vita activa* in Arbeiten, Herstellen und Handeln in Abgrenzung zur *Vita contemplativa* dar (siehe Kap. 3.4.3). Im Zuge einer Vertiefung der für die Tätigkeit des Handelns zentralen Bedingungen – *Pluralität* und *Natalität* – sollen nun „neue, kristallisierte Formen und Gestalten"

(Arendt 2017b, S. 258) aufgespürt und als Bedingungen des Zwischen systematisiert werden.

Die Tatsache der *Pluralität* stellt keine ‚neue' Erkenntnis Arendts dar, sondern bildet eine wichtige Grundannahme in vielen sozialphilosophischen und intersubjektiven Ansätzen; wie auch in den meisten der hier verwendeten Theorien (bspw. in der Marxschen Theorie: die Figur des *Ensembles der gesellschaftlichen Verhältnisse*, siehe Kap. 1: Einleitung; in der Prozesssoziologie nach Elias: die *Figurationen*, siehe Kap. 3.1; in der *Philosophie der Person* nach Sturma: der soziale Raum, siehe Kap. 3.2), sowie in dem „Versuch einer allgemeinen Anthropologie" (1998) von Tzvetan Todorov, der im Folgenden beispielhaft zur Erläuterung dieser *Pluralität* herangezogen wird: Nach Todorov sind Menschen Zeit ihres Lebens auf andere Menschen angewiesen. Sie würden von Geburt an wahrgenommen, u. a. von ihren primären Bezugspersonen, von medizinischem Personal, Freund:innen, Verwandten und Pädagog:innen. Ein Säugling, egal in welcher historischen Epoche, könne alleine nicht überleben. Er brauche andere Menschen, die seine Bedürfnisse stillten und ihn darüber hinaus in seinem Menschsein bestätigten. Und auch im Erwachsenenalter könne niemand – „selbst wenn er längere Zeit zu leben weiß, ohne daß sich die anderen um ihn kümmern" (Todorov 1998, S. 48) – auf die „Bestätigung seines Daseins" (ebd.) durch andere Menschen verzichten. Diese Angewiesenheit ist entscheidend für die Entstehung des (zweiten) Zwischen, die sowohl individuell als auch gesellschaftlich zur Kenntnis genommen werden sollte (vgl. Hartmann 2022, S. 209). Da diese Erfahrungsdimension jedoch begrifflich nicht abschließend gefasst werden kann,[121] stellt Arendt ihrer Systematisierung der drei Tätigkeiten (Arbeiten, Herstellen und Handeln) die bereits genannten Grundbedingungen (Erde, Leben, Weltlichkeit, Mortalität, Natalität und Pluralität) voran. Diese überhistorischen Bedingungen bilden das Fundament ihrer *Modernediagnose* und fungieren gleichzeitig als normativer Rahmen für diese relational-anthropologische Betrachtungsweise. Im Sinne dieser normativen Dimension verweisen sie auf jene Spur,[122] entlang derer die Frage nach den Menschen relational beantwortet werden kann.

Bezüglich dieser Spur kann bereits festgehalten werden, dass Personen als bewegliche ‚Konstrukte' gefasst werden können, die ihre Identität in konkreten Beziehungen hervorbringen und sich mit ihren Taten und Worten in das Bezugsgewebe einfädeln (siehe Kap. 3.2–3.4). Diese Spuren im *Bezugsgewebe* werden mit Arendt als Geschichten gefasst, die aus Momenten des Zwischen hervorgehen.

---

121 Momente des Zwischen stellen nämlich, mit Arendt gesprochen, die flüchtigste und unproduktivste Dimension des Handelns dar. Analog dazu ist auch das Denken zutiefst unproduktiv und flüchtig, insofern es „mit dem Unsichtbaren in aller Erfahrung zu tun" (Arendt 1989a, S. 209) hat; mehr dazu im fünften Kapitel.

122 Diese Spur liegt nicht an der Oberfläche von Arendts Ausführungen, sondern wurde aus den Konstellationen in ihrer „Vita activa" herausgeschält.

Diese „in ihm [dem Bezugsgewebe; Anm. TL] dargestellten Geschichten" (Arendt 2016, S. 222) sind, wie mit Arendt ausgeführt, *Vergegenständlichungen* von Beziehungserfahrungen, die nachträglich als sinnhafter Zusammenhang weitererzählt werden. Mit anderen Worten: Solche Geschichten sind die nicht-vorhersehbaren Resultate aus Taten und Worten, die Menschen im *Netz der Beziehungen* hinterlassen. Diese Spuren sind nicht nur eng mit der *Tatsache der Pluralität* verknüpft, sondern gründen zudem im „Faktum der Natalität" (ebd., S. 315) – zwei Grundbedingungen menschlicher Existenz, die für Arendts Konzept des Handelns wie gesagt zentral sind. Menschen gehen „aus einander" (Arendt 2000, S. 214) hervor (*Pluralität*) und können aufgrund ihrer „Gebürtlichkeit" (Arendt 2016, S. 217) – bei Arendt ein Synonym für *Natalität* – selbst Geschichten anfangen:

> „Im Sinne von Initiative – ein initium setzen – steckt ein Element von Handeln in allen menschlichen Tätigkeiten, was nichts anderes besagt, als daß diese Tätigkeiten eben von Wesen geübt werden, die durch Geburt zur Welt gekommen sind und unter der Bedingung der Natalität stehen." (ebd., S. 18)

Aufgrund dieser *Gebürtlichkeit* sind alle „Neuankömmling[e]" (ebd., S. 215) ein Anfang, d. h. dazu fähig, sich im Zuge einer sog. „zweiten Geburt" (ebd.) durch Taten und Worte ins *Bezugsgewebe* ‚einzufädeln'.

Die einzigartige Qualität dieser Taten und Worte führt Arendt wiederum auf einen „subjektiven Faktor" (ebd., S. 226) zurück, womit sie die relationale Subjektivität (vgl. für eine feministische Lesart dieses Konzeptes bspw. Dingler 2016) von Personen in Anschlag bringt, die sich im Wechsel von Momenten des Zwischen nach und nach herausbildet und verändert (siehe auch Kap. 3.3: Bubers Ausführungen zum *Ichbewusstsein* der Person). Dieser Faktor entsteht also nicht im luftleeren Raum, sondern innerhalb des gegebenen[123] *Netzes der Beziehungen*. Das Konzept einer relationalen Subjektivität wird somit in Relation zu den objektiven Gegebenheiten konzipiert, die wiederum von Menschen hervorgebracht werden, weshalb Arendt die philosophische These von einem absoluten Neuanfang auch für höchst problematisch hält (Arendt 1989b, S. 32):

> „Da Menschen nicht von ungefähr in die Welt geworfen werden, sondern von Menschen in eine schon bestehende Menschenwelt geboren werden, geht das Bezugssystem menschlicher Angelegenheiten allem einzelnen Handeln und Sprechen voraus, so daß sowohl die Enthüllung des Neuankömmlings durch das Sprechen wie der Neuanfang, den das Handeln setzt, wie Fäden sind, die in ein bereits vorgewebtes Muster geschlagen werden und das Gewebe so verändern, wie sie ihrerseits alle Lebensfäden, mit denen sie innerhalb des Gewebes in Berührung kommen, auf einmalige Weise affizieren." (Arendt 2016, S. 226)

---

123 Gemäß der „Vita activa" kann davon ausgegangen werden, dass sich das *Bezugsgewebe menschlicher Angelegenheiten* seit der Antike entwickelt hat und sich nach wie vor transformiert.

Die Bedingungen des Zwischen legen eine relationale Betrachtungsweise von Menschen nahe: Diese bringen ihre personale Einzigartigkeit im Miteinander-Handeln und -Sprechen hervor. Zur Konkretisierung einer relational-anthropologischen Perspektive werden die zwischenmenschlichen Interaktionen, welche mit den individuellen Selbst- und Weltverhältnissen der Menschen in Wechselwirkung stehen, in den Fokus gerückt. Mit Arendt kann den Beziehungen zwischen Menschen nämlich ein „Vorrang [...] vor dem objektiven Bezug" (ebd., S. 192) zu den Dingen der Welt zugeschrieben werden. Obschon Menschen im Miteinander-Handeln und -Sprechen bestimmte objektive Interessen verfolgen, können diese in besonderen Augenblicken in den Hintergrund treten. In solchen Momenten *reiner Aktualität artikulieren* und *aktualisieren* sie das, was sie sonst nur *erleiden und erdulden* würden (ebd., S. 264; siehe Kap. 3.4.2). Diese *artikulierende Aktualisierung* bedeutet nicht, dass Menschen plötzlich zu autonomen Gestalter:innen ihres Lebens werden. Nichtsdestotrotz ist sie aber auch ein Indiz dafür, dass Personen den Bedingungen ihrer Existenz nicht absolut unterworfen sind. Im Duktus der Pädagogischen Anthropologie kann mit Zirfas hier vom „bestimmt Unbestimmte[n]" (Zirfas 2021, S. 180) gesprochen werden, das im letzten Abschnitt nun weiter konkretisiert wird.

Konkretisierung einer relationalen Anthropologie

Am Beispiel der existenzphilosophischen Denkfigur des Zwischen wurde eine besondere Art von Beziehungsweisen beleuchtet, die zwar begrifflich nicht zu fassen ist, aber mit theoretischen Fragmenten im Anschluss an Buber und Arendt eingekreist werden konnte. Die Konstellation des Zwischen stellt die systematische Grundlage für diese relational-anthropologische Betrachtungsweise dar, nach der sich die Bestimmung von Menschen in und durch deren Beziehungen denken lässt. Die konstitutive Angewiesenheit auf andere wird als normative Prämisse gesetzt, von der ausgehend der Fokus vom Subjekt auf die Beziehungen zwischen Subjekten verschoben wird. Augenblicke, welche die Angewiesenheit wechselseitig offensichtlich werden lassen – so die daran anschließende These – können zwar nicht *erwirkt* werden, aber es lässt sich auf sie *hinwirken.*[124]

Mit der Hinwendung zu den Bedingungen der reziproken Beziehungsweise des Zwischen wird zugleich ein Gegenvorschlag zu sog. Wesensanthropologien formuliert. Die relational-anthropologische Perspektivierung stützt sich dabei auf die mit Arendt skizzierten menschlichen Grundvermögen Arbeiten, Herstellen und Handeln und die damit in Relation stehenden Bedingungen Leben, Erde, Welt, Mortalität, sowie auf die normativen Kategorien *Natalität* und *Pluralität.* Ausgehend davon lassen sich drei Ebenen konkretisieren, auf denen der Entwurf

124 Eine ähnliche Formulierung verwendet Adamczak in Anlehnung an Otto Wille Kuusinen in ihrer Studie „Beziehungsweise Revolution" (2017). Es ließe sich auch sagen: Das Zwischen lässt sich nicht herstellen, aber es lässt sich gestalten (vgl. ebd., S. 87).

einer relationalen Anthropologie aufbauen kann: *Erstens* bilden die überhistorischen Bedingungen den normativen Kontext, in dem Menschen *zweitens* ihr Leben und die Welt der Dinge im Zuge der Tätigkeiten des Arbeitens und Herstellens (re-)produzieren und in dem sie *drittens* ihre personale Einzigartigkeit im (Sprech-)Handeln vor und mit anderen hervorbringen. Auf Basis dieser drei Ebenen wird nun, wiederum in drei Schritten, eine relationale Anthropologie im Sinne einer *negativen Anthropologie* konkretisiert: (a) Die Beantwortung der Frage nach dem *Wer* von Personen geht von reziproken Beziehungserfahrungen aus (Relationen zwischen Personen), (b) diese Beziehungserfahrungen finden im *Zwischenraum der Welt* statt (Ich-Es-Relationen zwischen Personen und den sie umgebenden Dingen der Welt) und werden (c) vom *Bezugsgewebe menschlicher Angelegenheiten* gerahmt (Relation zwischen Personen und der vorherrschenden Beziehungsweise).

Dieses relationale Verständnis von Menschen stellt eine (allgemein-)pädagogische Weiterentwicklung von Schleiermachers Problematisierung der *ersten Anfänge* der Menschen dar, die, so Schleiermacher, schon immer *streitige Gegenstände* gewesen seien (Schleiermacher 2017, S. 553). Mittels der *Bedingtheit von Menschen* wurde diese anthropologische Unbestimmbarkeit mit Arendt relativiert, d. h. theoretisch konkretisiert. Durch die Verschiebung der Perspektive auf die Dimension des Zwischen sowie die Einbettung dieser reziproken Beziehungsweise in den *Zwischenraum der Welt* fußt dieser Vorschlag zudem auf einem dialektischen Fundament, das es erlaubt, auch Pädagogik ausgehend von Beziehungen relational zu denken.

Relationale Verflechtungen

Um Pädagogik als relationale Praxis zu denken, soll abschließend der argumentative Faden aus dem zweiten Kapitel wieder aufgenommen (siehe Kap. 2.2.2) und eine Verbindunglinie zu den revolutionstheoretischen Überlegungen in der Einleitung (siehe Kap. 1) gezogen werden. Die reziproke Beziehungsweise des Zwischen wurde im Hauptteil dieser Studie (siehe Kap. 3) jenen tendenziell verdinglichenden Beziehungsweisen gegenübergestellt, die nach Arendt das menschliche Miteinander in der Moderne dominieren. Die aus Beziehungserfahrungen hervorgehende relationale Personalität als auch die damit vermittelten Muster des Bezugsgewebes sind variabel; sie hängen von der Art der Beziehungsweisen ab, die zwischen Personen realisiert werden. Grundsätzlich existieren viele verschiedene Arten von Beziehungen, weshalb danach gefragt werden sollte, ob enge oder eher distanzierte Beziehungen vorherrschen, ob sie dynamisch oder eher als statisch erlebt werden, ob sie eher „harmonischer oder konfliktuöser, ritualisierter oder unstrukturierter, hierarchischer oder egalitärer" Art sind und welche „materiellen und affektiven Qualität[en]" (Adamczak 2017, S. 246) sie kennzeichnen. Ähnlich zu jener Perspektivierung bei Adamczak wird der Fokus auch in dem an diese Studie sehr anschlussfähigen Forschungsfeld einer feministischen Care-Ethik (Conradi 2001; Conradi / Vosman 2016) auf den Beziehungsbegriff selbst gelegt. Über diese Beziehungsdimension herrscht nach Christina Schües nicht nur Uneinigkeit, „sondern auch eine beeindruckende Unklarheit" (Schües 2016, S. 252), der sie in ihrem Aufsatz „Ethik und Fürsorge als Beziehungspraxis" (2016) nachgeht. Sie folgt dabei dem

> „Gedanken, dass durch ein Miteinander-Handeln und -Sprechen erstens ein Beziehungsraum, eine Art ‚Zwischen' entsteht, und zweitens die Personen jeweils als andere Person, als ‚wer' sie sind (und nicht als ‚was', als Objekte mit Eigenschaften) auftreten und für Andere erscheinen. Dieser Beziehungsraum ist jeweils mehr als die einzelne Handlung; ihm zugehörig ist eine Atmosphäre, ein Thema oder etwa ein zeitlicher Zusammenhang. Er fällt in sich zusammen – er implodiert förmlich –, wenn Menschen auseinandergehen oder sich nicht mehr aufeinander beziehen. Dieser Hinweis auf einen Beziehungsraum zwischen den Handlenden soll dazu auffordern, die Care-Praxis nicht nur in Bezug auf das Wohl der einzelnen beteiligten Personen, insbesondere der fürsorgebedürftigen Person zu untersuchen, sondern auch hinsichtlich der Beziehung selbst" (ebd., S. 266).

Es folgt eine Beschreibung der Beziehungsweise, die jener von Adamczak (siehe oben) nahekommt und diese hinsichtlich pädagogischen Denkens und Handelns anschlussfähig macht.

> „Der Beziehungsraum kann durch unterschiedliche Faktoren, die ihn prägen, charakterisiert werden, so zum Beispiel durch den Grad der Vertrautheit und des Vertrauens, die Übernahme von Verantwortung, die Kontakthäufigkeit und Nähe, den Raum für Kommunikation und Narrativität, ebenso durch die zugestandenen Freiheiten und durch die Status- bzw. Hierarchieunterschiede zwischen den beteiligten Personen sowie die zeitliche Erstreckung der Praxis." (ebd., S. 266–267)

Es ist nämlich so, dass in der feministischen Care-Ethik dezidiert von einer asymmetrischen Beziehungspraxis ausgegangen wird, die aufgrund des Elements ‚Vertrauens' „trotz aller Asymmetrie, vielleicht auch Abhängigkeit, als gelingend erfahren wird" (ebd., S. 267).[125] Auf Grundlage einer Strukturperspektive auf Beziehungskonstellationen wird nach Schües eine Beurteilung von Beziehungen als ‚gelingende' möglich (vgl. die „sechsstellige Beziehungsstruktur" nach Schües: ebd., S. 268). Wenngleich eine solche *„relationale Praxis"* (ebd.; Herv. i. Orig.) auf der Ebene von Beziehungsweisen nicht instrumentell hervorgebracht werden kann, lässt sich auch auf Grundlage einer relationalen Anthropologie darauf

---

125 Siehe zur feministischen Dimension des Konzepts einer relationalen Anthropologie auch den im Erscheinen begriffenen Essay „Die Beziehungsdimension in Sorgeverhältnissen. Erkundungen einer Pädagogik wider die Grausamkeit" (Jenny / Lechner 2024) im Jahrbuch erziehungswissenschaftliche Geschlechterforschung.

hinwirken, reziproke Beziehungserfahrungen eher zu eröffnen als zu verschließen. Im Anschluss an Arendt, auf die sich auch Schües in ihren Ausführungen der Beziehungsräume bezieht (ebd., S. 266), können durch die „unwillkürlich-zusätzliche Enthüllung des Wer des Handelns und Sprechens“ (Arendt 2016, S. 224) unvorhersehbare Spuren im *Netz der Beziehungen* entstehen, die einen „integrierenden Bestandteil“ (ebd.) in der Welt hinterlassen. Dieses Zusammenspiel vom (ersten) *Zwischenraum der Welt* und dem (zweiten) Zwischen umfasst mehr, als mit Worten beschrieben oder mit objektiven Maßstäben gemessen werden könnte: Reziproke Beziehungserfahrungen können Transformationen des *Bezugsgewebes* nach sich ziehen, die im ethischen Sinne auf eine *Enthierarchisierung* der gesellschaftlichen Verhältnisse *hinwirken*. Dementsprechend wurde in der hier formulierten relationalen Anthropologie versucht, das Faktische mit dem Möglichen zu verbinden; Reproduktion mit Transformation. Im letzten Kapitel wird die normative Dimension – das Ideal der *Enthierarchisierung* – vertieft und ein konkreter Vorschlag für eine ‚enthierarchisierende‘ Transformation gesellschaftlicher Praxis gemacht.

5 Ausblick: Aspekte einer pädagogischen Ermöglichungspraxis

Die im vierten Kapitel konkretisierte relational-anthropologische Betrachtungsweise von Menschen wird in diesem letzten Kapitel pädagogisch gewendet. Dem ist vorauszuschicken, dass die pädagogischen Interpretationen der vorliegenden Studie nicht als anwendungsbezogene Umsetzung missverstanden werden dürfen. Vielmehr soll – wie bereits angekündigt – die ethische Dimension dieses Entwurfs ausgelotet, sowie ferner eine Vermittlung der relational-anthropologischen Grundlagen mit möglichen Zielen von Pädagogik vorgeschlagen werden. Diese ‚Operationalisierung' kann mit Guiseppe Flores d'Arcais (1982, S. 122) auf struktureller Ebene als Relationalität begriffen werden, in der sich anthropologische, teleologische und methodologische Überlegungen überlagern:

> „Jegliche Pädagogik, die von ihrer Struktur her auf die Fragen der Erziehung eine Antwort geben will, muß verständlicherweise über eine solche anthropologische Erörterung hinausgehen und genauso teleologische Überlegungen einbeziehen, wie auch methodologische Erwägungen, die man als ‚Vermittlung' zwischen Sein und Sollen (Können, Wollen) auffassen kann." (ebd., S. 128)

Solche „relationistischen Anthropologien" (ebd.) umfassen nach Flores d'Arcais neben anthropologischen Überlegungen im engeren Sinne auch Zielbestimmungen (*Teleologie*) und (didaktische) Wege der Umsetzung (*Methodologie*), die erst zusammengenommen „eine epistemologisch korrekte Grundlegung der Pädagogik" (ebd.) möglich machen.

Wenngleich es vermessen wäre, diesen Anspruch einer erkenntnistheoretischen *Grundlegung der Pädagogik* erfüllen zu wollen, soll die Idee eines regulativen Ideals auf diesen letzten Seiten noch etwas weiter vertieft werden (siehe Einleitung und Kap. 2.1). Das Ideal der reziproken Beziehungsweise – so die These – könnte hierarchische und tendenziell verdinglichende Verhältnisse nach und nach hin zu herrschaftsfreieren Beziehungsweisen verschieben. Nach Flores d'Arcais ermöglicht ein derart *relationistisches* Verständnis es, „den Menschen als Subjekt der Erziehung ins Auge" (ebd.) zu fassen, anstatt Menschen zu verobjektivieren.[126] Dieses Subjekt bedarf jedoch „einer genauen Klärung" (ebd.) in Bezug auf eben jene potentiellen Möglichkeiten, die es verwirklichen kann. Entsprechend der Struktur von *relationistischen Anthropologien* kann bzw. soll daher eine mögli-

126 Das Verhältnis von Subjekt und Person verweist auf eine zu klärende Frage, der in der Arbeit nicht systematisch nachgegangen wird (vgl. dazu bspw. Pannenberg 1979).

che Vermittlung der tatsächlichen Erziehungswirklichkeit mit einem ethischen Ideal von gesellschaftlicher Praxis angedacht werden. Ziel dieser abschließenden Überlegungen ist es, ethische Implikationen für pädagogisches Denken und Handeln aus den relational-anthropologischen Grundlagen zu spezifizieren. Hierfür werden einige zentrale Fäden dieser Studie wieder aufgenommen und miteinander verflochten:

Mit den theoretischen Konstellationen des Zwischen wurde für eine zwischenmenschliche Praxis sensibilisiert, die in manchen Augenblicken eine reziproke Qualität aufweisen kann. Diese Möglichkeit soll nun im Hinblick auf pädagogische Kontexte diskutiert werden. Die zentrale Frage für diese relationstheoretischen Erkundungen lautet, ob pädagogische Praxis von reziproken Beziehungsweisen „durchwachsen und überwuchert" (Arendt 2016, S. 225) werden kann. Dafür wird im ersten Abschnitt an die asymmetrischen Bedingungen von pädagogischen Beziehungen erinnert, um im zweiten Abschnitt zur politischen Dimension von pädagogischer Praxis überzuleiten, die wiederum im dritten Abschnitt als Ermöglichungspraxis von reziproken Beziehungsweisen ausgewiesen werden soll.

Asymmetrien pädagogischer Beziehungen

Das asymmetrische Machtverhältnis zwischen pädagogischen Fachkräften und den Adressat:innen von Erziehung und Bildung wird in einer breiten erziehungswissenschaftlichen Debatte thematisiert, die ein differenziertes Verständnis für Macht in pädagogischen Beziehungen (unter den gegebenen gesellschaftlichen Verhältnissen) eröffnet.[127] Um die Idee des Zwischen mit diesen asymmetrischen Konstellationen zusammenzudenken, kann auf die Figur der *einseitigen Umfassungserfahrung* bei Buber rekurriert werden, anhand derer die Reduktion der dialogphilosophischen Hauptthese für das erzieherische Zwischen erläutert wurde (siehe Kap. 3.3). Diese Gedanken aufnehmend soll gezeigt werden, dass trotz der Asymmetrie von pädagogischen Verhältnissen auch reziproke Beziehungserfahrungen gemacht werden können. Davor wird jedoch noch ausgeführt, wie die am Erziehungsprozess Beteiligten trotz ihrer unterschiedlichen Voraussetzungen, die hinsichtlich bestimmter Dimensionen, wie bspw. ihres Wissens, auf einem Spektrum verortet werden können, reziproke Verhältnisse erleben können. Denn aus relational-anthropologischer Perspektive entfaltet sich die Identität von Personen weder in einem abgeschlossenen Inneren, noch kann sie von außen geformt werden. Vielmehr enthüllt sie sich relational vor

127 Siehe hierzu bspw. meine Masterarbeit (Lechner 2018) sowie die Beiträge zum Thema Macht im „Handbuch Schweigendes Wissen" von Kathrin Audehm (2017) und Roswitha Lehmann-Rommel (2017); im „Handbuch Bildungs- und Erziehungsphilosophie" von Christian Grabau und Markus Rieger-Ladich (2020) sowie im „Handbuch Pädagogische Anthropologie" ebenfalls von Rieger-Ladich (2014).

und mit anderen im *Zwischenraum der Welt*. Personen befinden sich daher stets in Beziehungen und sind durch diese Beziehungen in besonderer Weise an die Welt gebunden und gleichzeitig offen in ihrer Ausrichtung derselben gegenüber. Ihre jeweiligen Perspektiven können sich verändern und abhängig von der Qualität der Beziehungsweisen finden eher angleichende Veränderungsprozesse statt oder solche, die Trennung und Ausschluss bewirken. Aufgrund ihrer unterschiedlichen Positionierung können sowohl die pädagogischen Fachkräfte als auch die Zu-Erziehenden in ihrer Perspektive herausgefordert oder irritiert werden und in Momenten des Zwischen ihre personale Identität *artikulieren* und *aktualisieren* (siehe Kap. 3.4.3: Arendt). Daran anschließend wird nun erörtert, wie diese *Angleichungsprozesse* in reziproken Momenten pädagogischer Praxis erfahren und reflektiert werden können.

Arendt leitet die Asymmetrie in pädagogischen Beziehungen aus dem konstitutiven Machtüberschuss ab, der generational als auch strukturell verankert sei. Im Vortrag über „Die Krise in der Erziehung" (1958a) beleuchtet sie diese Asymmetrie im intergenerationalen Erziehungsverhältnis hinsichtlich der Frage nach der Übernahme von Verantwortung[128] in einer „aus den Fugen geratene[n] oder geratende[n] Welt" (ebd., S. 21). Sie vertritt die These, dass pädagogische Fachkräfte eine Verantwortung gegenüber den jüngeren Generationen zu tragen hätten und Kinder dementsprechend vor den Einflüssen der Welt beschützen sollten:

> „Sofern das Kind die Welt noch nicht kennt, muss es mit der Welt graduell bekannt gemacht werden; sofern es neu ist, muß darauf geachtet werden, daß dies Neue nach Maßgabe der Welt, so wie sie ist, zur Geltung kommt und nicht von dem Alter der Welt erdrückt wird." (ebd., S. 18)

Zudem trügen pädagogische Fachkräfte aber auch eine Verantwortung für den „Fortbestand der Welt" (ebd., S. 15). Arendt schlägt deshalb vor, Erziehung und das Generationenverhältnis generell „im Sinne des Konservierenden" (ebd., S. 20) zu denken. Das Konservierende bezieht sich hier auf die konservative und mitunter widersprüchliche Aufgabe, „das Kind gegen die Welt, die Welt gegen das Kind, das Neue gegen das Alte und das Alte gegen das Neue" (ebd.) zu schützen. Demnach erweist sich Erziehung im Arendtschen Sinne als ein paradoxes Unterfangen:

> „Die Verantwortung für das Werden des Kindes ist in einem gewissen Sinne eine Verantwortung gegen die Welt: das Kind bedarf einer besonderen Hütung und Pflege, damit ihm nichts von der Welt her geschieht, was es zerstören könnte. Aber auch die

128 Es lässt sich eine inhaltliche Parallele zur ‚einseitigen Umfassungserfahrung' (Buber 1962d, S. 804) bei Buber feststellen, die bei Arendt eine Erweiterung erfährt. Buber denkt die erzieherische Beziehung tendenziell dyadisch, Arendt plädiert dafür, auch Verantwortung für die Welt zu übernehmen.

> Welt bedarf eines Schutzes, damit sie von dem Ansturm des Neuen, das auf sie mit jeder neuen Generation einstürmt, nicht überrannt und zerstört wird." (ebd., S. 15)

Diese Paradoxie der Verantwortung – für das Kind und für die Welt – löst Arendt, indem sie die politische Dimension von Erziehung negiert und stattdessen pädagogische Fachkräfte in die Pflicht zur Bewahrung des Bestehenden nimmt. Hieraus kann geschlussfolgert werden, dass Arendt ein Verständnis von Erziehung vertritt, das mit dem praktischen Verständnis von Pädagogik im Sinne einer Transformation der herrschenden Verhältnisse unvereinbar ist (siehe Kap. 1).

Arendt ordnet die transformative Dimension der Sphäre des Politischen zu, in der die Konservierung des Bestehenden – im Gegensatz zur sozialen Sphäre, zu der sie die Erziehung zählt – „nur ins Verderben führen würde, weil die Welt im Ganzen wie alle einzelnen Dinge in ihr unabänderlich dem Ruin der Zeit überantwortet ist, wenn die Menschen sich nicht entschließen, einzugreifen, zu ändern, Neues zu schaffen" (Arendt 1958a, S. 21). Damit schließt Arendt aber soziale Fragen – also auch Fragen rund um Erziehung und Bildung – aus dem Bereich des Politischen aus. Sie versteht Pädagogik somit als gesellschaftliche Angelegenheit, die „errechnet werden" (Arendt 2006, S. 92) könne. Eine solche Kategorisierung von Erziehung würde jedoch eine poietische Lesart von Pädagogik bedeuten, was der Arendtschen Hinwendung zur eigentlich menschlichen Tätigkeit – dem Miteinander-Handeln und -Sprechen – entgegensteht. Um dieser theoretischen Sackgasse zu entgehen, wird an die dialektische Systematik nach Schleiermacher angeknüpft: Wie anhand der disziplingeschichtlichen Anfänge erläutert (siehe Kap. 2.1), wird Pädagogik in dieser Studie als eine mit Ethik und Politik verflochtene Disziplin begriffen. Deren Systematik wurde im Zusammenhang mit dem Entstehungskontext der Pädagogik als wissenschaftlicher Disziplin beleuchtet: Schleiermachers *Fachwerk* geht von den bestehenden Unvollkommenheiten der gesellschaftlichen Sphären (Kirche, Staat, Wissenschaft und freie Geselligkeit) sowie den brüchig gewordenen Sinnzusammenhängen der Menschen seiner Zeit aus. In dieser dialektischen Tradition wird Erziehung dementsprechend als Teil der gesellschaftlichen Gesamtpraxis betrachtet, wobei die politische Bedeutung konstitutiv ist.

Ob Arendts Zwischen trotz der Ausgrenzung von Erziehung aus dem Bereich des Politischen für diese geisteswissenschaftliche Theorietradition anschlussfähig ist, soll folglich nun geklärt werden.

Politisches und Soziales bzw. Gesellschaftliches

Ausgehend von der geisteswissenschaftlichen Tradition, in der die pädagogische Praxis als Teil der gesellschaftlichen Gesamtpraxis aufgefasst wird, erfolgt nun eine Einbettung des aus dem Zwischen entwickelten Vorschlags einer relationalen Anthropologie in das praktische Wissenschaftsverständnis der Pädagogik. Wie gezeigt werden soll, kann die relational-anthropologische Betrachtungsweise gerade durch Arendts Unterscheidung des Sozialen vom Politischen auf pädagogische Beziehungen übertragen werden. Für diese relationale Anthropologie pädagogischer Beziehungen – wie es im Titel dieser Studie heißt – werden die kontroversen Auffassungen bzgl. Arendts theoretischen Unterscheidungen im Folgenden noch einmal aufgegriffen (siehe Kap. 3.4.1: Exkurs).

***

Durch die analytische Trennung des Politischen vom Gesellschaftlichen ignoriert Arendt die politische Dimension pädagogischer Praxis.[129] Da die Erfahrung des Zwischen jedoch mit ihrer Theorie des politischen Handelns konkretisiert wurde, soll diese Leerstelle nun genauer untersucht werden. Bevor die Kontroversen betreffend Arendts theoretischer Konstellationen vertieft werden, sei jedoch zweierlei vorausgeschickt: *Erstens* ist das hier vertretene praktische Verständnis von Pädagogik, wie mit Schleiermacher gezeigt wurde, immer *auch* politisch und *zweitens* gibt es auf die Frage danach, warum Arendt die höchst umstrittene Trennung des Sozialen vom Politischen derart hartnäckig verteidigt,[130] „keine einfache Antwort" (Benhabib 2011, S. 221). Daher wird ein Argumentationsweg vorgeschlagen, auf dem Arendts Gedanken über „Die Krise in der Erziehung" (1958a) im Anschluss an Benhabib in Dialog mit der feministischen Problematisierung von Ungleichheit gebracht werden (siehe Kap. 3.4.1: Exkurs). Obgleich Arendt die ‚Verbannung' der (re-)produktiven Tätigkeiten in den Bereich des *Oikos* selbst nicht in Frage stelle, räume sie ein, dass die ältere Generation den Kindern auch im Privaten beibringe,

> „welche Aspekte der uns umgebenden Welt es wert sind, erhalten und kultiviert zu werden, und was uns in der Welt heimisch sein läßt. Und dieses Werk ist nicht nur ein Herstellen [und mit Arbeit verbunden; Anm. TL], sondern ein Handeln im emphatischen Sinne einer ‚Enthüllung der Person im Handeln und Sprechen'" (Benhabib 2011, S. 216).

Mit Benhabib kann also eingewendet werden, dass sich Erziehung (und Bildung) nicht auf den Bereich des Gesellschaftlichen beschränken lässt. Denn die Bekanntmachung mit der Welt vollzieht sich auch im privaten Bereich. Es könnte sogar gefragt werden, ob „nicht in Wirklichkeit der Haushalt anstelle der Öffentlichkeit jener Raum [ist], in dem sich das ‚Bezugsgewebe menschlicher

129 Diese implizite Trennung des Politischen vom Sozialem wird vielfach kritisiert, zuletzt z. B. von Juliane Rebentisch (2022, S. 50) in ihren „Auseinandersetzungen mit Hannah Arendt" unter dem Titel „Der Streit um Pluralität".

130 Eine besonders eindrückliche Dokumentation ihrer vehementen Unterscheidung des Politischen vom Sozialen stellt eine Diskussion auf der Konferenz „The Work of Hannah Arendt" in Toronto / Kanada dar, an der Arendt auch teilnahm (Arendt 2006, S. 256, S. 89–103).

Angelegenheiten und die in ihm dargestellten Geschichten' entfalten und uns von Anfang an umgeben" (ebd., S. 217). Dieses erweiterte Erziehungsverständnis, das Benhabib in ihrer Studie über „Die melancholische Denkerin der Moderne" (2011) aus dem Essay über „Die Krise in der Erziehung" ableitet, erinnert an Mollenhauers „Vergessene Zusammenhänge" (1991) zwischen Erziehung und Kultur (siehe Kap. 2.2.1). Aus relational-anthropologischer Perspektive, die auf Grundlage der kulturwissenschaftlichen Weiterentwicklung der geisteswissenschaftlichen Tradition der Pädagogik entfaltet wurde, kann an die Erweiterung jener Bestände gemahnt werden, die ein ‚Heimisch-werden' in der Welt unterstützen, anstatt es zu verhindern. Mit Mollenhauer wurde gewissermaßen auf das Zwischen vorausgewiesen – als jenen immateriellen Ort, an dem sich diese Erweiterungen vollziehen. Darüber hinaus fordert Mollenhauer zur Reflexion der *Überlieferungswürdigkeit* und *Zukunftsfähigkeit* von kulturellen Beständen auf. Demnach können ganz bewusst jene Bestände weitergegeben werden, die auf Basis eines *spekulativen Gefühls* (siehe Kap. 2.1: Schleiermacher) Sicherheit angesichts historischer Brüche (auf gesellschaftlicher Ebene) und brüchiger Sinnkonstruktionen (auf personaler Ebene) vermitteln. Mit der Auswahl dieser Bestände geht die konkrete Herausforderung einher, Kinder in einer Welt zu ‚beheimaten', die von Widersprüchlichkeiten, Leid und verdinglichenden Beziehungsweisen geprägt ist. Eine solche pädagogische Zielsetzung ist auf eine Ethik verwiesen und bedarf dementsprechend eines regulativen Ideals, an dem das Miteinander-Handeln und -Sprechen ausgerichtet werden kann. Dieses Ideal, das als konstitutiv für ein praktisches Verständnis der Pädagogik betrachtet werden kann, wurde mit Schleiermacher als – aus dem Streben nach einer illusorischen Einheit von Vernunft und Natur hervorgehende – Idee des *höchsten Gutes* eingeführt (siehe Kap. 2.1). Nach dem Vorbild Schleiermachers, der die Pädagogik als *Kunstlehre* bezeichnet, baut das hier vertretene Verständnis einer Ermöglichungspraxis reziproker Beziehungserfahrungen in pädagogischer Praxis auf einem dialektischen Verständnis von Theorie und Praxis auf (siehe Kap. 2.1.1). Insofern wird Pädagogik hier als eine Kunst verstanden, die zur sittlichen (d. h. ethischen) Transformation des Bestehenden beitragen kann. Immer vorausgesetzt, dass pädagogisch Denkende und Handelnde selbst dazu bereit sind, die theoretischen Anstrengungen auf sich zu nehmen, die es erfordert, um die widersprüchlichen Zusammenhänge zu durchdringen.

Insofern sich derartige theoretische Reflexionen durchaus als politischer Einsatz interpretieren lassen, führt der Gedankengang an dieser Stelle wieder auf die Unterscheidung des Gesellschaftlichen vom Politischen bei Arendt zurück. Benhabib spricht von „grundsätzlichen Schwierigkeiten hinsichtlich der Unterscheidung zwischen dem Gesellschaftlichen und dem Politischen" (Benhabib 2011, S. 249) bei Arendt. So erachtet sie bspw. die Unterscheidung des *„Reichs der Notwendigkeit"* vom *„Reich der Freiheit"* (Rebentisch 2022, S. 242; Herv. i. Orig.) als „zwecklos und unplausibel" (Benhabib 2011, S. 252), was auch mit den lose nebeneinander stehenden Bedeutungsdimensionen des Gesellschaftsbegriffs zu tun haben könnte. Unter dem Gesellschaftlichen bzw. dem Sozialen subsumiert Arendt laut Benhabib nämlich (1.) den Aufstieg der kapitalistischen Ökonomie, (2.) das konformistische Verhalten in modernen Arbeitsgesellschaften, sowie (3.) die „sozialen und kulturellen Prozesse des freien Zusammenschlusses, der Interaktion und der Geselligkeit" (ebd., S. 222). Das Politische sei hingegen enger bestimmt und umfasse eine „gewisse Qualität, die das Leben des Sprechens und Handelns auszeichnet, eine bestimmte Qualität des gemeinsamen Redens und Handelns mit anderen, die einem gleichgestellt sind" (ebd., S. 233). Diese für die pädagogischen Implikationen folgenreiche Unterscheidung des Gesellschaftlichen vom Politischen, leitet Benhabib aus Arendts *posthum* veröffentlichter Studie über „Das Urteilen" (ebd.; vgl. Arendt 1985), sowie aus Debatten rund um das Buch „Über die Revolution" (Benhabib 2011, S. 247–264; vgl. Arendt 2019c) ab.[131] Da Benhabib darin die „einzig produktive Methode zur Unterscheidung des Gesellschaftlichen vom Politischen" sieht, „die auch der Kritik standhalten kann" (Benhabib 2011, S. 225), interpretiert sie Arendts Unterscheidung auf der Ebene von Einstellungen. Unter der „Berücksichtigung von Einstellungen" (ebd.) so Benhabib, könne mit Arendt quasi die gesellschaftliche „Einstellung eines schmalen Eigeninteresses" von der für ein „breiteres öffentliches oder gemeinsames Interesse" (ebd., S. 231) eintretenden politischen Einstellung unterschieden werden. Übertragen auf die Pädagogik bedeutete dies, dass eine fehlende politische Einstellung in den sozialen Praktiken von Erziehung zu einer unreflektierten Reproduktion des Bestehenden führen kann.

An dieser „freundlichere[n]" (Zerilli 2018, S. 18) Interpretation Arendts, die Benhabib mit der ‚einstellungsbasierten' Unterscheidung vertritt, soll nun weitergeschrieben werden. Insofern pädagogische Bemühungen auf eine Stärkung von *politischen* Einstellungen gegenüber einer auf *schmalen Eigeninteressen* beruhenden gesellschaftlichen Einstellung abzielen, kann pädagogisches Denken und Handeln als (*merkwürdiges*) ‚Hybrid' aus sozialen und politischen Einstellungen betrachtet werden. Die Unstimmigkeiten in Arendts Sphärentrennung führen also, wie bereits angedeutet, direkt ins Zentrum einer relationalen Anthropologie pädagogischer Beziehungen, für die und in der die politische Dimension konstitutiv ist. Vor dem Hintergrund des Aristotelischen Praxisbegriffs, der mit Arendts Konzept des politischen Handelns inhaltlich weitergedacht wurde, wird pädagogische Praxis nun im Anschluss an Linda Zerilli (2005/2018) nicht

---

131 Benhabib führt zudem einen Aufsatz Arendts über die sog. ‚Rassentrennung' an US-amerikanischen Schulen an, in dem Arendt Argumente für die Unterscheidung des Politischen vom Gesellschaftlichen vorbringt, die „völlig anders geartete Bedingungen" (Benhabib 2011, S. 233) zur Grundlage haben und der daher schon beim Erscheinen – berechtigter Weise – Entrüstung und Kritik nach sich zog (ebd., S. 234). Zur kritisch-differenzierten Erläuterung von Arendts problematischer Argumentation in „Little Rock" (1959) siehe Benhabib (2011, S. 233–246).

(nur) als regelgeleitetes, instrumentelles Handeln verstanden, sondern (auch und vor allem) als soziales Miteinander, das sich aufgrund der Grenze an der Erfahrung des Anderen durch eine „*antizipatorische* Struktur“ (ebd., S. 229; Herv. i. Orig.) auszeichnet, die ein „prädikative[s] Moment“ (ebd.) in sich trägt. Zerillis Bestimmungen weisen Berührungspunkte mit der Figur der *gerichteten Unbestimmtheit* auf (siehe Kap. 2.2.2 und 3.4.2): Durch die konstitutive Ungewissheit in der pädagogischen Praxis können „die Enthüllung der Person auf der einen Seite und das Hervorbringen von Geschichten auf der anderen“ (Arendt 2016, S. 413–414) dialektisch miteinander ins Verhältnis gesetzt werden. So kann gerade die im „verständigungsorientierte[n] Meinungsaustausch“ (Zerilli 2018, S. 230) erfolgende Antizipation von Gemeinsamkeiten Anstoß für Momente des Zwischen sein. In Anlehnung an Zerillis Ausführungen über eine feministische Praxis der Freiheit soll hier auch im Hinblick auf pädagogische Kontexte nach gemeinsamen Erfahrungen des Welt-Verstehens gefragt werden. In pädagogischen Kontexten kann eine graduelle Bekanntmachung der *Neuankömmlinge* mit der Welt angestrebt werden, ohne die Zu-Erziehenden mit dem Alten (der bestehenden Welt) zu ‚erdrücken‘. Dafür ist es wichtig, deren individuelle Grenzen auszuloten und ihr Ein- bzw. Unverständnis zu Taten und Worten zu ergründen. Ein übereinstimmendes Verständnis von Welt ist nämlich nicht einfach gegeben, sondern wird Zerilli zufolge in einer gemeinsamen Praxis auf paradoxe Weise „geschaffen bzw. wiedererschaffen“ (ebd.). Eine einvernehmliche Verständigung werde vorausgesetzt und zugleich zu verwirklichen erhofft (ebd., S. 231). Mittels dieser Einsicht kann aufgedeckt werden, „was passiert, wenn das Einverständnis zusammenbricht oder sich niemals so einstellt“ (Zerilli 2018, S. 230) wie man es in der Vorbereitung auf eine Situation erwartetet hätte.

Aus diesen vertiefenden Einsichten in ein praktisches Verständnis von Pädagogik geht jedoch noch nicht hervor, ob Handeln „nur im öffentlichen Bereich erfolgen kann oder ob auch die privaten Sphären“ (Benhabib 2011, S. 199) eine Entstehung des (zweiten) Zwischen zulassen. Mit anderen Worten: Ist pädagogische Praxis mit dem Politischen im Arendtschen Sinne vereinbar? Mit Benhabib kann diese Frage wiederum mit Ja beantwortet werden. Benhabib interpretiert den Arendtschen *Zwischenraum* nämlich als einen „Erscheinungsraum“ (Arendt 2016, S. 259),[132] der *nicht öffentlich* sein muss, aber dennoch *politisch sein kann*: „Ein Handeln, das ins alltägliche Gewebe der Erzählungen eingesponnen ist, kann in vertraulich-privaten Bereichen ebenso erfolgen.“ (Benhabib 2011, S. 204)

132 „Ein Erscheinungsraum entsteht, wo immer Menschen handelnd und sprechend miteinander umgehen; als solcher liegt er vor allen ausdrücklichen Staatsgründungen und Staatsformen, in die er jeweils gestaltet und organisiert wird. [...] Er liegt in jeder Ansammlung von Menschen potentiell vor, aber eben nur potentiell; er ist in ihr weder notwendigerweise aktualisiert, noch für immer oder auch nur für eine bestimmte Zeitspanne gesichert.“ (Arendt 2016, S. 251)

Demnach können Menschen auch im Privaten als ein *Wer* in Erscheinung treten und Geschichten initiieren, die sich im Bezugsgewebe verbreiten.

Für die Integration dieser Erkenntnis in einen (allgemein-)pädagogischen Gedankengang, ist es an dieser Stelle nicht zielführend, mit Benhabib zwischen einem agonalen und einem narrativen Handlungsmodell (ebd., S. 201–202) zu unterscheiden. Im Gegensatz zu Benhabibs Interpretation wird hier in der Enthüllung des *Wer* nicht das Entdecken der Einzigartigkeit fokussiert, sondern das *Antizipieren* von Geschichten – die jedoch nicht gänzlich neu sind, sondern aus dem bereits bestehenden Bezugsgewebe hervorgehen. Hierbei bietet es sich an, die Unterscheidung des Politischen vom Sozialen mit dem pädagogischen Grundproblem von Theorie und Praxis in Verbindung zu bringen (siehe Kap. 2.1.1): Die Trennung von Tun und Wissen regt einen Prozess an, der eine ethische Gesamtpraxis befördern kann, in der die bestehenden kulturellen Muster hinsichtlich ihrer *Überlieferungswürdigkeit* reflektiert (praktisches Theoretisieren) und anschließend *repräsentiert* (theoretisch informierte Praxis) werden (siehe Kap. 2.2.1). Dies vorausgesetzt, lässt sich Arendts Unterscheidung des Politischen vom Sozialen als theoretische Warnung „vor der instrumentellen Einstellung“ (Zerilli 2018, S. 18) zwischenmenschlicher Praxis interpretieren und damit als ethisches Regulativ heranziehen. Somit kann der Widerspruch der Trennung des Politischen vom Sozialen mit Arendt selbst – und nicht „mit Arendt gegen Arendt“, wie viele ihrer Interpretinnen behaupten (Benhabib 2011, S. 307; vgl. Rebentisch 2022, S. 246) – entkräftet werden und die politische Frage danach, *wie wir leben wollen* (vgl. Adamczak 2017, S. 221; Bieri 2019), ins Zentrum von pädagogischen Bemühungen gerückt werden (Benhabib 2011, S. 359). Die Analyse der konstitutiven Ungleichheit in pädagogischen Beziehungen stellt dabei gewissermaßen eine Bedingung für Momente reziproken Miteinanders in Kontexten von Erziehung und Bildung dar: „Das Prinzip der Gleichheit, das den öffentlichen Bereich beherrscht, kann überhaupt nur von Ungleichen realisiert werden, die sich dann einander in gewissen, von vornherein festgelegten Hinsichten und für bestimmte feststehende Ziele ‚angleichen‘.“ (Arendt 2016, S. 272–273)

Auch in pädagogischen Kontexten, in denen sich die am Erziehungs- und/oder Bildungsprozess Beteiligten aus ihren unterschiedlichen Perspektiven auf die Welt miteinander verständigen (siehe Kap. 3.4.2: *Aporien* des Handelns), kann analog dazu von (politischer) *Angleichung* gesprochen werden. In der Trennung des Sozialen vom Politischen kann eine Voraussetzung für diese Verständigung gesehen werden. In der politischen Sphäre des Handelns sind Menschen ‚Gleiche‘, insofern sie sich einander aus ihren unterschiedlichen Positionen *angleichen* können (Benhabib 2011, S. 302).

Das soziale Geschehen von Erziehung und Bildung, das politisch ist, weil es das Bezugsgewebe durch solche ‚Angleichungsprozesse‘ verändern kann, lässt sich somit – wenn auch eingeschränkt – mit Arendts Sphärentrennung verbinden. Die konstitutive Asymmetrie zwischen pädagogischen Fachkräften und Zu-Erziehenden wird in Momenten des Zwischen unterbrochen. Die Folgen ihrer miteinander geteilten Taten und Worte können über etwaige *Situationszwänge* hinausführen. Diese transformatorische Dynamik kann potentiell (auch) in pädagogischen Beziehungen angestoßen werden (siehe Kap. 2.2.1: Adorno).[133]

Auf eine solche *Angleichung* laufen auch Bubers Überlegungen zur Erziehung hinaus, insofern er die volle Wechselseitigkeit und damit die Auflösung der *einseitigen Umfassungserfahrung* als Zieldimension (*Telos*) pädagogischer Bemühungen betrachtet. Dabei darf man jedoch nicht den Fehler begehen, einen Zustand der ‚Angeglichenheit' zu erwarten: *Angleichung* ist vielmehr als unabschließbarer Prozess zu verstehen, der mit Adamczak gesprochen „auch Möglichkeiten zu Differenz und Dissens, zu Aggression und Aufbruch" (Adamczak 2017, S. 274) umfasst. Entsprechend soll dieser Prozess gerade nicht „harmonistisch" (ebd.) verklärt, „sondern als konfliktfähig, nicht als reibungslos, sondern als knarzig-flirrend" (ebd.) vorgestellt werden. Da das Zwischen immer mit den bestehenden Verhältnissen verstrickt ist, kann es außerdem nicht „rein"[134] betrachtet werden. Was inhaltlich mit dem *Zwischenraum der Welt* veranschaulicht worden ist (siehe Kap. 3.4), lässt sich anhand dreier Aspekte systematisch konkretisieren: Die vergesellschafteten Dimensionen des Menschseins sind auch in reziproken Beziehungen wirkmächtig, was sich *erstens* an den personalen Bezügen zwischen Menschen in ihren gesellschaftlichen Rollen und Positionen, *zweitens* am Verhältnis der Personen zum Bezugsgewebe und *drittens* am Problem der Normativität zeigt (dazu vgl. Jacobi 2005, S. 74).

Bevor der dritte Punkt dieser Systematik, das Normativitätsproblem in der Pädagogik, noch vertieft wird (siehe nächstes Unterkapitel: „Ethische Implikationen für die pädagogische Praxis"), sei an dieser Stelle nochmals betont, dass die reziproke Beziehungsweise des Zwischen auch in der pädagogischen Praxis realisiert werden kann. Nachgerade das Konfliktpotential in Prozessen personaler *Angleichung* macht eine relational-anthropologische Betrachtungsweise von pädagogischen Beziehungen sinnvoll: Als durchaus auch konflikthafte Beziehungsweise stellen Momente des Zwischen den Ausgangspunkt sowie das regulative Ideal dieser Betrachtungsweise dar – und können damit als *Telos* von Erziehung dienen, die endet, sobald volle *Mutualität*, d. h. Wechselseitigkeit, erreicht ist. Da Momente des Zwischen hinsichtlich ihrer Entstehung jedoch von bestimmten Bedingungen abhängig (siehe Kap. 4) und selbst in *reiner Aktualität* von diesen Bedingungen durchdrungen sind, ist dies allerdings nicht ohne weiteres möglich. Dass

133 Der theoretische Einsatz durch die Figur der *Angleichung* von grundsätzlich verschiedenen Positionen kann daher als verändernde, praktische Produktivkraft begriffen werden.

134 Dementsprechend ist Arendts Bezeichnung für das Zwischen als *reine Aktualität* irreführend (siehe Kap. 3.4). Betrachtet man diese Umschreibung jedoch im Zusammenhang mit dem Bedingungskontext des Zwischen, reflektiert sie sehr wohl die Eingebundenheit des Zwischen im *Zwischenraum der Welt*.

das Zwischen mit den Verhältnissen verstrickt ist, zeigt sich auch auf epistemologischer Ebene. Selbst mit Buber, der das Zwischen als das Absolute betrachtet, lässt es sich nur durch logische Schlussfolgerungen, Zuordnungen und Systematisierungen begreifen und nicht absolut fassen; woraus folgt, dass das Zwischen an die Logik der *Ich-Es*-Welt gebunden ist (siehe Kap. 3.3).

Mit Blick auf diese dialektische Vermittlung von Momenten des Zwischen mit der verdinglichenden Logik unserer Sprache sowie der gesellschaftlichen Verhältnisse soll die Frage nach der Vorrangigkeit von Relata (Person) und Relation (Zwischen) vorläufig *relational* gefasst werden: Personen *aktuieren* ihre relationale Identität im Zwischen und das Zwischen bezeichnet genau diesen Prozess der *Aktuierung* der Person. Die relationalen Grundlagen einer wissenschaftlichen Pädagogik im Sinne einer Konstellation aus Subjekt- und Gesellschaftstheorie (siehe Kap. 2) bilden den Hintergrund dieser relational-anthropologischen Betrachtungsweise „in ihrer gesellschaftsbildenden Funktion“ (Theunissen 1977, S. 6). Diese wird vom Zwischen aus gedacht, ohne dessen ontologische Vorrangigkeit behaupten zu können.

Alternativ zu manchen Interpret:innen, die Arendts „Kunst der Trennung“ (Benhabib 2011, S. 359) kritisieren und *mit Arendt gegen Arendt* über sie hinauszugehen trachten, soll mit der Einbeziehung des Theorie-Praxis-Problems (siehe Kap. 2.1.1) – Fundament der Pädagogik als praktische Wissenschaft – ein argumentativer Weg zur Konkretisierung des Verhältnisses von Pädagogik und Politik gebahnt werden. Im Zuge dessen kann die wissenschaftstheoretische Verortung der Pädagogik als praktische Wissenschaft (Kap. 2.1) wieder aufgerufen werden: Demnach wird pädagogisches Handeln als eine am Ideal einer reziproken Beziehungsweise ausgerichtete Verständigung über das Zusammenleben in der Welt betrachtet. Diese Welt kann „von Vielen in einer Vielfalt von Perspektiven erblickt werden, so daß die […] Versammelten wissen, daß ein Selbiges sich ihnen in äußerster Verschiedenheit darbietet“ (Arendt 2016, S. 72). Bezogen auf eine konkrete Praxis hieße das u. a., den Blick entsprechend dieser Verschiedenheit der Menschen auf deren „verschiedenste[] Arten von Wirklichkeiten“ (Arendt 2019b, S. 53) zu lenken, um davon ausgehend die subjektiven Standpunkte der am Erziehungsgeschehen Beteiligten intersubjektiv zu wenden. Diese relationale Betrachtungsweise ermöglicht es „zu verstehen, wie diese Wirklichkeiten sich den jeweiligen *doxai*, den Meinungen [der einzelnen Menschen; Anm. TL] eröffnen“, wodurch wiederum „die Gemeinsamkeit der Welt erkennbar“ (ebd.) wird. Werden diese theoretischen Voraussetzungen reflektiert, kann *antizipiert* werden, dass sich Menschen mit ihren unterschiedlichen „Alltagsbezügen, Hintergrundannahmen und Überzeugungen“ (Benhabib 2011, S. 206) in ihren Perspektiven annähern. In einem solchen Austausch kann „weltliche Wirklichkeit eigentlich und zuverlässig in Erscheinung treten“ (Arendt 2016, S. 72).

Ethische Implikationen für die pädagogische Praxis

Ebenso wie Arendt in ihren Analysen des Handelns „von den Erfahrungen und den Sorgen der gegenwärtigen Situation" (ebd., S. 13) ausgeht, gehen die pädagogischen Ableitungen des Zwischen von einer Komplexität in aktuellen Kontexten von Erziehung und Bildung aus. Mit dem im Anschluss an Elias entwickelten *Denken in Relationen* (siehe Kap. 3.1) können diese komplexen Zusammenhänge pädagogischer Praxis als Prozesse in den Blick genommen werden, in denen versucht wird, „eine bestimmte faktische Situation zu überwinden, um über sie hinauszugelangen" (Flores d'Arcais 1982, S. 128). Diese Überwindung wird hier als eine transformative Praxis auf Ebene der Beziehungsweisen gefasst, womit sich eine mögliche Antwort auf die Frage ergibt, ob pädagogische Praxis von reziproken Beziehungsmomenten *durchwachsen* und *überwuchert* werden kann. Dafür werden die historisch-systematischen Annäherungen an das Zwischen, die in eine relational-anthropologische Betrachtungsweise überführt wurden, an ein ethisches Ideal rückgebunden, das mit Schleiermacher theoretisch grundgelegt wurde (siehe Kap. 2.1: Ausführungen zum *höchsten Gut*). Diese abschließenden Überlegungen münden in ethische Implikationen für eine relational verstandene pädagogische Praxis. Gedacht wird diese dabei als Ermöglichungspraxis, die niemals auf „Stockung oder Stillstand" (ebd., S. 127) reduziert werden kann, sondern „unbestreitbar ein Sich-bewegen gemäß einem Dynamismus" (ebd.) erfordert.

Fasst man Pädagogik als eine praktische Wissenschaft dementsprechend dialektisch-relational, braucht es „Begriffe wie Prozeß, Entwicklung, Fortschreitung, Besserung, und zwar im Hinblick auf ein *Sollen*, das zugleich auch ein *Können* und ein *Wollen* ist" (ebd.; Herv. i. Orig.). Die Beziehungsweise des Zwischen, der mit Buber und Arendt nachgespürt wurde, eignet sich für eine erste Ausrichtung dieses *Sollens*, bedarf jedoch einer Übersetzung in eine (pädagogische) Praxis, die weder bei Buber (vgl. Theunissens Ruf nach einer *Theorie existenzieller Praxis*, die er nicht konkretisiert) noch bei Arendt (Benhabib 2011, S. 300)[135] zu finden ist. Vor dem Hintergrund der dialektischen Grundlegung wird eine solche Übersetzung von Theorie in praktische Schlussfolgerungen hier gewissermaßen als Freilegung der ethischen Implikationen einer relationalen Anthropologie realisiert. Angeknüpft werden kann dabei an die mit Theunissen aufgerufene *Theorie der existenziellen Praxis*, die ebenfalls eine relationale Struktur aufweist, denn das existenzphilosophische Zwischen ist mit den gesellschaftli-

135 „Der Schritt, der von den konstituierenden Bestandteilen einer philosophischen Anthropologie (Natalität, Weltlichkeit, Pluralität und den Formen menschlicher Tätigkeit) zu dieser Einstellung des Respekts vor den anderen führt, fehlt in Arendts Denken." (Benhabib 2011, S. 306) Arendts Werk fehle zudem eine „Rechtfertigung der normativen Dimension" (ebd., S. 303) politischen Handelns. Sie lasse „ihren Begriff des öffentlichen Raums ohne institutionelle Verankerung frei dahintreiben" (ebd., S. 309), was auf die fehlende „Frage nach sozialer und politischer Gerechtigkeit" (ebd., S. 303) zurückgeführt werden könne.

chen Verhältnissen verflochten. Erst diese dialektische Vermittlung von subjekt- und gesellschaftstheoretischer Ebene macht es möglich, die Bedingungen der bestehenden Verhältnisse in Bezug auf pädagogisches Handeln auszuloten.

Eine vermittelnde Ebene ist dabei der *Zwischenraum der Welt*, in den auch pädagogische Beziehungen eingebunden sind. Dieser *Zwischenraum* ist geprägt von den herrschenden Strukturen einer Gesellschaft – weshalb die bestehenden Ungleichheiten und sozialen Deformationen auch im Zwischen nicht einfach verschwinden –, er wird aber gleichzeitig von handelnden und sprechenden Menschen reproduziert und transformiert. Diese Transformationen können zwar nicht durch eine programmatisch angeleitete Beziehungsgestaltung herbeigeführt werden, es gibt jedoch Beziehungsweisen – wie die in dieser Arbeit untersuchte Beziehungsweise des Zwischen – die eine *Enthierarchisierung* des *Bezugsgewebes* zur Folge haben können. Voraussetzung für dieses Veränderungspotential ist die anthropologische Unbestimmbarkeit von Menschen, die in Relation zu ihren anthropologischen Bedingungen steht (Zirfas 2021, S. 176). Die Bestimmung der Bedingungen dieser Beziehungsweise durch die historisch-systematischen (Re-)Konstruktionen des Zwischen kann dabei als theoretische Intervention betrachtet werden, bei der es gerade nicht darum ging, pädagogische Praxis instrumentell verfügbar zu machen, sondern darum, die *antizipatorische Struktur* dieser Praxis sichtbar zu machen, die wiederum aus der Analyse der Bedingungen des Zwischen gewonnen wurde (siehe Kap. 4).

Aus dieser *praktischen* Perspektive ist eine Transformation des Bezugsgewebes nur möglich, wenn (pädagogisch) denkende und handelnde Menschen selbst die komplexen Verflechtungen begreifen lernen und bereit sind, die damit einhergehenden theoretischen Anstrengungen auf sich zu nehmen. Insofern pädagogisch Denkende und Handelnde also die Strukturen jener Räume reflektieren, in denen sie tätig sind, können sie die Möglichkeit eines reziproken menschlichen Miteinanders als wünschenswertes Ideal etablieren bzw. aufrechterhalten.

In diesem Sinne stellt das Zwischen ein *temporäres künstliches Objekt* (Adamczak 2014a, S. 97) dar, das sowohl Ideal, als auch möglicher Weg in solche Räume ist. Durch die Bewahrung und Stärkung einer reziproken Beziehungsweise, so lässt sich mit Adamczak argumentieren, kann ein Transformationsprozess des menschlichen Miteinanders vorangetrieben werden. Diese These lässt sich auch mit der in Arendts Essay über „Die Krise in der Erziehung" anklingenden *Konservierung* verbinden. Diese ist zwar auf die Bewahrung des Kindes vor der Welt und der Welt vor dem Kind ausgerichtet, lenkt man den Blick jedoch nun auf den Bereich *zwischen* Kindern und Welt – wie eine relationale Betrachtungsweise nahelegt –, tritt der *Zwischenraum* in den Fokus, in dem Momente wechselseitiger Anerkennung entstehen können. Dann kann *das Konservative im Sinne des Konservierenden* auf die reziproke Qualität dieser Momente bezogen werden (siehe Kap. 3: Adamczak).

Das Zwischen kann also den Transformationsprozess dieser Praxis der *Enthierarchisierung* anstoßen. Sichtbar wird das transformative Potential dieser Betrachtungsweise anhand der theoretischen und praktischen Verschränkung von reziproken Momenten im *Netz der Beziehungen*. In der Aushandlung des Miteinanders können die unterschiedlichen Perspektiven wechselseitig kennengelernt werden und es realisiert sich das, was als *Angleichung* beschrieben wurde: ein gerichtetes, aber in seinem Ausgang unbestimmtes Miteinander, in dem „Interrelationalität" (Conradi 2001, insb. S. 175) von Beginn an berücksichtigt wird.

Insofern die an-erkennende Beziehungspraxis des Zwischen als regulatives Ideal herangezogen wird, können die entstehenden Konstellationen in ihrer Beweglichkeit bewusst gemacht und durch eine *einzige Geste radikal geändert* werden (Arendt 2016, S. 237–238). Richtet sich eine solche Geste am Ideal des Zwischen aus, kann dieses der Veränderung die Richtung zur Überwindung von Verdinglichungen weisen. Die Resultate können zwar nicht zuverlässig auf bestimmte Taten oder Worte zurückgeführt, aber dennoch als Konsequenzen zwischenmenschlichen Geschehens analysiert werden. In der Figur des Zwischen vermittelt diese *synaptische Konstruktion* pädagogische Praxis mit der gesellschaftlichen Gesamtpraxis. Das regulative Ideal von Erziehung und Bildung kann demnach als *Ensemble von reziproken Beziehungserfahrungen* gefasst werden, das auch den damit verflochtenen gesellschaftlichen Transformationsprozessen die Richtung weisen kann. So gesehen bestünde *revolutionäre Praxis* im „Knüpfen genau dieser Beziehungen" (Adamczak 2017, S. 266), was bedeutete, utopische Verhältnisse weder „mit reaktionären Mitteln" (ebd., S. 265–266) zu erkämpfen, noch den Versuch zu unternehmen, „die Offenheit des Kampfes zu hypostasieren und jede Diskussion über dessen erwünschten Ausgang zu tabuisieren" (ebd., S. 265). Die theoretischen Erkundungen von Momenten des Zwischen liefern somit eine relationale Antwort auf die Fragen: „Wie wollen wir leben, wer wollen wir werden, durch welche Beziehungen wollen wir existieren?" (ebd., S. 221) Anders ausgedrückt, wird die Reproduktion des Bestehenden auf ihrem aktuellen Stand der Einigung von Vernunft und Natur (siehe Kap. 2.1) in Richtung einer ethischen Gesamtpraxis ausgerichtet, die sich am Zwischen orientiert, dann schafft dieses *höchste Gut* ein Bild für die Richtung einer unbestimmten, aber dennoch an einem Ziel ausgerichteten pädagogischen Praxis.

Literatur

Adamczak, Bini (2014a): Epilog zur Konstruktion eines kommunistischen Begehrens. 2004–2014. In: Bini Adamczak: Kommunismus. kleine geschichte, wie es endlich anders wird. 4. Aufl. Münster: Unrast, S. 75–102.

Adamczak, Bini (2014b): Kommunismus. kleine geschichte, wie es endlich anders wird. 4. Aufl. Münster: Unrast.

Adamczak, Bini (2017): Beziehungsweise Revolution. 1917, 1968 und kommende. 3. Aufl. Berlin: Suhrkamp.

Adler, Max (1972): Neue Menschen. Gedanken über sozialistische Erziehung. Wien: Jungbrunnen.

Adorno, Theodor W. (1951): Minima Moralia. Reflexionen aus dem beschädigten Leben. Frankfurt/Main: Suhrkamp.

Adorno, Theodor W. (1969a): Erziehung nach Ausschwitz. In: Theodor W. Adorno: Stichworte. Kritische Modelle 2. Frankfurt/Main: Suhrkamp, S. 85–101.

Adorno, Theodor W. (1969b): Marginalien zu Theorie und Praxis. In: Theodor W. Adorno: Stichworte. Kritische Modelle 2. Frankfurt/Main: Suhrkamp, S. 169–191.

Adorno, Theodor W. (1971): Individuum und Organisation. In: Theodor W. Adorno: Kritik. Kleine Schriften zur Gesellschaft. Frankfurt/Main: Suhrkamp, S. 67–86.

Adorno, Theodor W. (2003): Reflexionen zur Klassentheorie. In: Theodor W. Adorno: Soziologische Schriften 1. Frankfurt/Main: Suhrkamp, S. 373–391.

Adorno, Theodor W. (2018): Negative Dialektik. Jargon der Eigentlichkeit. Frankfurt/Main: Suhrkamp.

Anders, Günther (1984): Mensch ohne Welt. Schriften zur Kunst und Literatur. München: C. H. Beck.

Andresen, Sabine (2001): Dorle Klika: Herman Nohl. Sein Pädagogischer Bezug in Theorie, Biographie und Handlungspraxis. Köln: Böhlau 2000. In: Zeitschrift für Pädagogik 47 (2), S. 288–291.

Arendt, Hannah (1958a): Die Krise in der Erziehung. Bremen: Angelsachsen-Verlag.

Arendt, Hannah (1958b): The Human Condition. Chicago: The University of Chicago Press.

Arendt, Hannah (1985): Das Urteilen. Texte zu Kants Politischer Philosophie. Hg. v. Ursula Ludz. München: Piper.

Arendt, Hannah (1989a): Vom Leben des Geistes 1. Das Denken. 2. Aufl. München: Piper.

Arendt, Hannah (1989b): Vom Leben des Geistes 2. Das Wollen. 2. Aufl. München: Piper.

Arendt, Hannah (2000): Zwischen Vergangenheit und Zukunft. Übungen im politischen Denken I. 2. Aufl. Hg. v. Ursula Ludz. München: Piper.

Arendt, Hannah (2006): Ich will verstehen. Selbstauskünfte zu Leben und Werk. 2. Aufl. Hg. v. Ursula Ludz. München: Piper.

Arendt, Hannah (2016): Vita activa. oder Vom tätigen Leben. 18. Aufl. München: Piper.

Arendt, Hannah (2017a): Der Mensch, ein gesellschaftliches oder ein politisches Lebewesen. In: Hannah Arendt: Mensch und Politik. Mit einem Nachwort von Thomas Mayer. Stuttgart: Reclam, S. 7–47.

Arendt, Hannah (2017b): Menschen in finsteren Zeiten. 4. Aufl. München: Piper.

Arendt, Hannah (2019a): Denken ohne Geländer. Texte und Briefe. 10. Aufl. Hg. v. Heidi Bohnet und Klaus Stadler. München: Piper.

Arendt, Hannah (2019b): Sokrates. Apologie der Pluralität. Unter Mitarbeit von Matthias Bormuth und Jerome Kohn. 4. Aufl. Berlin: Matthes & Seitz.

Arendt, Hannah (2019c): Über die Revolution. 7. Aufl. München: Piper.

Arendt, Hannah (2019d): Wie ich einmal ohne Dich leben soll, mag ich mir nicht vorstellen. Briefwechsel mit den Freundinnen Charlotte Beradt, Rose Feitelson, Hilde Fränkel, Anne Weil und Helen Wolff. Hg. v. Ursula Ludz und Ingeborg Nordmann. München: Piper.

Audehm, Kathrin (2017): Macht. Einführung. In: Anja Kraus, Jürgen Budde, Maud Hietzge und Christoph Wulf (Hg.): Handbuch Schweigendes Wissen. Erziehung, Bildung, Sozialisation und Lernen. Weinheim: Beltz Juventa, S. 627–684.

Bachmann, Ingeborg (1978): Der Fall Franza. Unvollendeter Roman. In: Ingeborg Bachmann: Werke. München: Piper, S. 339–482.

Barad, Karen (2013): Diffraktionen: Differenzen, Kontingenzen und Verschränkungen von Gewicht. In: Corinna Bath, Hanna Meißner, Stephan Trinkaus und Susanne Völker (Hg.): Geschlechter Interferenzen. Wissensformen – Subjektivierungsweisen – Materialisierungen. Münster: Lit, S. 27–67.

Beljan, Jens / Ehrhardt, Christiane / Meier, Dorothea / Virmond, Wolfgang / Winker, Michael (Hg.) (2017): Vorlesungen über die Pädagogik und amtliche Voten zum Öffentlichen Unterricht. Kritische Gesamtausgabe. Abteilung II. Band 12. Berlin: De Gruyter.

Bellmann, Johannes; Ehrenspeck, Yvonne (2006): Historisch/systematisch – Anmerkungen zur Methodendiskussion in der pädagogischen Historiographie. In: Zeitschrift für Pädagogik 52 (2), S. 245–264.

Benhabib, Seyla (2011): Hannah Arendt. Die melancholische Denkerin der Moderne. Unter Mitarbeit von Karin Wördemann und Otto Kallscheuer. Berlin: Suhrkamp.

Benjamin, Walter (1991a): Über den Begriff der Geschichte. In: Walter Benjamin: Abhandlungen. Gesammelte Schriften. Band I.2. Hg. v. Rolf Tiedemann und Hermann Schweppenhäuser. Unter Mitarbeit von Theodor W. Adorno und Gershom Scholem. Frankfurt / Main: Suhrkamp, S. 692–704.

Benjamin, Walter (1991b): Über den Begriff der Geschichte. Anmerkungen zu Seite 691–704. In: Walter Benjamin: Abhandlungen. Gesammelte Schriften. Band I.3. 9. Aufl. Hg. v. Rolf Tiedemann und Hermann Schweppenhäuser. Unter Mitarbeit von Theodor W. Adorno und Gershom Scholem. Frankfurt / Main: Suhrkamp, S. 1223–1266.

Benner, Dietrich / Oelkers, Jürgen (Hg.) (2010): Historisches Wörterbuch der Pädagogik. Weinheim: Beltz.

Bernhard, Armin (2017): Die menschliche Sozialnatur im Ensemble der gesellschaftlichen Verhältnisse. Zum Zusammenhang von Sozialität und Emanzipation in Prozessen der Subjektwerdung. In: Jochen Krautz (Hg.): Beziehungsweisen und Bezogenheiten. Relationalität in Pädagogik, Kunst und Kunstpädagogik. München: kopaed, S. 155–168.

Bertram, Georg W. (2020): Was ist der Mensch? Warum wir nach uns fragen. Ditzingen: Reclam.

Bieri, Peter (2019): Wie wollen wir leben? 9. Aufl. München: dtv.

Böhm, Winfried (2011): Theorie und Praxis. Eine Einführung in das pädagogische Grundproblem. 3. Aufl. Würzburg: Königshausen & Neumann.

Böhm, Winfried / Schiefelbein, Ernesto / Seichter, Sabine (2019): Projekt Erziehung. Eine Einführung in pädagogische Grundprobleme. 6. Aufl. Paderborn: Ferdinand Schöningh.

Böhm, Winfried / Seichter, Sabine (2018): Wörterbuch der Pädagogik. 17. Aufl. Paderborn: Ferdinand Schöningh / UTB.

Bohnet, Heidi / Stadler, Klaus (2019): Vorbemerkung der Herausgeber. In: Hannah Arendt: Denken ohne Geländer. Texte und Briefe. 10. Aufl. Hg. v. Heidi Bohnet und Klaus Stadler. München: Piper, S. 9–10.

Bollnow, Otto Friedrich (2001): Die pädagogische Atmosphäre. Untersuchungen über die gefühlsmäßigen zwischenmenschlichen Voraussetzungen der Erziehung. Essen: Die Blaue Eule.

Bourel, Dominique (2017): Martin Buber. Was es heißt, ein Mensch zu sein. Biografie. Gütersloh: Gütersloher Verlagshaus.

Brachmann, Jens (2002): Friedrich Schleiermacher. Ein pädagogisches Portrait. Weinheim: Beltz.

Brumlik, Micha (1999): Das Selbst und seine Erfahrung. Die verborgende Ethik in Klaus Mollenhauers Hermeneutik. In: Cornelie Dietrich und Hans-Rüdiger Müller (Hg.): Bildung und Emanzipation. Klaus Mollenhauer weiterdenken. Weinheim: Juventa, S. 155–161.

Brumlik, Micha (2006): „Kultur“ ist das Thema. Pädagogik als kritische Kulturwissenschaft. In: Zeitschrift für Pädagogik 52 (1), S. 60–68.

Buber, Martin (1947): Vorwort. In: Martin Buber: Dialogisches Leben. Gesammelte Philosophische und pädagogische Schriften. Zürich: Georg Müller.

Buber, Martin (1962a): Das Problem des Menschen. In: Martin Buber: Werke. Band 1. Schriften zur Philosophie. München: Kösel, S. 307–407.

Buber, Martin (1962b): Elemente des Zwischenmenschlichen. In: Martin Buber: Werke. Band 1. Schriften zur Philosophie. München: Kösel, S. 267–305.

Buber, Martin (1962c): Ich und Du. In: Martin Buber: Werke. Band 1. Schriften zur Philosophie. München: Kösel, S. 77–170.

Buber, Martin (1962d): Reden über Erziehung. In: Martin Buber: Werke. Band 1. Schriften zur Philosophie. München: Kösel, S. 782–832.

Buber, Martin (1962e): Zur Geschichte des dialogischen Prinzips. In: Martin Buber: Werke. Band 1. Schriften zur Philosophie. München: Kösel, S. 291–305.

Buber, Martin (1986): Das dialogische Prinzip. 14. Aufl. Gütersloh: Gütersloher Verlagshaus.

Buber, Martin (2005): Martin Buber Werkausgabe. Band 8. Schriften zu Jugend, Erziehung und Bildung. Hg. v. Juliane Jacobi. Gütersloh: Gütersloher Verlagshaus.

Bucholc, Marta / Witte, Daniel (2018): Transformationen eines Klassikers: Norbert Elias zwischen Kanonpflege und Kanonverschiebung. In: Soziologische Revue 41 (3), S. 384–399.

Burchardt, Matthias (2008): Relationale Anthropologie. In: Gerhard Mertens, Ursula Frost, Winfried Böhm und Volker Ladenthin (Hg.): Handbuch der Erziehungswissenschaft Band I. Grundlagen. Allgemeine Erziehungswissenschaft. Paderborn: Schöningh, S. 517–537.

Burghardt, Daniel (2020): Marxismus. In: Gabriele Weiß und Jörg Zirfas (Hg.): Handbuch Bildungs- und Erziehungsphilosophie. Wiesbaden: Springer Fachmedien, S. 431–442.

Burghardt, Daniel (2021): Theorien revolutionärer Praxis. Bildungsphilosophische Überlegungen zu den Revolutionsbewegungen von 1917 und 1968. In: Christiane Thompson, Malte Brinkmann und Markus Rieger-Ladich (Hg.): Praktiken und Formen der Theorie. Perspektiven der Bildungsphilosophie. Weinheim: Beltz, S. 73–90.

Cameron, Heather / Kourabas, Veronika (2013): Vielheit denken lernen. Plädoyer für eine machtkritischere erziehungswissenschaftliche Auseinandersetzung. In: Zeitschrift für Pädagogik 59 (2), S. 258–274.

Clemens, Iris (2021): Wissen und der homo connectus: Überlegungen zu einem Grundbegriff der Erziehungswissenschaft aus einer relationalen Perspektive. In: Malte Ebner von Eschenbach und Ortfried Schäffter (Hg.): Denken in wechselseitiger Beziehung. Das Spectaculum relationaler Ansätze in der Erziehungswissenschaft. Weilerswist: Velbrück Wissenschaft, S. 50–70.

Conradi, Elisabeth (2001): Take care. Grundlagen einer Ethik der Achtsamkeit. Frankfurt / Main: Campus.

Conradi, Elisabeth / Vosman, Frans (Hg.) (2016): Praxis der Achtsamkeit. Schlüsselbegriffe der Care-Ethik. Frankfurt / Main: Campus.

Dahmer, Ilse (1968): Theorie und Praxis. In: Ilse Dahmer und Wolfgang Klafki (Hg.): Geisteswissenschafltiche Pädagogik am Ausgang ihrer Epoche – Erich Weniger. Weinheim: Beltz, S. 35–80.

Dahmer, Ilse / Klafki, Wolfgang (Hg.) (1968): Geisteswissenschaftliche Pädagogik am Ausgang ihrer Epoche – Erich Weniger. Weinheim: Beltz.

Dederich, Markus / Zirfas, Jörg (2021): Nichtwissen, Unsicherheit und professionelles Handeln. In: Christiane Thompson, Jörg Zirfas, Wolfgang Meseth und Thorsten Fuchs (Hg.): Erziehungswirklichkeiten in Zeiten von Angst und Verunsicherung. Weinheim: Beltz, S. 63–81.

Deleuze, Gilles / Guattari, Félix (1977): Rhizom. Berlin: Merve.

Dietrich, Cornelie/Müller, Hans-Rüdiger (Hg.) (1999): Bildung und Emanzipation. Klaus Mollenhauer weiterdenken. Weinheim: Juventa.
Dilthey, Wilhelm (1960): Gesammelte Schriften. Pädagogik. Geschichte und Grundlinien des Systems. Band IC. 2. Aufl. Hg. v. Karlfried Gründer. Göttingen: Vandenhoeck & Ruprecht.
Dilthey, Wilhelm (1966): Leben Schleiermachers. Zweiter Band: Schleiermachers System als Philosophie und Theologie. Erster Halbband. Schleiermachers System als Philosophie. Hg. v. Martin Redeker. Berlin: Walter de Gruyter.
Dilthey, Wilhelm (1990): Der Aufbau der geschichtlichen Welt in den Geisteswissenschaften. Unter Mitarbeit von Einleitung von Manfred Riedel. 3. Aufl. Frankfurt/Main: Suhrkamp.
Dingler, Catrin (2016): Relationale Subjektivität. Zur Theoriegeschichte der Care-Ethik. In: Elisabeth Conradi und Frans Vosman (Hg.): Praxis der Achtsamkeit. Schlüsselbegriffe der Care-Ethik. Frankfurt/Main: Campus, S. 93–114.
Dunning, Eric/Hughes, Jason (2013): Norbert Elias and Modern Sociology. Knowledge, Interdependence, Power, Process. London: Bloomsbury.
Ebner von Eschenbach, Malte (2019): Relational reframe. Einsatz einer relationalen Perspektive auf Migration in der Erwachsenenbildungsforschung. Weilerswist: Velbrück Wissenschaft.
Ebner von Eschenbach, Malte/Schäffter, Ortfried (Hg.) (2021): Denken in wechselseitiger Beziehung. Das Spectaculum relationaler Ansätze in der Erziehungswissenschaft. Weilerswist: Velbrück Wissenschaft.
Eilenberger, Wolfram (2020): Feuer der Freiheit. Die Rettung der Philosophie in finsteren Zeiten: 1933–1943. Stuttgart: Klett-Cotta.
Elbe, Ingo (2015): „das Böse, das von Niemanden begangen wurde". Hannah Arendts Konzept der „Herrschaft des Niemand". In: Ingo Elbe: Paradigmen anonymer Herrschaft. Politische Philosophie von Hobbes bis Arendt. Würzburg: Königshausen & Neumann, S. 446–494.
Elbe, Ingo (Hg.) (2020): Gestalten der Gegenaufklärung. Untersuchungen zu Konservatismus, politischem Existentialismus und Postmoderne. Würzburg: Königshausen & Neumann.
Elbe, Ingo (2022): Hannah Arendts Bild des Holocaust und seine postkolonialen Erben. Erinnern als höchste Form des Vergessens? Der Holocaust im Diskurs des 21. Jahrhunderts. Arbeitskreis Erinnerung der Großregion, AStA Oldenburg, Initiative Interdisziplinäre Antisemitismusforschung Trier, Referat für Antirassismus und Antifaschismus Trier, Rosa Salon, AStA Trier, Bündnis gegen Antisemitismus Köln u. a. Vortrag am 24.05.2022. Online verfügbar unter https://www.youtube.com/watch?v=Y7ykfp54GQg, zuletzt geprüft am 06.07.2022.
Elbe, Ingo/Ellmers, Sven (2020): Das öffentliche Leben. Zu Hannah Arendts konservativer Theorie wirtschaftlichen Wachstums. In: Ingo Elbe (Hg.): Gestalten der Gegenaufklärung. Untersuchungen zu Konservatismus, politischem Existentialismus und Postmoderne. Würzburg: Königshausen & Neumann, S. 88–111.
Elias, Norbert (1970): Was ist Soziologie? München: Juventa.
Elias, Norbert (1977): Zur Grundlegung einer Theorie sozialer Prozesse. In: Zeitschrift für Soziologie 6 (2), S. 127–149.
Elias, Norbert (1987a): Probleme des Selbstbewußtseins und des Menschenbildes. In: Norbert Elias: Die Gesellschaft der Individuen. Hg. v. Michael Schröter. Frankfurt/Main: Suhrkamp, S. 99–206.
Elias, Norbert (1987b): Wandlungen der Wir-Ich-Balance. In: Norbert Elias: Die Gesellschaft der Individuen. Hg. v. Michael Schröter. Frankfurt/Main: Suhrkamp, S. 207–315.
Elias, Norbert (1997): Über den Prozeß der Zivilisation. Soziogenetische und psychogenetische Untersuchungen. Erster Band: Wandlungen des Verhaltens in den weltlichen Oberschichten des Abendlandes. Frankfurt/Main: Suhrkamp.
Emirbayer, Mustafa (2017): Manifest für eine relationale Soziologie. In: Heiko Löwenstein und Mustafa Emirbayer (Hg.): Netzwerke, Kultur und Agency. Problemlösungen in relationaler Methodologie und Sozialtheorie. Weinheim: Beltz, S. 30–73.

Fageth, Barbara (2021): Pädagogischer Takt in der Elementarpädagogik. Problemgeschichtliche Rekonstruktion und empirische Konkretisierung. Weinheim: Beltz Juventa.

Flitner, Wilhelm (1989): Das Selbstverständnis der Erziehungswissenschaft in der Gegenwart. 3. Aufl. Heidelberg: Quelle und Meyer.

Flores d'Arcais, Giuseppe (1982): Menschenbild und Menschenbildung. Aspekte einer Philosophie der Erziehung. In: Wilhelm Brinkmann (Hg.): Die Pädagogik und ihre Bereiche. Albert Reble zum 70. Geburtstag. Paderborn: Schöningh, S. 121–131.

Flores d'Arcais, Giuseppe (2017): Die Erziehung der Person. Hg. v. Sabine Seichter. Paderborn: Ferdinand Schöningh.

Frank, Manfred (1993): Einleitung. In: Friedrich Schleiermacher: Hermeneutik und Kritik. Mit einem Anhang sprachphilosophischer Texte Schleiermachers. 5. Aufl. Hg. v. Manfred Frank. Frankfurt/Main: Suhrkamp, S. 7–67.

Freire, Paulo (1973): Pädagogik der Unterdrückten. Bildung als Praxis der Freiheit. Reinbek/Hamburg: Rowohlt.

Fröhlich, Gerhard (2014): Norbert Elias. In: Gerhard Fröhlich und Boike Rehbein (Hg.): Bourdieu-Handbuch. Leben – Werk – Wirkung. Stuttgart: J. B. Metzler, S. 36–43.

Frost, Ursula (1993): Die Wahrheit des Strebens. Grundlagen und Voraussetzungen der Pädagogik Friedrich Schleiermachers. In: Vierteljahrsschrift für wissenschaftliche Pädagogik 69 (4), S. 466–489.

Früchtel, Frank/Straßner, Mischa/Schwarzloos, Christian (Hg.) (2016): Relationale Sozialarbeit. Versammelnde, vernetzende und kooperative Hilfeformen. Weinheim: Beltz.

Fuchs, Birgitta (2019): Geschichte des pädagogischen Denkens. Opladen: Barbara Budrich.

Grabau, Christian/Rieger-Ladich, Markus (2020): Macht. In: Gabriele Weiß und Jörg Zirfas (Hg.): Handbuch Bildungs- und Erziehungsphilosophie. Wiesbaden: Springer Fachmedien, S. 491–502.

Handwerker, Martin (2007): Heilpädagogik und Bioethik im Lichte der Person. Würzburg: Ergon.

Hartmann, Anna (2022): Entsorgung der Sorge. Geschlechterhierarchie im Spätkapitalismus. 2. Aufl. Münster: Westfälisches Dampfboot.

Herrmann, Ulrich (2019): Einführung. In: Ulrich Herrmann (Hg.): Pädagogische Beziehungen. Grundlagen – Praxisformen – Wirkungen. Weinheim: Beltz Juventa, S. 9–19.

Heurer, Wolfgang/Heiter, Bernd/Rosenmüller, Stefanie (Hg.) (2011): Arendt-Handbuch. Leben – Werk – Wirkung. Stuttgart: J. B. Metzler.

Jacobi, Juliane (2005): Einleitung. In: Martin Buber: Martin Buber Werkausgabe. Band 8. Schriften zu Jugend, Erziehung und Bildung. Hg. v. Juliane Jacobi. Gütersloh: Gütersloher Verlagshaus, S. 11–76.

Jaeggi, Rahel (1997): Welt und Person. Zum anthropologischen Hintergrund der Gesellschaftskritik Hannah Arendts. Berlin: Lukas.

Jaeggi, Rahel (2019): Entfremdung. Zur Aktualität eines sozialphilosophischen Problems. Mit einem neuen Nachwort. 2. Aufl. Berlin: Suhrkamp.

Jenny, Maria Amancay/Lechner, Theresa (2024): Die Beziehungsdimension in Sorgeverhältnissen. Erkundungen einer Pädagogik wider die Grausamkeit. In: Jahrbuch erziehungswissenschaftliche Geschlechterforschung 20: Pädagogik als Sorge. Hrsg. von Anna Hartmann und Jeannette Windheuser. [im Erscheinen]

Klafki, Wolfgang (1963): Das pädagogische Problem des Elementaren und die Theorie der kategorialen Bildung. 2. Aufl. Weinheim: Beltz.

Klepacki, Leopold (2010): Klaus Mollenhauer: Schwierigkeiten mit Identität. Über Pädagogik als Umgang mit dem Möglichen. In: Benjamin Jörissen und Jörg Zirfas (Hg.): Schlüsselwerke der Identitätsforschung. Wiesbaden: VS Verlag für Sozialwissenschaften, S. 259–274.

Klika, Dorle (2000): Herman Nohl. Sein Pädagogischer Bezug in Theorie, Biographie und Handlungspraxis. Köln: Böhlau.

Koloma Beck, Teresa (2018): Mehr als der Mythos vom Zivilisationsprozess. Warum es sich lohnt, Norbert Elias' bekanntestes Werk neu zu lesen. In: Zeithistorische Forschungen/Studies in Contemporary History 15 (2), S. 383–390.

Kraus, Anja/Budde, Jürgen/Hietzge, Maud/Wulf, Christoph (2017a): ‚Schweigendes' Wissen in Lernen und Erziehung, Bildung und Sozialisation. In: Anja Kraus, Jürgen Budde, Maud Hietzge und Christoph Wulf (Hg.): Handbuch Schweigendes Wissen. Erziehung, Bildung, Sozialisation und Lernen. Weinheim: Beltz Juventa, S. 11–17.

Kraus, Anja/Budde, Jürgen/Hietzge, Maud/Wulf, Christoph (Hg.) (2017b): Handbuch Schweigendes Wissen. Erziehung, Bildung, Sozialisation und Lernen. Weinheim: Beltz Juventa.

Krautz, Jochen (Hg.) (2017): Beziehungsweisen und Bezogenheiten. Relationalität in Pädagogik, Kunst und Kunstpädagogik. München: kopaed.

Kron, Friedrich W. (1971): Theorie des erzieherischen Verhältnisses. Bad Heilbrunn: Klinkhardt.

Krüger, Heinz-Hermann (2019): Erziehungs- und Bildungswissenschaft als Wissenschaftsdisziplin. Opladen: Barbara Budrich.

Kubac, Richard (2007): Notwendige Illusionen. Solidarische Anmerkungen zu bildungswissenschaftlicher Kritik in der „condition postmoderne". Würzburg: Königshausen & Neumann.

Künkler, Tobias (2008): ‚Lernen im Zwischen'. Zum Zusammenhang von Lerntheorien, Subjektkonzeptionen und dem Vollzug des Lernens. In: Konstantin Mitgutsch, Elisabeth Sattler, Kristin Westphal und Ines Maria Breinbauer (Hg.): Dem Lernen auf der Spur. Die pädagogische Perspektive. Stuttgart: Klett-Cotta, S. 33–50.

Langewand, Alfred (2010): Theorie und Praxis. In: Dietrich Benner und Jürgen Oelkers (Hg.): Historisches Wörterbuch der Pädagogik. Weinheim: Beltz, S. 1016–1030.

Lechner, Theresa (2018): Dimensionen von Macht in den „Reden über Erziehung" von Martin Buber aus pädagogischer Sicht. Masterarbeit. Paris-Lodron-Universität, Salzburg. Fachbereich Erziehungswissenschaft. Online verfügbar unter https://eplus.uni-salzburg.at/urn:nbn:at:at-ubs:1-4457.

Lechner, Theresa (2022): Den Menschen relational denken. Versuch einer Standortbestimmung relationaler Anthropologie. In: Thomas Senkbeil, Oktay Bilgi, Dieter Mersch und Christoph Wulf (Hg.): Der Mensch als Faktizität. Pädagogisch-anthropologische Zugänge. Bielefeld: transcript, S. 85–98.

Lechner, Theresa/Stützle, Martha (2023): Kann es pädagogische „Beziehungen auf Augenhöhe" geben? Über das „Zwischen" in der Pädagogik. Online verfügbar unter https://www.youtube.com/watch?v=LvzHlP_mm30, zuletzt geprüft am 09.02.2023.

Lechner, Veronika/Lux, Katharina (2010): Leitartikel. Komm in Form. In: outside the box. Zeitschrift für feministische Gesellschaftskritik #2.

Lehmann-Rommel, Roswitha (2017): Schweigende Dimensionen von Macht in pädagogischen Beziehungen: Autorität und (Selbst-)Regulierung. In: Anja Kraus, Jürgen Budde, Maud Hietzge und Christoph Wulf (Hg.): Handbuch Schweigendes Wissen. Erziehung, Bildung, Sozialisation und Lernen. Weinheim: Beltz Juventa, S. 712–729.

Leisegang, Dieter (1969): Die drei Potenzen der Relation. Frankfurt/Main: Heiderhoff.

Lévinas, Emmanuel (1995): Zwischen uns. Versuche über das Denken an den Anderen. München: Hanser.

Liegle, Ludwig (2017): Beziehungspädagogik. Erziehung, Lehren und Lernen als Beziehungspraxis. Stuttgart: W. Kohlhammer.

Loch, Werner (1969): Zur Vorgeschichte des pädagogischen Begegnungsbegriffs. In: Werner Faber (Hg.): Pädagogische Kontroversen. Band 1. München: Ehrenwirth, S. 13–48.

Löwenstein, Heiko (2021): Ohne Selbst geht es nicht. Pragmatistische und phänomenologische Hinweise auf relationale Identitätsarbeit. In: Malte Ebner von Eschenbach und Ortfried Schäffter (Hg.): Denken in wechselseitiger Beziehung. Das Spectaculum relationaler Ansätze in der Erziehungswissenschaft. Weilerswist: Velbrück Wissenschaft, S. 31–49.

Löwenstein, Heiko/Emirbayer, Mustafa (Hg.) (2017): Netzwerke, Kultur und Agency. Problemlösungen in relationaler Methodologie und Sozialtheorie. Weinheim: Beltz.
Lück, Senta (2019): Das Zwischen im Dialog. Eine theoretische, empirische und praktische Annäherung anhand einer Untersuchung der frühen Mutter-Kind-Kommunikation. Wiesbaden: Springer.
Marchart, Oliver (2005): Neu beginnen. Hannah Arendt, die Revolution und die Globalisierung. Mit einem Vorwort von Linda Zerilli. Wien: Turia + Kant.
Marx, Karl (1978): Karl Marx Friedrich Engels. Werke. 42 Bände. Hg. v. Institut für Marxismus-Leninismus Beim ZK der SED. Berlin: Dietz. [MEW]
Masschelein, Jan (2000): Schöpfung und absoluter Anfang. Einige Bemerkungen über die christlich-theologische Erbschaft nach Hannah Arendt. In: Sönke Abeldt, Walter Bauer, Gesa Heinrichs, Thorsten Knauth, Martina Koch, Holger Tiedemann und Wolfram Weiße (Hg.): „...was es bedeutet, verletzbarer Mensch zu sein". Erziehungswissenschaft im Gespräch mit Theologie, Philosophie und Gesellschaftstheorie. Mainz: Matthias-Grünewald, S. 410–420.
Matthes, Eva (2011): Geisteswissenschaftliche Pädagogik. Ein Lehrbuch. Berlin: Walter de Gruyter.
Mau, Søren (2021): Stummer Zwang. Eine marxistische Analyse der ökonomischen Macht im Kapitalismus. Berlin: Karl Dietz.
Meißner, Kerstin (2019): Relational Becoming – mit Anderen werden. Zugehörigkeit als sozialer Prozess. Bielefeld: transcript.
Meißner, Kerstin (2021): Vom Mit-Werden zur Veränderung – Überlegungen zur bildungstheoretischen Bedeutung relationaler Transformation am Beispiel von Rassismuskritik. In: Malte Ebner von Eschenbach und Ortfried Schäffter (Hg.): Denken in wechselseitiger Beziehung. Das Spectaculum relationaler Ansätze in der Erziehungswissenschaft. Weilerswist: Velbrück Wissenschaft, S. 71–94.
Meyer-Drawe, Käte (2000): Illusionen von Autonomie. Diesseits von Ohnmacht und Allmacht des Ich. 2. Aufl. München: Kirchheim.
Meyer-Drawe, Käte (2001): Leiblichkeit und Sozialität. Phänomenologische Beiträge zu einer pädagogischen Theorie der Inter-Subjektivität. 3. Aufl. München: Fink.
Mitgutsch, Konstantin/Sattler, Elisabeth/Westphal, Kristin/Breinbauer, Ines Maria (2008): Einleitung. In: Konstantin Mitgutsch, Elisabeth Sattler, Kristin Westphal und Ines Maria Breinbauer (Hg.): Dem Lernen auf der Spur. Die pädagogische Perspektive. Stuttgart: Klett-Cotta, S. 11–20.
Möbuß, Susanne (2015): Existenzphilosophie. Freiburg/Breisgau: Alber.
Mollenhauer, Klaus (1968): Erziehungswirklichkeit. In: Ilse Dahmer und Wolfgang Klafki (Hg.): Geisteswissenschaftliche Pädagogik am Ausgang ihrer Epoche – Erich Weniger. Weinheim: Beltz, S. 291–298.
Mollenhauer, Klaus (1977): Erziehung und Emanzipation. Polemische Skizzen. 7. Aufl. München: Juventa.
Mollenhauer, Klaus (1984): Theorien zum Erziehungsprozeß. Zur Einführung in erziehungswissenschaftliche Fragestellungen. 4. Aufl. München: Juventa.
Mollenhauer, Klaus (1991): Vergessene Zusammenhänge. Über Kultur und Erziehung. 3. Aufl. München: Juventa.
Mollenhauer, Klaus (1997): Was ist Erziehung – und wann kommt sie an ihr Ende? In: Loccumer Pelikan (4), S. 155–160.
Mollenhauer, Klaus (2014): Umwege. Über Bildung, Kunst und Interaktion. Neuaufl. Ibbenbüren: Münstermann.
Mounier, Emmanuel (1936): Das personalistische Manifest. Zürich: Jean-Christophe-Verlag.
Mounier, Emmanuel (1949): Einführung in die Existenzphilosophie. Bad Salzig: Karl Rauch.
Münzel, Annika (2020): Zum Verhältnis von Pädagogik und Politik bei Schleiermacher. Baden-Baden: Nomos.
Nohl, Herman (1963): Die pädagogische Bewegung in Deutschland und ihre Theorie. 6. Aufl. Frankfurt/Main: G. Schulte-Bulmke.

Ortmeyer, Benjamin (2010): Mythos und Pathos statt Logos und Ethos. Zu den Publikationen führender Erziehungswissenschaftler in der NS-Zeit: Eduard Spranger, Herman Nohl, Erich Weniger und Peter Petersen. 2. Aufl. Weinheim: Beltz.

Pannenberg, Wolfhart (1979): Person und Subjekt. In: Odo Marquard und Karlheinz Stierle (Hg.): Identität. München: Wilhelm Fink, S. 407–422.

Pico della Mirandola, Giovanni (1990): Über die Würde des Menschen. Lateinisch-deutsch. Hamburg: Felix Meiner.

Prengel, Annedore (2019): Pädagogische Beziehungen zwischen Anerkennung, Verletzung und Ambivalenz. 2. Aufl. Opladen: Barbara Budrich.

Prengel, Annedore (2021): Relationentheorien und ihre Bedeutung für die Pädagogik. In: Malte Ebner von Eschenbach und Ortfried Schäffter (Hg.): Denken in wechselseitiger Beziehung. Das Spectaculum relationaler Ansätze in der Erziehungswissenschaft. Weilerswist: Velbrück Wissenschaft, S. 259–285.

Radtke, Frank-Olaf (2016): Konditionierte Strukturverbesserung. Erziehungswissenschaft flankiert von der Deutschen Forschungsgemeinschaft unter Anleitung der OECD verwirklicht von der Kultusministerkonferenz. In: Zeitschrift für Pädagogik 62 (5), S. 707–731.

Rebentisch, Juliane (2022): Der Streit um Pluralität. Auseinandersetzungen mit Hannah Arendt. Berlin: Suhrkamp.

Reichenbach, Roland (2007): Philosophie der Bildung und Erziehung. Eine Einführung. Stuttgart: Kohlhammer.

Reichenbach, Roland (2020): „Fragile Bildung"? Eher nicht ... In: Vierteljahrsschrift für wissenschaftliche Pädagogik 96 (1), S. 41–59.

Ricken, Norbert (2020): Was heißt ‚das Subjekt' denken? Bemerkungen zu einer Selbstbeschreibung (in) der Moderne. In: Frauke Heß, Lars Oberhaus und Christian Rolle (Hg.): Subjekte musikalischer Bildung im Wandel. Sitzungsbericht des Symposions „Subjekte musikalischer Bildung im Wandel" der WSMP vom 10. und 11. Mai 2019 an der Universität zu Köln (Wissenschaftliche Musikpädagogik), S. 18–36.

Rieger-Ladich, Markus (2014): Macht und Gewalt. In: Christoph Wulf und Jörg Zirfas (Hg.): Handbuch Pädagogische Anthropologie. Wiesbaden: Springer VS, S. 285–293.

Ritsert, Jürgen (2019): Methode. In: Richard Klein, Johann Kreuzer und Stefan Müller-Doohm (Hg.): Adorno-Handbuch. Leben – Werk – Wirkung. 2. Aufl. Berlin: J. B. Metzler, S. 283–291.

Roth, Heinrich (2007): Die realistische Wendung in der Pädagogischen Forschung. In: Die Deutsche Schule (9. Beiheft), S. 93–106.

Scherrer, Madeleine (2021): Fernbeziehungen. Diffraktionen zu Intimität in medialen Zwischenräumen. Bielefeld: transcript.

Scherrer, Madeleine (2022): Relationalität. In: Markus Rieger-Ladich, Milena Feldmann, Carlotta Voß und Kai Wortmann (Hg.): Schlüsselbegriffe der Allgemeinen Erziehungswissenschaft. Pädagogisches Vokabular in Bewegung. Weinheim: Beltz Juventa, S. 357–363.

Schleiermacher, Friedrich (1984): Versuch einer Theorie des geselligen Betragens (1799). In: Friedrich Schleiermacher: Schriften aus der Berliner Zeit. 1796 – 1799. Abteilung I. Schiften und Entwürfe 2. Hg. v. Günter Meckenstock. Berlin: De Gruyter, S. 163–184.

Schleiermacher, Friedrich (1993): Hermeneutik und Kritik. Mit einem Anhang sprachphilosophischer Texte Schleiermachers. 5. Aufl. Hg. v. Manfred Frank. Frankfurt/Main: Suhrkamp.

Schleiermacher, Friedrich (2017): Vorlesungen über die Pädagogik und amtliche Voten zum öffentlichen Unterricht. In: Jens Beljan, Christiane Ehrhardt, Dorothea Meier, Wolfgang Virmond und Michael Winker (Hg.): Vorlesungen über die Pädagogik und amtliche Voten zum Öffentlichen Unterricht. Kritische Gesamtausgabe. Abteilung II. Band 12. Berlin: De Gruyter, S. 1–859.

Schleiermacher, Friedrich (2018): Erziehungslehre. Sämmtliche Werke. Abteilung 3: Zur Philosophie. Band 9. Neuaufl. Hg. v. Carl Platz. Berlin: De Gruyter.

Schleiermacher, Friedrich Daniel Ernst (1981): Ethik (1812/13) mit späteren Fassungen der Einleitung, Güterlehre und Pflichtenlehre. Auf der Grundlage der Ausgabe von Otto Bauer. Hg. v. Hans-Joachim Birkner. Hamburg: Felix Meiner.
Schleiermacher, Friedrich Daniel Ernst (1983): Theorie der Erziehung. Die Vorlesungen aus dem Jahre 1826 (Nachschrift). In: Friedrich Daniel Ernst Schleiermacher: Ausgewählte pädagogische Schriften. 3. Aufl. Hg. v. Ernst Lichtenstein. Paderborn: Schöningh, S. 36–61.
Schleiermacher, Friedrich Daniel Ernst (1995): Über die Religion. Reden an die Gebildeten unter ihren Verächtern. In: Friedrich Daniel Ernst Schleiermacher: Über die Religion. Monologen. Hg. v. Günter Meckenstock. Berlin: De Gruyter, S. 1–322.
Schmied-Kowarzik, Wolfdietrich (2008): Das dialektische Verhältnis von Theorie und Praxis in der Pädagogik. Kassel: kassel university press.
Schmied-Kowarzik, Wolfdietrich (2018): Pädagogik als gesellschaftskritische Wissenschaft. In: Armin Bernhard, Lutz Rothermel und Manuel Rühle (Hg.): Handbuch Kritische Pädagogik. Eine Einführung in die Erziehungs- und Bildungswissenschaft. Weinheim: Beltz Juventa, S. 44–64.
Schnädelbach, Herbert (2000): „Sinn" in der Geschichte? Über Grenzen des Historismus. In: Deutsche Zeitschrift für Philosophie 48 (1), S. 51–66.
Schües, Christina (2016): Ethik und Fürsorge als Beziehungspraxis. In: Elisabeth Conradi und Frans Vosman (Hg.): Praxis der Achtsamkeit. Schlüsselbegriffe der Care-Ethik. Frankfurt/Main: Campus, S. 251–272.
Seichter, Sabine (2012): „Person" als Grundbegriff der Erziehungswissenschaft. Zwischen Boethius und Luhmann. In: Vierteljahrsschrift für wissenschaftliche Pädagogik 88 (2), S. 309–318.
Seichter, Sabine (2014): Pädagogische Beziehungsformen. In: Christoph Wulf und Jörg Zirfas (Hg.): Handbuch Pädagogische Anthropologie. Wiesbaden: Springer VS, S. 227–236.
Seichter, Sabine (2016): ‚Person' als integrative Ordnungskategorie von philosophischer Bildungstheorie und empirischer Bildungsforschung. Ein systematischer Versuch. In: Vierteljahrsschrift für wissenschaftliche Pädagogik 92 (3), S. 408–417.
Singer, Peter (2013): Praktische Ethik. 3. Aufl. Stuttgart: Reclam.
Sonnemann, Ulrich (1969): Negative Anthropologie. Vorstudien zur Sabotage des Schicksals. Reinbek/Hamburg: Rowohlt.
Steffel, Matthias (2018): Die nicht enden wollende Arbeit an Begriffen – veranschaulicht am Begriff der Mündigkeit. In: Vierteljahrsschrift für wissenschaftliche Pädagogik 94 (3), S. 437–455.
Steffel, Matthias (2022): Pädagogik und Utopie. Historisch-systematische Rekonstruktionen zu einem denknotwendig ungeklärten Verhältnis. Paderborn: Brill/Schöningh.
Steffens, Andreas (1999): Philosophie des zwanzigsten Jahrhunderts oder die Wiederkehr des Menschen. Leipzig: Reclam.
Sturma, Dieter (1992): Perspektiven der Person. Der Zusammenhang von Reduktionsismuskritik und Epistemologie der Freiheit. In: Volker Gerhardt und Norbert Herold (Hg.): Perspektiven des Perspektivismus. Gedenkschrift zum Tode Friedrich Kaulbachs. Würzburg: Königshausen & Neumann, S. 113–129.
Sturma, Dieter (2008a): Grundzüge der Philosophie der Person. In: Alexander Haardt und Nikolaĭ Plotnikov (Hg.): Diskurse der Personalität. Die Begriffsgeschichte der „Person" aus deutscher und russischer Perspektive. Paderborn: Wilhelm Fink, S. 27–45.
Sturma, Dieter (2008b): Philosophie der Person. Die Selbstverhältnisse von Subjektivität und Moralität. 2. Aufl. Paderborn: Mentis.
Sturma, Dieter (2011): Person. In: Marcus Düwell, Christoph Hübenthal und Micha H. Werner (Hg.): Handbuch Ethik. 3. Aufl. Stuttgart: J. B. Metzler, S. 457–464.
Theunissen, Michael (1977): Der Andere. Studien zur Sozialontologie der Gegenwart. 2. Aufl. Berlin: De Gruyter.
Thompson, Christiane (2011): Praktiken der Bildungstheorie und Bildungsforschung. In: Ines Maria Breinbauer und Gabriele Weiß (Hg.): Orte des Empirischen in der Bildungstheorie. Würzburg: Königshausen & Neumann, S. 140–156.

Thompson, Christiane/Zirfas, Jörg/Meseth, Wolfgang/Fuchs, Thorsten (Hg.) (2021): Erziehungswirklichkeiten in Zeiten von Angst und Verunsicherung. Weinheim: Beltz.

Todorov, Tzvetan (1998): Abenteuer des Zusammenlebens. Versuch einer allgemeinen Anthropologie. Frankfurt/Main: Fischer.

Uhl, Heidemarie (2002): „Kultur" und/oder „Gesellschaft"? Zur „kulturwissenschaftlichen Wende" in den Geschichtswissenschaften. In: Lutz Musner und Gotthart Wunberg (Hg.): Kulturwissenschaften. Forschung – Praxis – Positionen. Wien: WUV-Universitätsverlag, S. 220–236.

Weil, Simone (2012): Über die Ursachen von Freiheit und gesellschaftlicher Unterdrückung. Zürich: Diaphanes.

Weiß, Edgar (2001): Die Renaissance Pädagogischer Anthropologie. Neues Wissen über den Menschen? In: Jahrbuch für Pädagogik, S. 233–250.

Weiß, Edgar (2004): Sinn und Grenzen „negativer Anthropologie" – Klärungsversuche im Zeichen Kritischer Theorie. In: Klaus Schroeter und Monika Setzwein (Hg.): Zwischenspiel. Festschrift für Hans-Werner Prahl zum sechzigsten Geburtstag. Kiel: Götzelmann, S. 201–213.

Weiß, Edgar (2018): Pädagogische Anthropologie. In: Armin Bernhard, Lutz Rothermel und Manuel Rühle (Hg.): Handbuch Kritische Pädagogik. Eine Einführung in die Erziehungs- und Bildungswissenschaft. Weinheim: Beltz Juventa, S. 200–212.

Wesche, Tilo (2019): Negative Dialektik: Kritik an Hegel. In: Richard Klein, Johann Kreuzer und Stefan Müller-Doohm (Hg.): Adorno-Handbuch. Leben – Werk – Wirkung. 2. Aufl. Berlin: J. B. Metzler, S. 377–385.

Wimmer, Michael (2002): Pädagogik als Kulturwissenschaft. Programmatische Überlegungen zum Status der Allgemeinen Erziehungswissenschaft. In: Zeitschrift für Erziehungswissenschaft 5 (1. Beiheft), S. 109–122.

Winkler, Michael (2000): Einleitung. In: Michael Winker und Jens Brachmann (Hg.): Friedrich Schleiermacher. Texte zur Pädagogik. Kommentierte Studienausgabe. Frankfurt/Main: Suhrkamp, S. VII–LXXXIV.

Winkler, Michael (2002): Klaus Mollenhauer. Ein pädagogisches Porträt. Weinheim: Beltz.

Wittschier, Bernhard (1980): Das Zwischen als dialogischer Logos. Die Bedeutung der Anthropologie Martin Bubers für die Pädagogik. Frankfurt/Main: Peter D. Lang.

Wolzogen, Christoph von (2021): Paideia, Zeit und Beziehung. Bildung zwischen Paradoxie und metaphysischem Restproblem. In: Malte Ebner von Eschenbach und Ortfried Schäffter (Hg.): Denken in wechselseitiger Beziehung. Das Spectaculum relationaler Ansätze in der Erziehungswissenschaft. Weilerswist: Velbrück Wissenschaft, S. 127–149.

Wulf, Christoph (2002): Die Wendung zur historisch-pädagogischen Anthropologie. In: Lothar Wigger (Hg.): Forschungsfelder der allgemeinen Erziehungswissenschaft. Zeitschrift für Erziehungswissenschaft 5 (1. Beiheft), S. 13–32.

Wulf, Christoph (2015): Pädagogische Anthropologie. In: Zeitschrift für Erziehungswissenschaft 18 (1), S. 5–25.

Wulf, Christoph/Zirfas, Jörg (2014a): Generation. In: Christoph Wulf und Jörg Zirfas (Hg.): Handbuch Pädagogische Anthropologie. Wiesbaden: Springer VS, S. 341–351.

Wulf, Christoph/Zirfas, Jörg (Hg.) (2014b): Handbuch Pädagogische Anthropologie. Wiesbaden: Springer VS.

Wulf, Christoph/Zirfas, Jörg (2014c): Homo educandus. Eine Einleitung in die Pädagogische Anthropologie. In: Christoph Wulf und Jörg Zirfas (Hg.): Handbuch Pädagogische Anthropologie. Wiesbaden: Springer VS, S. 9–26.

Zerilli, Linda M. G. (2018): Feminismus und der Abgrund der Freiheit. Mit einem Vorwort von Judith Butler. Reprint. Wien: Turia + Kant.

Zirfas, Jörg (1998): Die Frage nach dem Wesen des Menschen. Zur pädagogischen Anthropologie der 60er Jahre. In: Winfried Marotzki (Hg.): Anthropologische Markierungen. Herausforderungen pädagogischen Denkens. Weinheim: Deutscher Studien Verlag, S. 55–81.

Zirfas, Jörg (2004): Pädagogik und Anthropologie. Eine Einführung. Stuttgart: Kohlhammer.

Zirfas, Jörg (2018): Einführung in die Erziehungswissenschaft. Paderborn: Ferdinand Schöningh.
Zirfas, Jörg (2021): Pädagogische Anthropologie. Eine Einführung. Paderborn: Ferdinand Schöningh.
Zirfas, Jörg (2022): Zur Unbestimmtheit und Unbestimmbarkeit des Menschen. Überlegungen der Pädagogischen Anthropologie. In: Thomas Senkbeil, Oktay Bilgi, Dieter Mersch und Christoph Wulf (Hg.): Der Mensch als Faktizität. Pädagogisch-anthropologische Zugänge. Bielefeld: transcript, S. 67–54.
Zwarg, Robert (2022): Arendt gegen Arendt. Das neue Buch von Juliane Rebentisch über Hannah Arendt. In: jungle world vom 24.03.2022.